총회한국교회연구원 '마을목회' 시리즈 23

통합돌봄과 마을목회:

지역사회와 교회를 위한
실천적 길잡이

통합돌봄과 마을목회:
지역사회와 교회를 위한 실천적 길잡이

지 은 이 · 노영상 박홍래 편
펴 낸 이 · 성상건
편집디자인 · 자연DPS

펴 낸 날 · 2025년 12월 8일
펴 낸 곳 · 도서출판 나눔사
주　　소 · (우) 10270 경기도 고양시 덕양구 푸른마을로 15
　　　　　301동 1505호
전　　화 · 02)359-3429　팩스 02)355-3429
등록번호 · 2-489호(1988년 2월 16일)
이 메 일 · nanumsa@hanmail.net

ⓒ 노영상·박홍래, 2025

ISBN 978-89-7027-816-2　　03230

값 17,000원

잘못된 책은 바꾸어 드립니다.

총회한국교회연구원 '마을목회' 시리즈 23

통합돌봄과 마을목회:
지역사회와 교회를 위한 실천적 길잡이

노영상 박흥래 편

나눔사

차 례

• 발간사　　김순미 장로 (총회한국교회연구원 이사장) _7

서언
통합돌봄의 시대에 마을목회가 주는 상상력 ······················ 10
노영상 (전 호남신학대학교 총장, 총회한국교회연구원 원장)

제1부 통합돌봄에 대한 체계적 이해

| 제1장 |
통합돌봄의 이해와 사회경제적 배경 ······················ 66
임종한 (사회적가치경영연구원 이사장)

| 제2장 |
통합돌봄과 지역사회복지 ······················ 88
이준우 (강남대학교 사회복지학부 교수)

| 제3장 |
통합돌봄 시대의 한국교회의 역할과 과제:
'통합돌봄지원법'을 중심으로 ······················ 106
민건동 (마을학연구소 소장)

| 제4장 |
선교적 교회론에 근거한 돌봄통합의 이해 ······················ 128
이선이 (호남신학대학교 선교신학 교수)

제2부 마을목회와 통합돌봄

| 제5장 |
마을목회와 통합돌봄의 디아코니아 신학적 기초 ········ 148
이범성 (실천신학대학원대학교 선교와 디아코니아 교수)

| 제6장 |
사회적 목회로서 마을교회와 통합돌봄의 만남 ········ 162
박홍래 (실천신학대학원대학교 특임교수)

| 제7장 |
통합돌봄에 있어 마을교회의 역할 ········ 176
정재영 (실천신학대학원대학교 교수)

| 제8장 |
통합돌봄시대의 돌봄교회와 돌봄마을 ········ 197
이원돈 (부천 새롬교회 목사)

제3부 통합돌봄의 실천적 모델과 사례들

| 제9장 |
의료돌봄과 건강한 마을 만들기 ·········· 224
임종한 (사회적가치경영연구원 이사장)

| 제10장 |
돌봄의 5가지 영역에 대한 성서적,
신학적 배경과 교회의 실행 방안과 사례 ·········· 254
박홍래 (실천신학대학원대학교 특임교수)

| 제11장 |
지역 맞춤형 주거 돌봄:
- 이천 더사랑교회 자립 청년 공유주택 사례를 중심으로 ·········· 283
이요섭 (이천 더사랑교회 목사)

| 제12장 |
청년 통합돌봄의 실제 ·········· 306
김주선 (사람을돋우는마을사람들 대표)

마치는 글
지역교회의 통합돌봄 사역을 위한 준비 방안 ·········· 323
박홍래 (실천신학대학원대학교 특임교수)

| 발간사 |

김순미 장로
(총회한국교회연구원 이사장)

한국 사회는 전례 없는 속도로 초고령사회에 진입하고 있습니다. 독거노인의 고독사, 돌봄 공백으로 인한 가족의 붕괴, 지역 공동체의 해체는 이제 우리 모두의 현실이 되었습니다. 특히 1인 가구의 급증과 가족 구조의 변화는 전통적인 돌봄 체계의 한계를 여실히 드러내고 있습니다. 이러한 위기 앞에서 지난 정부는 '지역사회 통합돌봄'이라는 새로운 패러다임을 제시하였으며, 그의 일환으로 2026년 3월 '통합돌봄지원법'이 전국적으로 시행되게 됨으로써, 단순한 정책을 넘어 우리 사회가 함께 만들어가야 할 시대적 과제가 되었습니다.

돌봄은 교회의 본질적 사명입니다. 예수님께서 병든 자를 고치시고 소외된 자를 품으셨으며, 초대교회가 과부와 고아를 돌보았듯이, 돌봄의 실천은 곧 복음의 구현입니다. 한국교회는 그동안 구제와 봉사를 통해 사회적 책임을 다해왔지만, 이제는 지역사회와 유기적으로 연결된 '돌봄 생태계'의 중심 역할을 감당해야 할 때입니다. 지금 이 시대, 한국교회는 교회 담장을 넘어 마을과 함께 숨 쉬며 지역사회의 아픔을 품는 '돌봄 공동체'로 부름받고 있습니다.

총회한국교회연구원이 펴내는 이 책은 바로 그 부르심에 대한 구체적인 응답입니다. 통합돌봄이라는 낯선 개념 앞에서 막막해하는 목회자들과 교회 지도자들에게 이 책은 신학적 근거와 실천적 방향을 동시에 제시하는 나침반이 될 것입니다.

먼저 서언에선 통합돌봄의 교회적 버전인 '마을목회'의 비전에 대해 소개합니다. 마을목회는 저희 총회한국교회연구원이 2016년부터 연구를 개진하여 온 주제로 그간 본 연구원 구성원들의 노력으로 한국교회의 중심된 목회신학으로 성장하였습니다. 특히 노영상 원장은 이 서언에서 마을목회의 성경적이며 신학적 기반을 설명하고 있는데, 우리 정치권에서 노력하는 중인 '통합돌봄'의 취지와 다르지 않음을 확인하실 수 있을 것입니다.

제1부에서는 통합돌봄의 신학적 토대와 사회적 배경을 체계적으로 정리했습니다. 특히 선교적 교회론과 디아코니아 신학의 관점에서 통합돌봄을 조명함으로써, 이것이 단순한 사회사업이 아니라 교회의 본질적 사명임을 명확히 했습니다. 제2부에서는 마을목회와 통합돌봄의 만남을 통한 새로운 목회 패러다임을 제시합니다. 교회가 지역사회 안에서 어떻게 존재하고 어떻게 섬길 것인가에 대한 깊이 있는 성찰을 담았습니다.

특히 주목할 것은 제3부의 실천 사례들입니다. 의료돌봄, 주거돌봄, 청년돌봄 등 다양한 영역에서 이미 통합돌봄을 실천하고 있는 교회들의 생생한 경험을 담았습니다. 이는 단순한 성공 사례의 나열이 아니라, 각 지역교회가 자신의 상황에 맞게 적용할 수 있는 실질적인 매뉴얼입니다. 이론과 실천, 신학과 현장을 아우르는 이 책이 한국교회의 통합돌봄 참여를 위한 든든한 디딤돌이 되리라 확신합니다.

오늘 한국의 교회들은 마을이 교회이고, 교회가 마을이 되는 꿈을 꿉니다. 우리의 목회는 교회의 범주 내에서 머물러서는 안 되며 주민 모두를 교인으로 삼는 포용적 목회를 할 필요가 있습니다. 교회가 지역 돌봄 생태계의 든든한 버팀목이 되어, 홀로 있는 이들에게는 가족이 되고, 아픈 이들에게는 치유의 손길이 되며, 절망하는 이들에게는 희망의 등대가 되기를 소망합니다. 무엇보다 이러한 돌봄의 실천을 통해 교회가 지역사회로부터 신뢰받는 공동체로 회복되고, 복음의 능력이 구체적인 사랑으로 증명되기를 기대합니다.

이 책이 나오기까지 귀한 연구와 집필로 수고하신 모든 저자들께 깊은 감사를 드립니다. 신학적 깊이와 현장의 경험을 아낌없이 나누어주신 각 분야 전문가들의 헌신이 있었기에 이처럼 균형 잡힌 안내서가 탄생할 수 있었습니다. 또한 이 연구를 기획하고 추진해주신 총회한국교회연구원의 노영상 원장과 김신현 실장 등 모든 연구진께도 감사의 마음을 전합니다.

한국교회가 이 시대적 부르심에 기쁨으로 응답하기를 간절히 소망합니다. '통합돌봄'은 우리에게 주어진 부담이 아니라 축복의 기회입니다. 이를 통해 교회는 다시 한번 세상의 빛과 소금이 되고, 하나님 나라가 이 땅에 구체적으로 구현되는 놀라운 역사에 동참하게 될 것입니다. 이 책이 그 여정의 믿음직한 동반자가 되기를 기도합니다.

| 서 언 |

통합돌봄의 시대에 마을목회가 주는 상상력

노영상
(전 호남신학대학교 총장, 총회한국교회연구원 원장)

1. 지구생명공동체의 위기와 한국교회의 침체[1]

1) 지구생명공동체의 위기

21세기 들어 한국신학에 화두가 되었던 마을목회는 두 가지의 이유로 부각되었다. 먼저는 '지구생명공동체의 위기'의 원인을 분석함을 통해 비롯되었으며, 다음은 '한국교회의 침체'에 대한 대안적 목회신학을 찾는 데에서 야기된 것으로 이 같은 양면적 위기를 극복하는 방안을 다각적으로 검토함에 의해서 제기되었던 것이다.

오늘날 지구생명공동체 전체는 생존의 위협에 처해 있다. 온갖 재난과 위기가 이 지구를 향해 밀려오는 중이다. 마태복음 24장 3-14절은 세말의 징조에 대해 말하며 오늘의 위기들을 여러 양상으로 예견하고 있다. 미혹,

---

1) 이 부분은 총회한국교회연구원 편, 『지구생명체의 위기와 기독교의 복음』(서울: 나눔사, 2019), 10-15를 참조하였다.

난리, 전염병, 자연재해, 온갖 재난들, 핍박, 사랑이 식음, 불법의 횡횡 등이다. 난리와 재난 등이 물리적인 징조들이라면, 미혹과 불법과 사랑의 식음은 영적이고 정신적인 징조들이라 할 수 있다. 결국 인류는 전쟁과 재해, 그리고 속임과 부정의함, 그리고 미움의 커짐에 의해 멸망하여 새로운 세상을 맞이할 수밖에 없을 것이라는 말씀이다.

난리에 대한 소문은 인류 종말의 시작을 나타내는 중요한 징표 중 하나다. 몇 년 전 코로나19의 확산은 세계 경제에 타격을 주었으며, 이로 인해 '전쟁'의 암운이 이 세계를 덮고 있다. 우크라이나와 러시아, 이스라엘과 팔레스타인, 태국과 캄보디아, 인도와 파키스틴 간의 전쟁과 같은 국지적인 전쟁과 함께 핵전쟁, 테러리즘, 난민의 문제 등이 인류가 풀어야 할 중요한 난제들로서, 특히 북한의 핵 위협은 우리 한민족에게 커다란 숙제가 되고 있다.

21세기의 위기는 2000년 1월 1일이 아니라 코로나19가 전 세계적으로 확산되었던 2020년 2월 초에 도래했다고 말하기도 한다. 동물들을 학대 사육하는 공장식 농장(factory farming)으로 인해 동물들의 면역력은 한계에 봉착하였고, 이로 인한 코로나19와 같은 '인수공통감염병'의 위험이 우리 발밑을 노리게 되었다. 21세기에 들어와 에볼라(Ebola), 사스(SARS), 메르스(MERS), 지카바이러스(ZIKA Virus), 코로나19(COVID19)로 이어지는 인수공통감염병들은 생태 위기와 동물 착취에서 야기된 질병들로서, 우리의 문명이 전환되지 않는다면 앞으로 더 심각한 전염병들이 계속 이어질 것으로 예상되고 있다.

이에 오늘 인류는 심각한 환경 위기에 어려움을 겪고 있다. 이전엔 이같은 환경문제가 여러 가지로 나열되었지만, 오늘날엔 환경 위기가 '기후위기'(climate crisis) 한 단어로 압축되었으며, 이에 인류는 생태영성, 생태정치, 생태경제 등을 고양하여 문명을 새롭게 변혁하여야 할 것이라 생각한다. 이러한 기후변화에 따른 환경위기는 해수면의 상승, 태풍과 토네이도의 강습, 급격한 기상이변, 수확량의 감소 등과 같은 재난으로 이어지고 있다. 인류의 욕심과 낭비로 인한 기후변화와 환경의 위기가 인류의 미래를 어둡게 하는 것으로, 향후 지구 온도 상승은 적절히 저지하지 못할 경우 인류는 큰 곤경에 처할 수도 있는 상황이다. 에너지 위기와 물 부족, 기아, 각종 생태계 오염, 식량 생산의 감소와 기근 등의 재앙들을 눈앞에 보면서도 우리는 윤리적 판단을 그르치며 지구의 종말 시계를 계속 돌리고 있는 것이다.

다음으로 우리 인류를 위태하게 하는 문제들로 우리는 '경제적 양극화'를 들지 않을 수 없다. 오늘날 풍요를 누리는 사람들은 가난한 이들이 얼마나 어렵게 살고 있는지를 공감하지 못한 채, 자신들에게만 주어진 경제적 특권을 생각 없이 누리며 살고 있다. 나만 잘 되고 나의 자녀들이 잘 되는 일이라면 어떤 일도 서슴지 않는 피도 눈물도 없는 존재들이 작금의 우리들이다. 각 국가들은 하나 같이 이 같은 경제적 양극화를 심상하게 보고 있는데, 기독교적 사랑의 마음을 가지고 복지정책에 노력하지 않을 경우 인류는 총체적 곤경에 빠질 수 있음을 인지해야 할 것이다.

이 같은 약육강식의 무한 경쟁 속에서 약자의 목소리는 들리지 않고 강자의 큰 목소리만 난무한 '반민주적인 환경'이 우리를 지배하는 중이다. 서로의 다양한 의견들이 무시된 채 모두 나와 동일한 생각을 하여야 한다는 주장으로 인해 세상은 더욱 살벌하게 변해가고 있으며 우리는 그러한 첨예한 갈등을 유튜브 속에서도 보게 된다. 이러한 이기적이며 아전인수적 우리의 삶으로 인해 사회 구성원들 사이의 '갈등 양상'은 증폭되고 있다. 지역과 인종 간의 갈등, 이념이 다른 사람 사이의 갈등, 종교 간의 갈등, 세대 간의 갈등, 남녀 사이의 갈등, 빈자와 부자 사이의 갈등, 노사 간의 갈등 등 우리 사회 내의 갈등의 폭이 점점 커지고 있으며, 이를 해소하기 위한 갈등비용도 다른 어느 나라들보다 많은 편이다(엡 2:12-22).

또한 지나친 사회 내의 경쟁적 분위기와 경제적 불안정이 결혼과 출산을 포기시킴에 따라, 우리 사회는 저출산과 초고령 사회를 맞고 있으며, 이에 전통적인 가족제도를 유지함에도 큰 어려움을 겪고 있는 중이다. 심각한 도시화와 1인 가족화로 인해 공동체의 붕괴가 가속화되어 농어촌 생명 공동체가 붕괴되는 지방소멸 현상이 심화됨과 동시 인구절벽 등의 위기로 이어지고 있는 상황이다. 더 나아가 안정된 가족관의 붕괴에 따른 성 정체성에 대한 혼란과 성적 문란함은 건전한 가정을 지켜가는 것을 점점 더 힘들게 하고 있으며, 이에 안전한 가정이란 울타리 속에서 자녀들을 양육하는 것이 점점 더 어려운 일이 되고 있다.

아울러 과학의 발전으로 인류는 '제4차 산업혁명' 시대를 맞이하여 어떤 면에선 우리의 삶에 진보를 주기도 하였지만, 그것은 생명체에 대한 또 다른 위기를 불러일으키고 있다. 무엇보다 코로나19 팬데믹으로 말미암아 비대면 사회로 전환되며 'IT 기술'의 사용이 확산되었으며, 이로 인한 양극화와 인간 소외가 또 다른 걱정으로 대두되는 중이다. 인터넷과 정보기술의 발전은 인류에 나름의 편리함은 주었으나 이를 통한 여론 호도와 조작이 이전보다 더 쉬어져 권력의 사유화와 독점화가 우려되는 중이다. 이에 더해 AI의 발전은 인류에게 큰 곤혹이 되고 있다. AI의 지능이 인간의 지능을 넘어서는 특이점(singularity)의 시간이 우리에게 점점 다가오고 있는데, 이를 위해 인류는 AI에 대한 윤리관을 확실히 정돈해 나갈 필요가 있을 것이다. 또한 생명공학에 의한 유전자 및 생명체에 대한 무분별한 조작이 우리들을 생소한 위험에 직면하게 할 수 있음이 예상됨에도 불구하고, 인류는 무분별하게 생명을 조작하며 하나님의 창조에 도전하고 있다.

혜성의 충돌, 태양의 팽창과 폭발, 외계 물질의 유입 등의 '우주적 재앙'들도 인류를 종말의 구렁텅이로 몰고 갈 수 있는 또 다른 중요한 요인들이다. 이 우주가 어찌 보면 안정되고 안전한 것 같지만 가만히 들여다보면 어떻게 될지 모르는 불안정이 상존하는 것으로, 우리는 이 같은 정황들을 검토하며 우주적 위험에 대비해야 할 것이다.

마지막으로 '세계화'(globalization) 과정에서 소외된 다수의 대중들이 양산되면서 진보적 그룹들은 세계화의 정의롭지 못한 면들을 많이 지적하였다. 세계화가 인류에 더 큰 부를 안겨주기도 하였으나, 그 부가 분배되는 과정에서 많은 왜곡들이 있었음이 비판받기도 했다. 이에 한국교회는 그간 세계화의 부정적 측면을 줄여나가는 일에도 적지 않은 노력을 해왔다. 세계화 추세에 발맞춘 이런 한국교회의 선교적 노력들은 우리 사회에 상당한 긍정적 영향을 미쳐, 다문화 선교(multicultural mission)를 활성화시키기도 하였던 것이다.

2) 한국교회의 쇠퇴

이상과 같은 생명 멸절과 세속화와 탈종교화의 상황 속에서 우리 교회는 어떤 개혁을 해야 할 것인가 묻게 된다. 이러한 변화의 소용돌이 속에 있는 사회 속에서 우리의 목회를 어떤 방향으로 끌고 나갈 것인가를 판단하여, 이에 따라 교회의 체질과 구조를 개혁하는 것이 필요하다. 교단과 총회는 마땅히 공동체적 영성을 강조하는 '공공신학'(public theology)적 표현을 발전시킴과 동시,[2] 이에 걸맞는 건강한 제도와 정책을 만들어내야 할 의무를 가지고 있는 것으로 이에 대한 노력을 게을리해서는 안 되겠다.

한국교회의 가파르던 성장세는 멈춰서 코로나19 이후 상당한 감소가 있었으며, 교회에 대한 사회적 신뢰도 또한 하향 곡선을 그리고 있다. 세상은 교회와 하나님의 말씀으로부터 점점 멀어지면서 종교와 사회의 분리 양상은 더 커지고 있는데, 이 같은 세상의 비영성화가 인류의 미래를 어둡게 하고 있음이 분명하다. 이처럼 교회 안팎에서 경고음이 들리는 오늘날의 정황에서 향후 10년 안에 어떤 혁명적 문명전환을 이루지 못한다면, 하

---

[2] 이 부분에 대해서는 필자가 총회한국교회연구원 원장으로 있으며 편집한 책, 류영모, 『공적 복음과 공공신학』 (서울: 킹덤북스 2021)을 참조할 수 있겠다.

하님께서 주신 이 세상은 이전에 경험해 보지 못한 고통의 나락으로 떨어지게 될 것이 분명한 것으로, 우리는 이 같은 위기를 돌릴 특단의 결단을 해야 할 것이라 생각한다. 이 같은 오늘의 지구생명체의 위기 상황을 고찰하며, 본 교단 총회는 마을목회를 강조하는『생명문명·생명목회 순례 10년』[3]이란 2022-2032 장기 정책문서를 만들었는데, 이를 위해 필자와 전경안대학원대학교의 박성원 총장 및 총회 직원들의 수고가 있었다.

2. 오늘의 생명 멸절 위기에 대한 신학적 반성[4]

1) 오늘날 생명 멸절의 근본 원인으로서의 인간의 이기심

우리는 이 같은 총체적 난국 속에서 그러한 생명 멸절 위기의 근본 원인이 무엇인지 들여다볼 필요가 있다. 코로나19, 핵전쟁의 위험, 기후위기, 생명종들의 멸종, 식량과 에너지 위기, 경제 양극화, 반민주적 상황의 전개, 갈등의 고조, 저출산과 초고령 사회로의 진입, 전통적 가족제도의 붕괴, 과학기술의 발전에 따른 부작용, 자연과 우주적 재난들의 증가 등의 문제 배후에 도사리고 있는 것이 무엇인지 검토할 필요가 있는 것이다. 우리는 이 같은 지구상의 위기를 한 마디로 '생명종들의 멸절 위험'이라는 말로 표현할 수 있을 것 같다. 하루에도 수많은 종들이 사라지고 있으며 그 가운데 인류도 더 존속할 수 있을지 많은 의문을 갖게 된다.

조용훈 교수는 이 같은 공동체성의 붕괴 원인을 그의 역작『마을공동체와 교회공동체』에서 사회적 요인과 근대사회의 가치관 변경에서 찾는

---

3) 대한예수교장로회 총회 마을목회(치화생) 위원회 편,『대한예수교장로회 총회 2022-2032 장기정책문서: 생명문명·생명목회 순례 10년』(서울: 쿰란출판사, 2022).
4) 이 부분은 필자의 글, 노영상, "공동체 형성을 지향하는 마을목회의 다양한 유형,"「기독교사상」통권 790호 (2024. 10.), 21-33을 참조하시오.

다. 근대사회의 '개인주의적 가치관,' 근대화 과정의 '산업화와 도시화'에 따른 지역공동체들의 해체, '신자유주의의 시장경제' 체제 속에서 각자도생을 추구하는 경쟁적 삶의 방식, '세계화 속에서의 지역성의 약화' 등이다.[5] 필자는 이러한 사회변화에 따른 공동체성의 붕괴에 대한 견해와 함께 이러한 해체를 야기한 더 심층적 죄성의 문제를 파악하고자 하였다. 물론 이 같은 원인들에 대한 분석을 위해선 더 다양한 검토가 필요할 것이나, 짧은 논문이라 그에 대해 아래와 같이 간단히 서술했다.

우리는 이러한 생명 멸절의 위기에 직면하여 그 문제의 중심에 '자기중심주의'(egocentrism), '자민족중심주의'(ethnocentrism), '인간중심주의'(anthropocentrism) 등의 욕망과 죄성이 암덩어리처럼 자리하고 있음을 깨닫게 된다. 우리 사이에 만연된 개인주의적 행복론으로 인해 공동체성이 붕괴되고 있으며, 이로 인해 가치관의 혼란과 사회적 붕괴가 가속화되고 있음을 보게 된다. 이기주의와 욕심은 인류 모두를 타락과 멸망의 구렁텅이로 몰고 있는 것이다.

야고보서는 인간을 파멸로 이끄는 죄가 모두 인간의 욕심에서 배태된다고 말한다. "욕심이 잉태한즉 죄를 낳고 죄가 장성한즉 사망을 낳느리라"고 야고보서 1장 15절은 언급한다. 인류의 근본 문제는 모두 죄에서 비롯되는데 그것의 궁극 원인이 욕심에 있음을 진단하는 말이다. 인류가 그 같은 멸절의 위기에서 벗어나기 위해서는, 기존의 지은 죄를 회복할 필요가 있으며 동시 그 같은 죄에 다시 빠지지 않는 성화의 삶이 요청된다. 그러한 인간의 칭의와 성화는 인간의 힘으로 가능하지 않으며, 오직 예수 그리스도의 죄 사함과 성령의 새롭게 함으로부터만 가능한 것이다.

전에는 우리도 다 그 가운데서 우리 육체의 욕심을 따라 지내며 육체와 마음이 원하는

---

5) 총회한국교회연구원에서 출간한 조용훈, 『마을공동체와 교회공동체』(서울: 동연, 2017) 참조.

것을 하여 다른 이들과 같이 본질상 진노의 자녀이었더니, 긍휼이 풍성하신 하나님이 우리를 사랑하신 그 큰 사랑을 인하여, 허물로 죽은 우리를 그리스도와 함께 살리셨고 (너희는 은혜로 구원을 받은 것이라)(엡 2:3-5).

이런 비극적인 사회가 된 데에는 우리 모두에게 책임이 있다. 남의 행복에는 아랑곳하지 않고 나만의 성공을 위해 달음질쳤던 우리의 모습이 오늘 이 사회를 이렇게 만든 것이다. 이에 우리는 이런 사회를 변혁하기 전에 먼저 자신의 그릇된 삶에 대해 회개하여야 한다. 나의 의견만을 주장하는 사회가 아닌 민주적인 논의와 참여를 강조하는 사회, 개인의 경제적 이득을 앞세우는 사회에서 모두가 잘사는 사회로의 변화, 인간의 욕심을 줄여 자연환경을 보존해나가는 사회를 만들려는 노력이 우리에게 시급하다. 이를 위해 우리는 법치적 민주국가와 약자보호의 복지국가 및 생태적 균형을 이루는 지속 가능한 국가를 만드는 일을 위해 보다 집중해야 한다. 지역사회 돌봄의 복지, 협동조합 운동의 활성화, 주민자치에의 노력 등 보다 적극적인 변화를 위한 결단이 요청되는 것이다. 욕심을 위해 서로 갈등하고 싸우는 사회가 아니라, 이웃사랑의 정신을 통해 남을 먼저 생각하는 사회구조로 변모가 필요하다.

2) 고린도전서 12장에 나타난 이상적 교회와 이상적 사회의 모습

이에 있어 고린도전서 12장은 '이상사회'와 이상적 교회의 모습에 대해 강조하면서, 우리에게 하나 됨과 공동체성의 중요함을 강조해준다. 고린도전서 12장은 참 생명의 모습이 그리스도와 하나 된 몸으로서의 유기체를 이루는 것에 있음을 말한다. 기계는 생명을 가지고 있지 못하지만 몸으로서의 '유기체'(organism)는 그 속에 생명을 담지하고 있다. 고린도전서 12장은 참 생명으로서의 유기체의 모습을 '한 몸의 많은 지체'(many parts, one body)라는 반복된 말로 서술하면서, 상호의존(interdependence), 약자 돌봄, 공감(compassion) 등의 내용으로 그 생명현상을 부연한다. 모든 생명체들은 하나의 그물망(web)으로 연결되어 있는 것으로, 생태학(ecology)은 모든 피조물들이 유기체로서 그들의 환경과 서로 연결성과 관계성을 갖고 있음을 주창한다. 요한복음은 기독교의 구원을 믿음을 통하여 '영생'(eternal life)을 얻는 것이란 말로 언급하는데, 고린도전서 12장은 그러한 참 생명의 모습을 '다양성 속에서 일치'(unity in diversity)를 견지하는 '관계적 통전성'(related wholeness)으로 그리고 동양적인 개념으론 '일즉다 다즉일'(一卽多 多卽一)의 내용으로 기술하고 있다.

우리는 고린도전서 12장을 통해 생명을 무너뜨리는 사회와 인류의 많은 문제들이 사랑으로 하나 된 공동체성의 결여에서 오는 것임을 인지하게 된다. 자기만을 생각하고 다음 세대의 삶에는 눈먼 인간의 욕심이 오늘의 기후위기와 생태위기를 야기하는 것이며, 자국과 자신의 이익에만 눈이 멀어 전쟁하고 갈등하는 세상이 되었고, 도움을 받을 수 없어 자살할 수밖에 없는 사회, 결혼과 출산을 포기하는 사회가 야기된 것이다.

여러 지체가 있으면서 하나를 이루는 대표적인 모습을 우리는 성경 속에 나타나는 '삼위일체론' 속에서 발견하게 된다. 삼위일체론은 우리에게 참 생명의 의미를 깨닫게 한다. 삼위일체론은 세 위격이지만 한 본질을 이루고 있음을 말하는 것으로, 하나님 안에 있는 생명의 본질을 우리에게 설명한다. 셋이 곧 하나, 곧 많은 것이 하나라는 말이다(요 17:21).

인간은 모두 하나님의 형상으로 창조된 평등한 존재들로서, 우리는 그 하나님의 모습을 복원하여 사는 것이 필요한바, 성경은 그 하나님의 형상을 삼위일체적 모습으로 우리에게 언급한다. 각각의 인격과 개성이 존중되면서도 전체적으로 하나를 이루는 것을 삼위일체론은 강조한다. 이에 있어 이 삼위일체론은 개인주의(individualism)와 집단주의(collectivism)의 극복, 각각의 개체들이 연결된 통전적 전일성 등의 생명현상을 우리에게 강조해준다. 이에 있어 오늘의 우리 사회에 필요한 것은 이런 양면성의 융합이다. 개인적인 자유와 함께 공동체적 가치가 중시되는 사회, 각 개인들의 사회에 대한 독특한 공헌을 중시하여 그들 나름의 몫을 소중히 여기면서도 모두가 고루 잘 사는 평등한 사회를 추구하는 세상을 만드는 것의 중요성을 성경은 말하고 있다.

3) 우리를 하나 되게 하는 원동력으로서의 십자가의 능력과 성령의 힘

성경은 이 같은 나누어진 개체들을 하나 되게 하는 힘으로 '예수 그리스도와 연합된 한 몸'으로서의 유기체성, 성령과 사랑의 힘, 구원을 통한 공감 능력의 회복 등으로 말하고 있는바, 우리는 이런 관계망을 강화함을 통해 오늘과 같은 생명 멸절 시대의 위기를 극복할 수 있어야 할 것이다. 인간은 타락 후 이기적인 존재가 되어 사회적인 악을 불러왔는데, 이 같은 사회 공동체성을 파괴하는 사회적 악은 초인간적인 힘을 가지고 있는 것으로 그리스도의 법 아래에서만 해결이 가능하다. 예수 그리스도께서 이 세상에 오심으로 하나님 나라의 내재성이 현실성이 되게 하셨다. 그리스도의 구원의 힘에 의해 우리의 영혼이 사회화된 것으로써, 이기심이 주장되는 악의 왕국에서 사랑이 강조되는 하나님의 왕국으로의 전환이 가능해진 것이다.

이런 공동체성을 이루기 위해서는 나누인 것을 하나 되게 하는 힘이 있어야 하는바, 고린도전서 12장 13절은 다음과 같이 언급한다. "우리가 유대인이나 헬라인이나 종이나 자유자나 다 한 '성령'으로 세례를 받아 한 몸이 되었고 또 다 한 성령을 마시게 하셨느니라." 이 본문은 우리가 '성령의 능력' 안에서 하나 될 수 있다고 말한다.

요한복음 6장 63절은 "살리는 것은 영이니 육은 무익하니라 내가 너희에게 이른 말은 '영이요 생명'이라."라고 말한다. 영이 있는 곳에 생명이 있는 것으로, 우리의 생명은 하나 되게 하는 성령을 통해 발현된다. 이어 갈라디아서 6장 8절은 "자기의 육체를 위하여 심는 자는 육체로부터 썩어질 것을 거두고 성령을 위하여 심는 자는 '성령으로부터 영생'을 거두리라." 라고 언급한다. 이와 같이 육체는 우리를 나뉘게 하는 것이며 영은 우리를 하나 되게 하는 것이다.

> 온 율법은 네 이웃 사랑하기를 네 자신 같이 하라 하신 한 말씀에서 이루어졌나니, 만일 서로 물고 먹으면 피차 멸망할까 조심하라. 내가 이르노니 너희는 '성령'을 따라 행하라 그리하면 육체의 욕심을 이루지 아니하리라. 육체의 소욕은 성령을 거스르고 성령은 육체를 거스르나니 이 둘이 서로 대적함으로 너희가 원하는 것을 하지 못하게 하려 함이니라(갈 5:14-17).

그 성령의 능력은 다른 말로 '사랑의 힘'이라고도 할 수 있다. 에베소서 4장 16절은 언급하기를, "그에게서 온 몸이 각 마디를 통하여 도움을 받음으로 연결되고 결합되어 각 지체의 분량대로 역사하여 그 몸을 자라게 하며 '사랑' 안에서 스스로 세우느니라."라고 한다. 사랑은 나누인 것을 하나 되게 하는 '재결합'(reunion)의 힘이다. 그러므로 성령과 사랑이 있으면 생명이 있고 사랑이 없으면 죽은 교회가 된다.

우리 인간들은 개별 존재로 각각 나뉘어있지만, 성령과 사랑 안에서 그것이 전체로 하나가 될 때 그곳에 생명력이 움트게 된다. 우리의 생명력은 예수 그리스도를 머리로 하여 다른 인간들과 하나 될 때 움 돋게 되는데, 이런 의미에서 신학자 몰트만(J. Moltmann)은 죽음을 관계의 단절로 언급하기도 했다. 다른 존재들과의 연결됨이 없인 우리의 생명은 무의미하게 된다. 자기만을 바라보고 욕심내고 살수록 우리는 죽은 목숨이 되는 것이다. 지구 위의 모든 생명체는 전체적으로 한 몸을 이루는 것으로, 그러한 유기적으로 연결되어있는 지구생명체를 우리는 '가이아'(Gaia)라고 일컫

기도 한다.[6]

3. 마을목회에 대한 요청과 마을목회의 정의

그러므로 우리는 이러한 난국을 벗어나기 위해 점점 희미해져 가는 공동체성을 강화해나갈 필요가 있다. 나만의 이익과 번영만을 위해 사는 것에서 돌이켜 공생의 길, 공동번영의 길, 인간과 다른 피조물들간의 공존의 길을 찾아야 하는 것이다. 이에 대한예수교장로회에 속한 총회한국교회연구원은 이런 공동체성을 강조하는 목회방안으로 '마을목회'를 펼치게 되었으며, 이에 대한 24권의 책들을 출판하였다. 마을목회는 여러 가지로 그 특징을 설명할 수 있겠으나 가장 중요한 점은 그 목회방안으로서 '공동체성'을 강조한다는 것에 있다.

마을목회는 우선 그 이름에서와 같이 '마을공동체'를 목회의 주요 대상으로 생각한다. 오늘과 같은 개인중심적 행복론이 강조되는 세상 속에서 공동체적 행복에 역점을 두는 것이 마을목회다. 마을목회는 개인의 영혼 구원과 함께 현세에서의 공동체의 행복과 마을의 평안함을 추구하는 목회다. 인간의 타락으로 우리 모두는 이기적인 존재들이 되었는데, 그리스도의 사랑 안에서 우리는 이웃을 사랑하고 공동체를 하나 되게 하는 힘을 갖게 되는 것이다.

이에 있어 이 같은 공동체성은 하나님께서 우리에게 보여주신 사랑의 능력 안에서만 형성이 가능한데, 이에 본 '마을목회'는 "하나님의 진정한 사랑으로, 마을을 품고, 세상을 살리는 목회"로 정의된다. 마을목회는 하나님의 사랑으로부터 출발한다. 사랑과 성령은 공동체를 재결합하는 힘으

---

[6] 노영상, 김창옥 편, 총회한국교회연구원 '마을목회' 시리즈 17: 온누리교회의 더멋진세상 만들기 선교 (서울: 킹덤북스, 2020), 제1장을 참조함.

로 우리는 이러한 하나님의 사랑을 통해 공동체적 삶을 살게 된다. 이 같은 공동체성은 하나님께서 우리에게 보여주신 사랑의 능력 안에서만 형성이 가능한 것으로, 우리는 이러한 하나님의 사랑을 통해 공동체적 마을과 마을교회를 구성하게 되는 것이다.[7]

1) 하나님의 진정한 사랑으로

예전 국민일보 기자와 인터뷰를 하며 마을목회의 정의에 대한 질문을 받은 적이 있다. 당시 필자는 마을목회에 대한 여러 권의 책을 쓰기도 하였지만, 마을목회를 한 마디로 정의한 적이 없기 때문에 그 질문에 대해 당황하기도 했다. 그 질문을 받고 조금 고심한 다음 필자는 마을목회를 다음과 같이 정의한 적이 있는데, 지금 와서 생각하여도 썩 괜찮은 정의라 여겨진다. 마을목회는 "하나님의 진정한 사랑으로 마을을 품고 세상을 살리는 목회"라는 것이다.

정의 중의 첫 번째 요소는 '하나님의 진정한 사랑'이다. 예수 그리스도께서는 성경의 핵심 내용을 두 말로 요약하셨다. 하나님 사랑과 이웃사랑이다. 하나님에 대한 믿음과 사랑은 필연 이웃에 대한 사랑으로 구현되고 나타나는데, 이러한 신자들을 통해 전해지는 하나님의 사랑에서 비신자들은 하나님의 사랑을 깨닫게 되고 주님을 구주로 받아들이게 된다. 이와 같이 기독교의 전도는 말로만으로 되는 것이 아니며, 주님의 사랑의 전달을 통해 현실화되는 것으로(마 5:16; 행 2:47), 우리는 이 같은 전도를 '실증전도'(demonstration evangelism)라 표현키도 한다.[8]

---

[7] 이상과 같은 마을목회의 신학과 성경적 근거에 대해서는 필자가 편집한 책, 노영상 편. 『총회한국교회연구원 '마을목회' 시리즈 14: 마을목회개론』 (서울: 킹덤북스, 2020), 제1장-3을 참조하시오.

[8] 마을목회를 통한 봉사와 전도의 상관성에 대해서는 필자가 저술한 책, 『교회의 사회봉사 실천』 (서울: 킹덤북스, 2021)을 참조하시오.

남의 불행은 남의 불행이며 남의 잘못은 남의 잘못인데, 내가 뭐 하러 남의 삶에 개입할 필요가 있는가 하는 생각들이 우리 속에 만연해있다. 그러나 성경은 서로에 대한 사랑만이 이 세상을 하나님 나라로 바꾸는 길임을 말한다. 교인들과 상호 교제하면서 교회 밖의 사람들에게도 주님의 사랑을 전달할 선교적 책임이 우리들에게 있는 것이다.

오늘날 우리들은 행복을 너무 개인주의적으로 이해하며 산다. 남은 어떠하든 나만 행복하면 된다는 것이 우리들의 생각이다. 하지만 성경의 말하는 행복은 오히려 공동체적이다. 아무도 자기의 유익을 사는 자가 없다(롬 14:7-8). 다 주님의 영광과 이웃의 평안을 위해 산다. 네가 있기 때문에 내가 있는 것으로, 우리는 이웃사랑 때문에 오늘을 사는 것이다. 우리는 공동체 속에서 이룰 수 있는 큰 행복을 보아야 한다. 서로 분리되어 혼자가 된 우리의 삶을 변화시켜, 함께 의논하고 어울려 사는 세상을 추구하는 것이 마을목회다.

서로가 서로의 행복에 관여하여 노력하는 아름다운 삶을 하나님께서는 우리에게 소개하여 주셨음에도 불구하고, 우리는 우리의 욕심에 눈이 어두워 보다 행복한 삶을 추구하지 못하고 있다. 남은 옆에서 굶고 있으며 병들어 죽고 있는데, 나만 잘 살면 된다는 우리의 끈질긴 자기중심성이 그러한 불행들을 줄곧 외면하게 만드는 것이다.

결국 기독교의 구원이란 하나님의 인류에 대한 사랑의 전파를 통해 이루어지는 것을 알면서도, 우리는 남의 고통을 외면한 채 복음을 전할 수 있다고 생각하며 산다. 지식이 부족한 사람들의 말에 귀를 기울이려 하지 않으며 약한 자들의 말을 묵살하면서도, 우리는 주님의 사랑을 가지고 있다고 주장하며 민주적 사회를 추구하고 있다고 자위하는 것이다.

마을목회는 '생명'의 본질에 충실한 목회다. 나와 남이 서로 분리되어 있는 존재들이 아니라, 주님의 사랑 안에서 하나임을 알고 서로 연결된 공동체적 삶을 살아나가야 함을 마을목회는 강조한다. 마을목회는 우리 모두가 하나 된 존재들로서 본질적으로 서로 연합하여 살아가야 함을 강조한다. 우리가 공동체성을 상실하여 살면 살수록, 우리는 생명의 본질로부터 점점 멀어지게 된다는 것이다.

요한복음 3장 16절은 다음과 같이 말한다. "하나님이 세상을 이처럼 사랑하사 독생자를 주셨으니 이는 그를 믿는 자마다 멸망하지 않고 영생을 얻게 하려 하심이라." 이 본문은 기독교의 영생(eternal life)으로서의 구원이 '하나님의 사랑'에서 비롯되는 것임을 언급한다. 성경은 하나님께서 이 '세상'을 사랑하셨다고 한다. 인간만 사랑하신 것이 아니요, 온 우주(cosmos)를 사랑하신 것이다. 그 하나님께서는 인간과 동물, 식물 그리고 이 우주에 있는 무생물까지도 사랑하시는 분이시다. 그러므로 우리는 그 하나님 사랑의 대상을 인간으로만 한정해서는 안 된다. 인간이 중요한 것과 같이 이 지구 위의 모든 생명체들이 다 중요한 것이다.

다음으로 위 본문은 그 하나님의 사랑이 예수 그리스도의 십자가에서의 희생으로 구체화 되었음을 언급한다. 하나님께서 이 세상을 사랑한다고만 말하고 그의 독생자 예수 그리스도를 이 땅 위에 보내시지 않았다면 그 사랑은 힘을 갖지 못했을 것이다. 우리는 하나님은 사랑이시다라는 말씀과 함께 그 사랑의 희생을 체험함으로 그 하나님을 더욱 신뢰하고 믿게 되는 것이다. 이와 같이 복음은 말씀과 함께 사랑의 실천을 통해 강하게 전달되는 것으로, 우리는 이런 사랑의 능력 안에 있는 복음의 전달력을 이해해야 한다.

요한복음 3장 16절은 하나님 사랑의 대상을 교회만으로 한정하지 않고 '세상' 전체로 확장한다. 하나님께서는 교회에 앞서 세상을 사랑하신 분으로, 이에 교회의 목회는 교회 안의 목회로 끝나서는 안 되며, 주님의 뜻 안에서 세상을 변혁(transformation)하는 일을 포괄해야 한다. 교회는 이 세상을 향한 공공신학(public theology)적 책임을 갖는 것으로 세상의 일에 민감한 교회가 되어 세상에 대한 '대안공동체'(alternative communities)를 만들려는 노력이 요청된다. 이에 기독교인은 자기의 영혼의 구원을 잘 이루어나가야 할 뿐 아니라, 이 세상이 멸망치 않도록 하는 일에 헌신을 할 필요가 있다. 앞에서도 언급하였듯 오늘의 세상이 멸절할 수 있는 일들이 적지 않음을 알고, 이 지구상에서 모든 생명들이 영원히 지속될 수 있도록 '영원한 생명'(eternal life)과 '우주적 생명'(cosmic life)을 붙드는 일에 최선을 다해야 할 것이다.

학문적인 견지에서 공동체성(communality)을 공공성(publicness)과 비교하기도 한다. 공동체성은 공동 사회를 유지하기 위해 필요한 성품이나 특성을 의미하며 개인이 본래 관계적이고 서로 연결된 존재임을 강조하는 개념인 반면, 공공성은 한 개인이나 단체가 아닌 일반사회 구성원 전체에 두루 관련되는 성질로, 공공연함, 공개적 토론(공적 담론), 집단적 생활 영역의 주체 등의 다양한 의미를 내포한다. 공공성은 공동체의 운영원리로 종종 표현되는바, 그것은 시민의 주체성, 공공복리, 공개성을 강조한다. 필자는 이 글을 통해 공동체성의 중요성을 강조하였으나, 그것의 구현 과정 가운데에서 공공성에 대한 질문을 하지 않을 수 없을 것이라 생각한다. 이 양자를 더 간단히 비교하면 공동체 신학은 신앙의 공동체적 본질을 강조하는 반면, 공공신학은 그 실천을 공적 영역에서 구체적으로 실현하는 신학적 접근을 강조하는 것으로서, 이 양자의 개념 모두는 신앙의 사회적 책임과 실천을 강조한다는 입장에서 상호보완적이라 생각한다.[9]

2) 마을을 품고

마을목회의 정의 중의 두 번째 요소는 '마을을 품고'라는 요소다. 마을목회를 전개하며 처음부터 우리가 강조한 모토가 있었다. '마을이 교회, 주

---

9) 이 부분은 주로 구글의 AI에 대해 질문하여 정리하였다.

민이 교인'이란 모토다. 이 말을 쉽게 이해하기 위하여 먼저 예를 들도록 하겠다. 우리 한국교회들은 어느 정도의 규모만 되면, 집안 형편이 어려운 학생들에게 장학금을 주곤 한다. 보통 교회 내의 학생들만을 위해 줄 때가 많은데, 마을목회의 입장에선 교회 밖의 학생들에게도 장학금을 줄 것을 강조한다. 장학금의 반 정도를 교회 밖의 학생들을 위해 주라는 것이다. 교인만을 위해 장학금을 준다면 교회목회다, 그러나 그 장학금을 교회 밖의 학생들을 위해서도 준다면 마을목회가 되는 것이다.

초겨울이 되면 교회가 김장을 하여 주변의 힘든 사람들을 위해 돌릴 때가 많다. 이 경우에도 교회 안의 교인들에게만 주지 말고, 교회 밖의 사람들에게도 줄 때 전도가 된다는 것이다. 구역장이 김장 배추김치나 깍두기를 돌리기보다는 마을의 통장을 통해 돌린다면 더 의미가 있을 것이라 생각한다. 교회 다니지 않는 통장들이 집들을 방문하며 이 김장은 어느 교회가 돌리는 것이라고 말하며 기분 좋게 나누게 될 때, 통장도 즐겁고 마을도 즐겁게 된다. 그 통장은 김장을 돌리며 마을에 대한 사랑을 느끼게 될 것이고, 그로 인해 교회에 나오게 되는 일도 일어날 것이다.

마을목회에 있어 '마을심방'이란 개념이 있다. 구역장들이나 목회자가 심방할 때 교인들만 심방하지 말고 마을에 어려운 사람들도 돌보며 교인이 아닌 사람들도 심방하는 교회가 되는 것이 중요하다는 것이다. 목회자의 시각을 교회 내로만 두지 말고 교회 밖의 사람들에게 둘 때, 우리의 선교는 더욱 왕성해질 것이라 믿는다. 마을 전체가 나의 교구이고 주민 모두가 나의 교인이란 생각이 필요하다. 교회의 목회자들은 교인들만 교제하는 자가 되어서는 안 된다. 교회 밖의 구청장, 경찰서장, 교장, 기업인, 그리고 마을의 모든 주민 등 그들이 비록 교회를 다니지 않는다고 하여도 그들과 소통하며 그들과 같이 마을에 대한 관심을 공유하는 목회자가 될 때, 교회의 범위는 더 넓어질 것이며, 이와 같이 교회 밖의 사람들과 접촉의 기회가 많아져야 교회도 성장할 것이라 생각한다.

너무 세상에 대해 폐쇄적인 교회가 되어서는 안 된다. 교회에 나오면 세상 줄을 끊고 가정과도 담을 쌓으며, 오직 교회의 명령에만 따라 움직이는 교인들이 되어야 한다고 말하면 바로 사이비 종교가 되는 것이다. 교인들을 오직 교회에만 집중하게 하고 교회 밖의 다른 교회 연합의 일에는 참여하지 못하게 하며 오직 다니는 교회만 붙들고 있게 하는 목회자들이 있는데 바른 목회라 생각되지 않는다. 모든 생명체들은 자기밖에 대해 폐쇄적이면 곧 죽게 된다. 어느 생명체도 대사작용이 필요한데, 자기 몸 밖의 물질들을 받아들여 자기가 소화하고 자기 밖으로 내놓는 대사작용이 멈추면 생명이 끝나게 되는 것이다. 나와 하나님, 나와 자연, 나와 이웃, 나와 사회와의 적절한 소통이 있을 때 우리 생명체는 올바르게 유지되게 된다.

오늘 우리 교회는 점점 사회에서 멀어져 폐쇄된 교회가 되고 있다. 사회를 향해 열린 교회(open church)가 되기보다는 사회의 악으로부터 교회의 성스러움을 보전하는 데에만 급급하여 신자들을 교회 내에 가두려 하는 것이다. 이런 가두리 양식장 같은 교회는 오래 가지 못한다. 우리 한국교회들은 사회에 나가 하나님의 사랑을 전하고 사회를 위해 봉사하는 선교적 사명을 다하는 교회로 변모할 필요가 있다.

이런 의미에서 마을목회는 서구의 신학자들이 말하는 '선교적 교회론'(missional church)과도 통한다. 선교적 교회론은 '하나님의 선교'(Missio Dei)의 개념과 연결되는데, 이 선교적 교회론에 대해서는 본 연구원에서 출간한 토론토 영락교회 송민호 목사의 『나는 선교적 교회를 믿는다』라는 책이 잘 정리하였다. 선교적 교회론을 주장하는 신학자들은 교회는 하나님으로부터 파송된 공동체로서 선교의 주체는 하나님 자신임을 말한다. 선교적 교회는 교회가 하는 일보다는 교회의 본질 자체에 대해 집중한다. 이 운동은 교회 성장이나 교세 확장에만 전념하는 목회나 선교프로그램을 비판한다. 교회는 상황과 문화 속으로 삼위일체 하나님으로부터 파송 받은 공동체임을 고백하며, 하나님께서 주체가 되는 선교에 동참해야 한다고 말한다. 교회의 하나의 사역으로 혹은 전문 선교사들의 사역으로 축소되어버린 현대교회의 선교를 반성하고, 교회가 존재하는 목적 자체가 선교임을 강조하는 것이다.

사람들을 불러 모아 건물을 넓히는 것이 교회의 주된 목적이 아니며, 세상을 향해 '하나님 나라'의 삶을 증언하고 세상 사람들을 그러한 삶으로 초청하는 것이 파송 받은 이들이 견지해야 할 선교적 삶임을 선교적 교회론은 강조한다. 선교적 교회론은 교인 한 사람 한 사람 모두가 세상으로 보냄을 받았다는 점을 끊임없이 말한다. 교회를 위해 교회가 있는 것이 아니라, 세상을 위해 교회가 존재한다는 것이다. 이에 교회들은 세상과 단절되거나 동화되기보다는 의미 있는 개입을 해야 한다. 이에 선교적 교회는 모이는 숫자가 아니라 교인 각자가 파송된 곳에서 얼마나 선교적인 삶을 살고 있는가 하는 기준으로 교회를 평가한다.

'마을을 교회로, 주민을 교인으로'라는 모토는 우리의 선교 방법에 하나의 전환을 요구한다. 이전 선교 방법은 교회 밖에 있는 사람들에게 복음을 전하여 예수를 믿게 한 다음 교회공동체의 회원이 되게 하는 것이었다면, 마을목회의 선교 방식은 먼저 그들을 교회공동체에 초대하고 그들도 하나님께서 사랑하시는 사람들임을 깨닫게 함으로 복음을 받아들이게 하고 믿음이 생겨 신자가 되게 하는 우회적 방식을 추구한다. 교회라는 사랑의 공동체, 용서의 공동체에 그들을 참여시킴으로 자연스럽게 새로운 사람으로 거듭나게 하는 것이 마을목회의 선교전략인 셈이다.

3) 세상을 살리는 교회와 목회

그리스도의 몸으로서의 교회라는 유기체는 자신과 세상이라는 두 개의 중심을 갖는다. 교회 자체를 유지하기 위한 자기 지향적인(self-oriented) '유기적 몸'(organic body)이라는 개념과, 세상을 향한 그리스도의 '선교적 몸'(missionary body of Christ)이라는 개념의 두 측면이 존재한다. 바른 공동체로서의 교회는 건강한 내적 구조와 건강한 외적 사역을 지닌다. 이러한 교회의 내향성과 외향성은 상호교환적이다. 교회는 예수 그리스도 안에서 시작된 하나님의 일과 목적을 이 세상에서 계속 수행하고 있다. 그러므로 선교는 교회가 하는 하나의 프로그램이 아니며, 교회의 본질 자체를 말하는 교회의 자기표현이다. 교회가 교회로서 존재할 수 있는 것은 세상 안에서 그리스도의 복음을 선포하고 하나님의 나라를 구현하는 그의 선교적 사명을 실행함에 의해서이다. 유기체 교회는 세상 안에서 그리스도의 복음과 하나님 나라를 전함을 통해 자신의 정체성과 생명력을 일구게 된다. 예수 그리스도의 몸 된 교회는 하나님의 백성 공동체로서 이 땅에 하나님의 나라를 이루는 사명을 갖고 있다. 생명력 있는 교회란 그리스도의 몸으로서 그리스도로부터 명령된 선교적 사명에 따라 밖을 위해 노력하며 일하는 교회다.

교회는 구원받은 신자들의 유기체적 모임이다. 교회는 그 자체만으로 폐쇄될 때 그의 생명을 잃게 되며, 외부와의 활발한 상호교류를 통해 그의 생명의 본질을 키워나갈 수 있게 된다. 내적인 유기체적 구조의 활성화와, 외적인 유기체적 사역에 의해 미래교회는 주님 안에서 더욱 든든히 세워질 것이다.

생명을 살리는 생명목회를 위해 교회는 두 가지 방향의 노력이 필요하다. 먼저는 하나님의 구원을 통해 인간에게 참 생명을 부여하며, 교회를 생명력 있는 기관으로 만드는 것이다. 둘째 교회가 자신 안에 있는 생명력을 가지고 이 세상에 생명을 전달하는 하나님의 선교의 일을 감당하는 것이다. 첫 번째의 일을 위해 교회는 교인들을 교육하고 교회의 구조를 생명력 있는 구조로 변혁할 필요가 있다. 두 번째로 교회가 하여야 할 일은 교회 밖의 사람들을 전도하여 그들을 구원함과 동시, 세상을 구원하는 선교적 노력을 하는 것이다. 인간의 죄의 결과 죽음의 위기에 처하게 된 세상의 많은 생명체들을 살리기 위해 교회의 포괄적인 헌신이 필요하다는 것이다.

이 같은 유기체 교회의 생명목회는 생명의 육성과 폭력의 최소화라는 두 가지 과제를 갖는다. 첫째는 적극적으로 생명을 살리고 풍성케 하는 것이며, 둘째는 반생명적 세력들을 극복하는 사역이다. 생명목회는 예수 그리스도와 성령의 사역에 의하여, 전인적인 인간성을 회복하며 죽임의 폭력문화를 극복하고 상생의 문화를 창달하여 생명을 파괴하는 모든 세력들과 싸우는 실천을 포함한다.

첫 번째로 생명목회는 죽음의 위기에 있는 생명을 살리며, 시들어가는 생명을 소생시키는 일을 의미한다. 생명을 살리기 위하여 교회가 해야 할 일은, 예수 그리스도의 복음을 증거하며 하나님 나라의 구현을 통해서 모든 사람들이 풍성한 생명에 이르도록 하는 것이다. 교회는 구원받은 생명들이 진리의 말씀을 통해 건강하게 양육되도록 교육목회를 충실히 함으로써, 하나님의 자녀들이 풍성한 생명을 얻도록 도와야 한다. 하나님의 백성들은 지속적이며 균형 잡힌 성장을 통해서, 그리스도의 온전성을 갖추어 나가게 될 것이다. 세상을 살리는 목회의 궁극적인 목표는 하나님의 통치가 하늘에서 이루어지는 것과 같이 땅에서도 이루어지게 함으로써, 생명력 넘치는 하나님 나라를 확장해 가는 것이다. 생명력 넘치는 하나님 나라에선, 모든 것이 바르고 온전한 관계 및 네트워크 안에 놓이게 된다.

생명목회의 둘째 과제는 반생명적 세력에 적극적으로 대처하는 것이다. 태초에 하나님께서 아름답게 창조하신 인간을 위시한 모든 생명체들이 그 아름다움과 건강을 계속 유지하지 못하고 있다. 창조세계의 청지기인 인간이 하나님을 떠나 타락하고 부패하게 되면서 인간과 함께 모든 생명들이 황폐해지고 썩어지고 죽게 되었다. 생명을 살리는 생명목회는 생명을 약화시키거나 속박하는 모든 세력으로부터 생명들을 자유하게 하며, 모든 반생명적 세력을 물리치는 목회이다. 예수께서 수행하신 생명목회는 복음전파와 가르침의 교육, 병 고침과 귀신을 쫓아냄, 성전청결 및 구조적인 사회악 개선을 포함하는 총체적인 것이었다.

생명공동체를 만드는 일에 있어 중요한 것은 우리의 마을을 하나의 생명망 공동체로 이룩해나가는 것이다. 교회와 마을이 분리되어있는 것이 아니라, 하나의 유기체적 네트워크로서 연결되기를 기대하면서 그간 우리 총회는 마을목회 운동을 전개하여왔으며, 이런 운동이 우리의 지역사회와 세계를 보다 행복하고 안전하며 건강한 마을로 만드는 데 일조하기를 바라면서, 대한예수교장로회 총회는 생명문명과 생명목회 운동을 펼쳐나가고 있다.

4. 사랑의 실천을 강조하는 마을목회

1) 정론의 신학에서 정행의 신학으로

요한복음 3장 16절은 하나님이 세상을 사랑하셔서 독생자를 주셨음을 강조한다. 하나님께서 세상을 사랑하신다고 말씀만 하시고, 독생자를 이 땅 위에 보내셔서 십자가에 달리게 하시지 않았다면, 그 사랑은 구체성을 결여하게 되어 우리는 그 사랑을 바로 믿기 어렵게 된다. 그러나 하나님께서는 인류와 세상을 사랑하신다고 말씀하셨음과 동시, 그 사랑을 예수 그리스도의 성육신을 통해 구체적으로 나타내셨던 것임을 필자는 앞에서 설명하였다. 이와 같이 '마을목회'는 사랑의 실천성을 주장한다. 마을목회는 이론만을 외치는 신학이 아니며, 그 이론의 우리의 구체적인 사역의 현장에서 어떻게 실천되어야 하는가를 강조하는 성육신적이며 성례전적인 신학인 것이다.

오늘 한국의 기독교는 침체의 길에 서 있다. 하지만 이런 어려운 정황

가운데에서도 목회가 잘 지탱되는 교회들이 있는데, 신학자들은 먼저 이런 교회들의 수백의 사례들을 모으는 것으로부터 '마을목회'를 연구하는 작업을 시작했다. 먼저 현장의 목회가 있었고 그 목회를 분석함을 통해 마을목회의 이론화 작업을 하였던 것이다. 그런 의미에서 마을목회는 정론(orthodox)의 신학이기보다는 정행(orthopraxis)의 신학이라 할 수 있다. 이론을 먼저 세우고 그에 의거 실천을 한 것이 아니라, 수많은 실천적 사례를 모아 이론을 세웠다. 우리 신학자들은 바람직한 목회가 펼쳐지는 많은 사례들을 모아 분석하였으며, 그 결과 그러한 목회를 목회자들이 이미 쓰고 있는 '마을목회'란 개념으로 집약할 수 있었던 것이다. 실천에서 이론이 나오고, 그 이론을 바탕으로 다시 실천하며, 그것을 피드백하여 다시 이론을 정교화하는 작업을 반복한 것이다.

2024년에 출판된 책, 『유형별로 본 마을목회 사례와 신학적 성찰』[10] 또한 이런 면을 잘 드러낸다. 이 책은 먼저 각각의 지역에서 펼쳐지고 있는 마을목회의 사례에 대한 진술을 한 다음, 이어 신학자들이 각각의 사례들을 신학적으로 반성하는 구조를 하고 있다. 사례연구들과 그에 대한 신학적 성찰들이 한 쌍을 이뤄 이 책을 구성하고 있는 것이다. 이에 있어 필자도 총회한국교회연구원을 통해 24권의 마을목회에 대한 책을 내면서 이론적인 책들 반, 사례에 대한 책들 반 정도로 균형을 맞추기 위해 노력했다. 이상과 같이 마을목회는 강한 현장 친화적 목회신학이라 할 수 있다. 책상머리에서 나온 탁상공론의 신학이 아니라 목회 현장에 뿌리내리고 있는 실천적 신학이 마을목회다.

성경은 행함이 없는 믿음은 죽은 믿음이라고 한다. 행함과 실천에 기반하지 않는 믿음은 허약한 믿음이 된다. 하나님은 사랑이시다라는 것을 이론적인 측면으로 믿으라고만 하면 복음이 잘 전달되기 어렵다. 그러한 믿

---

10) 조은하, 한국일 편, 『유형별로 본 마을목회 사례와 신학적 성찰』(서울: 대한기독교서회, 2024).

음이 현실화되려면 예수 그리스도에게서 나타난 하나님 사랑의 실제 모습을 우리가 체험해보아야 한다. 그러한 하나님의 사랑이 신자들의 행동을 통해 전달될 때, 우리의 복음은 더 힘있게 전파될 것이다.

오늘 우리 기독교인에게 가장 필요한 것은 이러한 하나님의 뜨거운 사랑의 재현이라 생각한다. 사랑하면 행동하게 된다. 또한 우리가 행동해보면 복음의 역동성을 감지하게 된다. 이러한 사랑의 희생을 통해 불행한 사람들이 행복해지고 멸망의 구렁텅이 있는 사람들이 구원받게 된다면, 그러한 어려움을 우리는 달게 감수할 수 있을 것이다. 주님께서 피를 쏟으며 온몸이 부서지도록 희생의 삶을 사신 것과 같이, 우리도 그렇게 하지 못할 것이 없다. 우리의 이 같은 사랑의 수고를 통해 주님의 복음은 더욱 널리 전파될 것이며, 하나님께서는 더 높이 영광 받으실 것이라 확신한다.

2) '마을'을 화두로 한 운동들: 새마을운동으로부터 작금의 '통합돌봄'까지

이전 우리나라는 박정희 대통령 시절에 '새마을운동'을 벌인 바 있다. 그 운동의 장단점들에 대해서는 많은 말들이 있지만, 나라의 쇄신이 정치적 노력만으로 가능한 것이 아니며 정신적 변화와 함께해야 한다는 생각으로서의 이 운동은 우리 사회에 준 영향이 적지 않았다. 이 운동은 그 후 여러 변형된 형태로서 외국에 소개되어 동일한 운동으로 개진되기도 하였다.

마을목회 운동과 일반사회에서 추진되었던 '마을 만들기 운동' 및 오치용 목사께서 주창하신 '사랑마을 만들기 운동'과도 그 궤를 같이 한다. 마을만들기란 용어는 1950년대부터 일본에서 나온 개념으로 우리나라에선 이 운동이 21세기에 들어 정치권에서 채용되어 서울을 비롯한 여러 지방자치 단체들로 확산되기도 했다. 또한 서구에서는 이런 마을만들기 운동이 '지역사회 개발'(community development)이란 개념으로 많이 다루어졌었다. 물론 이것들은 마을목회와 동일한 운동들은 아니지만 마을공동체의 복리에 초점을 맞추고 있다는 공통점을 갖는다. 이에 이러한 운동들의 공과를 살피며 배울 점을 찾아내는 것도 우리가 하여야 할 일이라 생각한다.

예전 우리 한국사회는 마을 단위로 서로 사랑을 느끼며 도우면서 사는 삶의 모습을 가졌었다. 이러한 전통적 민간복지 기구로 계, 향약, 두레, 품앗이, 공굴, 고지, 향도 등이 있었는데,[11] 그런 끈끈한 정이 있는 공동체적 삶을 오늘의 '마을목회'를 통해 재현할 때 우리 사회는 보다 밝아지고 한 단계 성숙해질 것이다.

최근 정부는 '통합돌봄지원법'과 함께 시행령, 시행규칙, 조례 등을 통과하였으며, 내년 2026년 3월부터 본격적으로 통합돌봄(integrated card, community care)의 정책이 시행될 예정이다. 본 '통합돌봄'의 정책은 최근 교회에서 많이 언급된 디아코니아의 신학을 강조하는 '마을목회'와 통하는 점이 많으며, 이에 교회와 지자체가 잘 협치를 해나간다면 이에 대한 효과를 배가시킬 수 있으리라 생각한다. 오늘 우리 한국의 가장 큰 문제 가운데 하나는 너무 개인주의적이며 경쟁주의적인 삶을 사는 것에 있는 바, 이같이 함께 잘 사는 세상으로서의 '통합돌봄'의 운동이 더욱 확산되어 나간다면 사회가 보다 밝아질 수 있을 것이라 생각한다.

보건복지부는 지역사회 통합돌봄을 정의하길 "돌봄을 필요로 하는 사람들이 자택이나 그룹홈 등 현재 살고 있는 지역사회에 거주하면서 개개인의 욕구에 맞는 복지 급여와 서비스를 누리고, 지역사회와 함께 어울려 살아가며 자아실현과 자립적인 생활을 할 수 있도록 지원하는 혁신적인 사회서비스 체계"라고 말한다. 이전에는 복지 서비스가 중앙정부의 기획 하에서 많이 진행되었으나, 통합돌봄은 지역사회 주도형 돌봄 체계를 구축하는 것을 강조한다.

---

11) https://www.reportshop.co.kr/rpts/1926065

특히 서울시는 '통합돌봄'의 정책을 시행하며, 방문진료, 병원동행, 식사배달, 방문 간호 등 긴급 지원부터 신체 마음건강 관리 등 일반적인 일상생활 지원과 주거 지원까지, 대상자별 맞춤형 계획을 수립하는 패키지형 지원을 구상하고 있다. 통합돌봄은 마을과 함께하는 보건의료, 건강, 요양, 돌봄, 주거 등의 통합적 지원을 위한 '거점형 공동체 돌봄'을 통해 사회적 관계망을 회복하도록 지원하는 것으로, 주대상자들인 노인과 장애인들을 위한 행정기관의 시혜적 복지서비스나 돌봄의 차원에서 더 나아가 모든 주민 각자의 필요에 기반하며 지역 자원 네트워크를 활용하여 상호 돌봄을 추진해보자는 취지의 정책적이며 실천적인 체계인 것이다.

이를 위해선 주민들의 자치 역량의 강화가 중요한 것으로 교회와 지역사회가 서로 협력해서 이 일을 추구한다면 풀뿌리 민주주의의 강화에도 큰 효과가 있을 것이라 생각한다. 알다시피 마을목회는 어느 한 영역의 봉사로 마무리되지 않는 것으로 다차원적인 디아코니아 목회의 실천을 강조한다. 이에 현재 정부에서 지향하고 있는 통합돌봄이 보다 총체적인 기획이 되기 위해선 마을목회와 같은 다방면의 사역이 되어야 할 것이라 생각한다. 아울러 노인과 장애인이란 주대상자 그룹을 넓혀 모든 주민을 위한 통합돌봄의 재택 지원 시스템을 구축한다면 우리의 복지가 보다 인간적인 얼굴을 갖게 될 것이라 생각한다.

몇 년 전 '마을목회'를 남인도교회에서 온 대표들에게 강의하며 영어로 표현하는 문제에 대해 고민한 적이 있었다. 보통 영어로는 'community ministry'(지역사회목회)나 'small town ministry'(소도시목회)정도로 표현할 수 있을 것 같다. 하지만 필자는 이러한 표현이 뭔가 부족하다고 생각하여 영어로 'village ministry'라는 표현을 채택하기도 하였지만 그 말로도 충분한 것 같지는 않았다. 이런 고민을 하던 차에 총회의 변창배 사무총장이 한글 그대로 'maeul ministry'로 하는 것이 적합한 것 같다는 말을 나누면서 영어로는 그렇게 표현키로 하였다.

'마을목회'는 서구의 선교적 교회론이나 '지역사회목회'와는 다른 보다 폭넓은 의미를 갖는 목회개념으로, 한국교회가 창안한 오늘의 시대의 새로운 목회방안으로 보면 좋을 것이다. 커뮤니티 또는 지역사회란 말은 행정상의 단위에 보다 연관된 반면, 마을이란 사람이 손을 뻗으면 닿을 수 있는 인간의 정감과 연결되어있는 단위로서, 물적인 개념이라기보다는 사람을 중심으로 하는 삶과 연관된 개념이다. 아무리 물적인 거리상으로 가까운 곳에 사는 사람들이라고 할지라도 정신적인 공동체성과 하나 됨이 형성되어 있지 않는 곳은 마을로 보기 어려울 것 같다. 이런 견지에서 필자는 지역사회목회라는 개념보다는 마을목회라는 개념을 선호한다.

5. 마을을 교회 삼고, 주민을 교인 삼는 목회

요한복음 3장 16절은 하나님께서 이 '세상'을 사랑하셔서 독생자를 주셨다고 말한다. 사랑의 하나님은 이 교회를 사랑하실 뿐만 아니라, 이 세상의 모든 피조물들을 사랑하시는 분이시라는 것이다. 이러함에 마을목회는 하나님-교회-세상의 구조보다는 하나님-세상의 구조를 강조하는 하나님이 주체가 된 '하나님의 선교'(Mission Dei)와 일맥상통한다.

마을목회는 양우리 안에 있는 99마리의 양을 놔두시고, 우리 밖의 길 잃은 한 마리 양을 찾아 나서시는 목자 되시는 예수 그리스도의 모습을 부각한다(누가복음 15장 4절). 하나님께서는 믿는 신자를 사랑하시는 분이시만, 길을 잃고 헤매는 교회 밖의 사람들에게 더 관심이 많으시다. 우리나라의 경우 많이 보아 국민의 20% 정도가 기독교인인데, 아직도 80%의 국민들이 그리스도의 복음의 빛을 받지 못하고 길잃은 양의 상황에 놓여 있다. 이에 우리는 우리 속의 20%의 교인에 치중하는 목회를 하기 보다는, 교회 밖의 80%의 길잃은 양을 얻기 위한 선교에 노력하여야 할 것이라 생각한다. 이와 같이 교회 밖의 선교사역에 전력하는 교회가 될 때 교회는 그 사명을 다하게 될 뿐 아니라, 더 성숙하고 성장하는 교회가 될 것이라 확신한다.

로마서 3장 29절은 "하나님은 다만 유대인의 하나님이시냐 또한 이방인의 하나님은 아니시냐 진실로 이방인의 하나님도 되시느니라."라고 말하는데, 마을목회의 신학적 기반이 되는 말씀 중 하나다. 당시 사람들은 야웨 하나님을 일종의 민족신으로 생각했다. 그러나 바울은 그 하나님이 이스라엘의 하나님이실 뿐 아니라, 모든 민족의 하나님이 되심을 깨닫고 선교의 일에 진력하였다.

우리는 기독교의 복음을 교회 안에 있는 사람들에게만 제한하려 해서는 안 된다. 교회 밖에 있는 사람들도 믿기만 하면 구원을 얻을 것이라는 포용적 생각을 하는 것이 필요하다. 2천여 년 전 사도 바울이 유대인의 벽을 넘어 기독교를 세계를 위해 열어놓았듯, 오늘의 우리도 교회 밖의 사람들을 사랑으로 포용하는 '마을목회'의 방안에 주목해야 할 것이라 생각한다.

우리는 마을목회의 모토를 '마을을 교회로, 주민을 교인으로'로 잡았었다. 이와 같은 모토를 말하니 이를 잘못 이해하는 분들도 있었다. 주민을 교인으로 다 만들자는 것은 성장주의적 교회 모습을 주장하는 것이 아니냐는 말이었다. 그러나 이 모토는 그런 취지의 말이 아니다. 주민을 교인으로 품어 그들도 하나님의 사랑받는 사람들로 보자는 취지에서 그런 모토를 만든 것이다. 교회 안으로만 응축된 게토화 된 공동체가 아니라, 온 마을을 향해 나아가 마을 전체를 돌보는 교회가 되자는 것이다. 우리의 목회는 교회 내의 목회로서만 머물러서는 안 된다. 지역사회 속으로 나아가 교회 밖을 포괄하는 목회가 될 때 구원을 향한 더 나은 접촉점이 생기게 될 것이다. 그런 입장에서 "마을을 교회로, 주민을 교인으로"라는 모토는 "마을을 교회 삼고, 주민을 교인 삼아"란 명제로 바꾸면 더 명확해지는 것이 아닌가 싶다.

지난 몇 해 동안 우리 사회는 코로나19로 말미암아 교인이든 교회 밖에 있는 사람이든 모두 어려움에 처하게 되었다. 이런 상황 가운데에서 교회는 교인과 비교인의 차별을 두지 않고 섬기는 일에 앞장섰었다. 하나님께서 이 세상의 모든 사람들을 사랑하셔서 독생자를 보내셨듯 우리도 교인뿐 아니라 마을의 주민 전체를 보살피는 일에 정성을 다하는 것이 필요하다. 우리의 목회는 교회만을 향한 목회가 되어서는 안 되며, 마을과 주민 전체를 아우르는 '열린 목회'가 되어야 할 것이다.

6. 공동체의 행복을 추구하는 마을목회의 유형들

필자는 앞에서 마을목회는 이론과 함께 사례가 중요함을 언급했다. 이에 마을목회의 성서적 신학적 논거를 말하는 것도 긴요하지만, 그것이 우리 목회에서 어떻게 구체적으로 실천되어왔는지를 서술하는 것이 필요하다고 생각한다. 우리 한국기독교는 상당히 개인의 심리적 차원에서의 위로에 치중한 목회를 해왔는데, 이와 함께 우리의 목회가 사회적이며 공공적 영역에서 어떻게 실천될 수 있는가를 면밀히 살펴보는 것도 중요할 것이다.

마을목회는 교회 내적 목회에만 관심이 머물러 있지 않다. 마을목회는 오늘 우리 사회의 근본 문제를 개인주의적 행복론에 있음을 진단하고 그를 극복하는 방법으로 '공동체적 행복'을 강조하려 한다. 마을교회, 마을학교, 마을기업, 마을은행, 마을병원, 마을복지, 협동조합, 마을은행, 전인치유(전인건강) 기관 등 우리가 가지고 있는 제도들을 공동의 유익을 위해 조율하려는 것이 마을목회의 의중이기도 하다.

기실 우리는 이런 불행에 대해 공동으로 대하는 방식들에 대해 많은 고안들을 한 바 있다. 건강보험, 생활협동조합, 신용협동조합, 사회복지, 사회보험과 공공부조, 연금 등 많은 제도들이 이런 공동적 삶의 방식을 포섭하고 있는 것이다. 그러나 우리는 이런 일부만의 공동적 대응 방식을 보다 폭 넓은 영역으로 확대할 필요가 있다. 내가 먼저 저축한 돈을 나중에 받는 형식에서 더 나아가, 대책 없는 남의 고통들에 상관하여 그것을 덜어주고자 하는 사회제도들을 더 강화해야 할 것이다.

마을목회는 개인적 행복과 함께 공동체적 행복에 관심을 갖는다. 이런 견지에서 마을목회는 지역사회를 공동체적 가치를 통해 만들어나가는 것을 강조한다(요 17:21-23). 마을목회는 오늘 우리 사회의 위기가 지나친 개인주의적 삶의 방식에 기인한 것으로 분석하여, 경제, 교육, 복지, 의료, 금융, 환경, 문화, 공간 나눔 등 사회 각 분야에 기독교가 강조하는 사랑의 하나 됨의 공동체성을 불어넣을 것을 주창하는 목회전략인 것이다. 우리가 영위하고 있는 여러 주체들을 마을의 시각에서 재구성해보려는 노력이다. 이윤과 이익을 내기 위해 혈안이 된 구조들이 아니라, 서로의 행복을 위해 함께 일구어나가는 적극적인 구성 주체들을 만들어보려는 것이 마을목회의 주요 관심이기도 하다. 마을목회는 교회의 봉사를 통해 교회 밖의 사람들과 관계망을 확장하여 그들이 교회 안으로 들어와 주님의 자녀가 되는 것을 쉽게 하는 목회전략을 갖는 것이다.

1) 마을목회와 마을기업[12]

지역의 교회들이 힘을 합쳐 경제생활을 잘 영위해나갈 수 없는 분들을 위해, '사회적 기업'(social business)을 만들어 이들이 그곳에서 일할 수 있

---

12) 이 부분은 노영상 편, 『총회한국교회연구원 '마을목회' 시리즈 14: 마을목회개론』(서울: 킹덤북스, 2020), 제3부 제12장 "사회적 경제와 마을목회"와 노영상 편, 『마을교회와 마을목회 (이론편)』(서울: 한국장로교출판사, 2018), 제9장 "샬롬공동체로서의 행복한 마을 만들기 운동과 사회적 기업"을 참조하시오.

도록 조처한다면 우리의 지역사회는 더욱 행복해질 것이다. 생활이 어려운 사람들을 위한 기업을 만들어 운영하자는 말이다. 필자는 이런 사회적 기업을 '마을기업'이란 이름으로 부르고 싶다. 어떤 이윤을 목적으로 하여 만들어진 회사가 아니라 지역주민들의 복리를 위해 기업을 만들어 운영하자는 제안이다. 어려움에 처한 사람들이 맡으려는 직업에 적합할 수 있도록 직업교육도 하며 마을기업에 참여케 하자는 제안이다.

예를 들어 딸기를 많이 생산하는 농촌에 협동조합으로서의 잼공장을 만들고 이를 통해 일자리를 창출하여 경제적으로 취약한 사람들을 도울 수 있도록 하는 것이다. 특히 딸기는 과육이 약하여 손상되기 쉬우므로 이런 잼공장은 지역의 지속적인 수입에 큰 도움이 될 것이라 생각한다. 이와 같이 공동체적 필요에 잘 부응하는 마을기업들을 세우는 것을 통해, 우리는 보다 효율적인 마을복지를 추구할 수 있게 된다. 남원에는 목기와 그릇을 만드는 마을기업을 육성하고, 격포에는 새우젓 등의 젓갈류들을 생산하는 마을공장들을 만들며, 안성에는 유기공장을 협동조합식의 마을기업으로 만들어 주민 모두가 혼연일체 되어 일하게 한다면 그 행복이 적지 않을 것이다.

한국교회는 지난 동안 농촌에서 '협동조합'을 운영하며 지역사회와 긴히 연결된 교회를 만들어 오기도 했다.[13] 그것을 통해 마을에 도움을 주는 교회가 될 뿐 아니라, 교회도 부흥하여 많은 사람들이 하나님의 구원을 접하게 되는 계기가 마련되기도 하였던 것이다. 최근 가톨릭농민회에서 운영하는 생활협동조합 '한살림'이나 성빌립보생태마을의 '생태맘장터' 등은 이런 마을기업과 연관되는 것으로 윤리적 경영을 강조하는 기독교 마을기업들이 활성화될 필요가 있을 것이다.

---

13) 협동조합 운동과 마을목회의 연계성에 대해서는 한경호 편, 『총회한국교회연구원 '마을목회' 시리즈 11: 협동조합운동과 마을목회』(서울: 나눔사, 2018)를 참조하시오.

2) 마을목회와 마을학교[14]

공동체적 행복을 위한 또 다른 예로 '마을학교'를 생각할 수 있다. 얼마 전 우리나라엔 삼포세대란 말이 유행했었다. 연애와 결혼과 출산을 포기한 세대란 뜻이다. 작금의 우리나라의 출산율은 세계 최저수준임을 우리는 잘 알고 있다. 이와 같이 젊은이들이 아이를 낳지 않는 나라의 모습이 지속된다면 우리나라는 이 지구상에서 없어지고 말 것이다. 출산을 포기하는 여러 이유들이 있겠지만 가장 큰 문제는 경제문제다. 출산을 하고 나면 여성이 직장을 포기해야 되고 양육비의 부담이 커져 경제생활이 되지 않는다는 것이다. 우리는 이 문제를 해결하기 위해 전력을 다해야 하는바, 그것들 중의 한 대안이 마을학교라 생각한다.

우리는 우리 자식만이 자식이고 남의 자식은 나와 상관없는 것으로 생각하며 자기 자식의 성공만을 위해 사는 것 같다. 이기적으로 양육하며 이기적으로 교육하고 있다. 평소 필자는 이런 학교 교육에서 무엇을 기대할 수 있을 것인가 생각하곤 했다. 그런 분위기이니 학교에 폭력이 범람하고 왕따가 횡횡하는 것이 아닌가 생각한다. 이제 우리는 마을의 모든 아이들을 우리의 자녀로 생각하며 함께 양육하는 방법을 배워야 한다. 마을의 학교에 관심을 갖고 함께 운영하고 자녀들을 교육하자는 것이다.

요사이 젊은 부모들이 아이들을 학교에 보내며 교육하는 일이 여간 힘든 것이 아니다. 시간적으로나 경제적으로 여의치 못해 아이들을 돌보기가 쉽지 않다. 오늘날 대부분의 경우 부모 자식 사이도 좋기 어렵다. 서로 싸우고 폭력을 휘두르는 가정들이 되지 않으면 다행이다. 이런 상황을 바

---

14) 마을학교와 마을목회의 연관성에 대해서는 총회한국교회연구원이 출간한 김도일, 『더불어 행복한 가정 교회 마을 교육공동체』 (서울: 동연, 2018)와 김도일 외, 『총회한국교회연구원 '마을목회' 시리즈 22: 전 세대와 소통하는 선교적 교회 교육』 (서울: 동연, 2022), 노영상 편, 『마을교회와 마을목회 (실천편)』 제6장 "마을 안에서 함께 살아가는 서울시 마을공동체 공동육아: '엄마랑 아가랑'"을 참조하시오.

라보며 필자는 영국과 미국 등에서 활성화되어 있는 '기숙학교'(boarding school)를 생각해봤다. 서구의 많은 기숙학교들이 유치원으로부터 고등학교까지의 과정을 가지고 있다. 부모들이 방학을 포함하여 아이들을 전적으로 학교에 맡길 수도 있으며, 주말에 집으로 데려갈 수도 있고, 매일 등교하는 학생들도 있다. 학생들을 전적으로 학교에 맡기는 것이다. 외국의 많은 기숙학교들이 교회와 수도원을 배경으로 세워진 것들이 많은데, 그러한 미션스쿨들과 기독교 대안학교들의 육성이 필요하다 생각한다. 최근 한국의 대안학교 중 거대 반이 교회에서 세운 것들이 많다. 이러한 마을목회적 배경을 가지는 공동체 교육 운동을 건실히 발전시킨다면 우리 사회나 교회에 적지 않은 공헌이 될 것이라 생각한다.

자질 있는 선생들을 배출하여 그들에게 우리의 교육을 전적으로 맡긴다면 부모들이 시간적 여유를 갖게 되고 그 시간에 경제활동을 통해 성취감을 높이게 되며 아이들과도 보다 여유 있는 관계를 만들 수 있을 것이다. 그러기 위해서는 학교가 보다 안전한 곳이 되어야 하는데, 이를 위해 정부와 교육계가 함께 노력할 필요가 있다고 생각한다. 무엇보다 폭력을 행사하는 아이들을 잘 교육할 필요가 있는바, 그러기 위해 학교는 인성교육을 강화하고 전문적인 상담 선생을 많이 배치해야 할 것이다. 학교가 행복하려면 공부만 가르치는 모습을 탈피해야 한다.

동시 우리는 학교를 선생님들의 손에만 맡기지 말고 지역의 부모들이 전적으로 개입하는 학교로 만들 필요가 있다. 고등교육을 받은 시간적 여유가 있는 부모들을 자원봉사자로 활용하여 학교 교육을 강화한다면 더 좋은 교육환경을 이룰 수 있을 것이다. 학교의 급식도 동네의 부모들이 식단을 짜게 하고, 그들로 하여금 요리하는 것을 돕게 한다면 더 좋은 식사 시간이 될 것이다.

이에 필자는 정부 차원에서 동네마다 유치원부터 고등학교까지의 기숙학교를 만들 것을 교육부에 제안해본다. 기숙학교라 많은 비용이 들지 않겠냐는 말을 할 수도 있겠지만, 학생들의 행복을 위해 정부는 이런 예산을 증액해야 한다고 생각한다. 학교에서 국영수만 가르치는 것이 아니라, 좋은 운동장과 체육시설 속에서 맘껏 운동하게 하고 악기도 하나씩 배우게 하며, 자주 지역의 문화유적지와 중요한 곳을 방문하며 산 좋고 물 좋은 곳에서 캠핑도 하는 그러한 살아있는 교육의 장으로 학교를 만들기 위해 동네가 힘을 합한다면 우리 아이들의 삶은 더욱 풍성해지고 행복해질 것이라 생각한다. 명실상부 '마을학교'를 만들자는 것이다. 마을의 모든 주민들이 협력하며 마을의 모든 자원들이 교육의 자원들로 화하는 모두가 행복한 학교를 만들자는 것으로, 이런 교육복지만큼 오늘을 사는 한국인에게 절실한 것도 없다고 생각한다.

3) 마을목회와 마을환경지킴이[15]

필자는 앞에서 마을 주민의 먹고사는 문제와 아이들을 교육하는 문제에 대해 다뤘다. 이러한 경제와 교육 못지않게 중요한 것이 있는바, 마을의 자연환경과 문화환경을 지키는 것이다. 마을의 자연환경은 주민의 삶에 큰 영향을 미친다. 대기와 식수의 질, 마을 내 녹지와 공원의 분포, 역사적 건물들의 보전, 마을의 주거환경, 마을의 문화 수준 등은 우리의 삶의 질에 있어 필수적인 요소들이다.

최근 들어 여러 동네에서 마을 만들기 운동을 하며 지역의 하천을 정비하거나 도시를 재생하는 사업들을 많이 하였는데, 그 결과가 주민들의 행복에 적지 않은 영향을 미치기도 하였다. 하천의 정비와 함께 도시의 달동네들을 재생하는 '도시재생운동'이 일본과 한국에서 많은 성과가 있음

---

15) 환경문제를 마을목회의 견지에서 다룬 책으로는 기독교환경교육센터 살림, 총회한국교회연구원편, 『총회한국교회연구원 '마을목회' 시리즈 18: 생명살림 마을교회』 (서울: 나눔사, 2020)을 참조할 수 있다.

이 보고되기도 했다. 주민들이 마을을 아름답게 가꾸니 주민의 삶도 행복해졌고, 이 또한 관광자원으로서의 톡톡한 역할도 하게 되었던 것이다.

예전 우리 사회는 산업화를 거치며 많은 공해 물질들을 뿜어내는 공장들을 양산한 적이 있다. 경제적으로는 얼마간 윤택해졌지만 주민들의 삶은 이전보다 더 피폐해졌다. 건강한 신체에 건강한 정신이 깃들 듯 우리의 깨끗한 자연환경은 우리의 삶의 행복에 큰 영향을 주는 것이다. 지역의 미관을 해치는 낡은 건물들을 수리하며 낙후된 동네들을 재생시키고 지역의 자연환경을 아름답게 가꾸는 노력들이 필요하다는 것이다.

우리는 산업화 시대를 거치며 마을의 자연환경과 도시환경이 얼마나 중요한지를 알게 되었으며, 이런 일은 개인의 노력으로 지켜질 수 있는 것들이 아님을 깨닫게 되었다. 이에 지역의 환경을 지키는 '마을환경지킴이'와 같은 기구들의 구성이 필요하다. 서울의 한남제일교회가 동네의 환경 미화를 위해 구청의 도움으로 마을의 길가에 꽃도 심고 화단도 만들었음을 들은 적이 있다. 마을의 환경을 지켜나가려는 이와 같은 공동의 노력은 우리의 생활을 더욱 행복하게 하는 것이다.

쓰레기들이 거리에 널려있고 부서진 건물들이 방치된 채 여기저기 있다면 그런 마을은 행복한 마을이 되기 어렵다. 우리는 많은 재정을 들이지 않고도 지역의 환경을 개선하는 여러 가지 일들을 할 수 있으며, 이런 작은 노력들을 통해 주민들의 마을에 대한 사랑의 감정은 더욱 커갈 것이라 생각한다. 특히 아파트 사이사이마다 녹지를 보존하고 주민들이 운동할 수 있는 시설들을 만드는 일은 매우 소중한 것으로서 주민과 관청들이 힘을 모아 노력할 일들이라 생각한다.

동네의 자연환경을 잘 가꾸면 우리의 마음도 더 예쁘게 변하게 될 것이라 생각한다. 깨끗한 하천을 흐르게 하고, 마을의 숲을 가꾸고, 마을의 도로와 집들을 정비하고, 마을에 새들이 날아들게 함을 통하여 우리 주민들의 심성이 착해지고 마을 전체가 기쁨 가운데 살 수 있다면 이보다 더

보람된 일은 없을 것이다. 하나님의 사랑은 우리 인간뿐 아니라 우리의 자연환경을 보다 아름답게 변하게 할 것이라 믿는다.

4) 마을목회와 마을병원[16]

요즈음 지역사회복지의 개념으로서 강조되는 '의료생활협동조합'(의료생협)에 대해 소개하고 싶다. 의료생협은 지역주민이 조합원으로 참여하고 의료인과 함께 협동하여 직접 의료기관을 개설하고 운영하는 기관이다. 의료생협은 병의 치료뿐 아니라 보건과 예방을 중시하여 조합원과 지역주민 스스로가 건강을 지켜나갈 수 있도록 건강강좌, 체조교실, 등산모임, 식생활 개선 교육 등의 건강프로그램을 함께 진행하기도 한다. 이러한 마을병원을 통해 건강한 먹거리에 대한 교육도 받는다면 예방적 차원에서 보다 나은 건강환경을 만들게 될 것이라 생각한다. 근래 들어 건강 관련 TV 프로그램들이 인기가 많다. 많은 방송국들이 앞다퉈 이런 프로그램들을 확대하고 있는데, 교회는 그러한 강건함도 하나님으로부터 오는 축복임을 강조해야 할 것이다(요삼 2).

좋은 보험제도 덕분에 오늘날 우리 국민들은 양질의 의료적 혜택 하에 있으므로써 평균 수명도 많이 증가되었다. 그러나 아직도 우리의 의료체계에는 문제들이 적지 않다. 가장 문제가 되는 것 중 하나는 병원들이 가능하면 많은 이윤을 내어야 하는 문제 때문에 과잉 진료의 유혹을 뿌리치기 쉽지 않다는 것이다.

이런 상황에서 공공적 이익을 앞세우는 의료생협의 활성화는 우리에게 매우 소중한 자원이 될 수 있을 것이라 생각한다. 여기서 필자는 이런 의료생협을 '마을병원'으로 발전시키자는 제안을 하고 싶다. 의료기관들

---

16) 의료생활협동조합과 마을목회의 관계성에 대해서는 노영상 편, 『마을교회와 마을목회(실천편)』, 제5장 "행복한 마을 만들기: 건강마을 공동체, 의료협동조합"을 참조하시오.

은 사적 이윤을 추구하는 기관이기보다 공공재로서의 기관이어야 함을 강조하고 싶은 것이다.

　이에 지역의 학생들을 의대에 보내 훌륭한 의사가 되게 하고, 이런 의사들을 모아 마을병원을 세워 생협 형태로 운영한다면 우리의 의료는 더욱 좋은 방향으로 발전할 것이다. 아울러 마을병원과 함께 인생의 마지막을 지내는 사람들을 위한 호스피스센터를 교회가 협력하여 운영한다면, 그런 마을은 더욱 건강하고 행복한 마을이 될 수 있을 것이다. 물론 필자는 여기서 병원을 국가가 운영하자고 말하는 것이 아니다. 마을의, 마을 주민을 위한, 마을 주민에 의한 병원을 만들자는 것이다. 사회적 협동조합의 형태로 많은 마을병원들이 세워져 우리나라가 보다 건강한 나라가 되었으면 한다. 물론 이 일을 위해서는 이를 운영하는 사무장과 병원을 운영하는 주체들의 양심적 경영이 중요한데, 이는 사회의 장기간에 걸친 사회적 자본의 축적에서만 가능한 일이 될 것이라 생각한다.

　최근 교회나 교회 기관들이 중심이 되어 병원을 설립하여 운영하는 일들이 늘고 있다. 이윤을 남기고자 하는 병원이 아니라 치료비를 잘 감당하지 못하는 사람들을 위한 봉사적 의료기관들을 세우는 일이었다. 이러한 봉사적 의료기관도 중요하지만 마을병원 형태의 발전 또한 우리가 깊이 생각하여 볼 일이라 생각한다. 이윤을 추구하는 병원과 함께 보건소와 같은 공적인 취지에서 만들어진 마을병원들이 상호보완될 때 우리의 의료현실이 더 나아질 수 있을 것이다.

5) 마을목회와 마을은행[17]

　레위기의 희년법은 자국의 백성에게 저리나 무이자로 재화를 빌려주

---

17) 마을은행과 마을목회의 관계성에 대해서는 노영상 편. 『마을교회와 마을목회(실천편)』, 제2장 "(사회복지법인)해피월드의 마이크로크레딧 운동 사례"를 참조하시오.

는 제도에 대해 언급한다. 가난한 사람들이 그들의 힘든 상황을 극복하고 경제적으로 자립할 수 있도록, 이스라엘의 해방된 사회는 여러 면에서의 조처를 취했던 것 같다. 이에 우리도 가난한 사람들이 금융기관들을 통해 용이하게 대부받을 수 있는 제도를 마련하는 것이 좋을 것이다. 무엇보다 그들의 형편을 이해하여 그들의 상황에 맞는 융자제도를 만들어, 사업에 실패한 서민들이 새로운 기회를 가질 수 있도록 하는 것이 필요하다.

우리는 이러한 취지 하의 제도로서 방글라데시의 무하마드 유누스(Muhammad Junus)가 설립한 '그라민은행'을 소개할 수 있다.[18] 일종의 빈민을 위한 은행으로, 빈민들에게 저리로 자금을 빌려주어 그들을 자립시키고자 하는 은행이다. '그라민'이란 방글라데시말로 '마을'이란 의미로서, 그라민은행은 '마을은행'이라는 뜻으로, 일종의 새마을금고와 같은 것으로 보아도 무방할 것 같다. 그라민은행은 '마이크로크레딧'(microcredit) 사업의 대표주자다. 마이크로크레딧이란 저소득층의 자활을 위해 자금을 대출하는 '무담보 소액대출' 서비스를 말한다. 이 은행을 설립한 방글라데시의 무함마드 유누스는 2006년 노벨평화상을 받았는데, 그는 이 은행을 통해 그간 빈곤층 1억 가구 이상을 혜택받게 하였다. 그의 이러한 노력은 우리나라에서도 출판된 『가난 없는 세상을 위하여』에 잘 소개되어 있다. 이런 마이크로크레딧 운동의 선두 격은 거룩한빛광성교회가 추진한 일종의 미소금융으로서, 복지법인 해피월드의 '해피뱅크' 사역일 것이라 생각한다.

유누스의 그라민은행과 같은 가난한 사람들을 위한 무담보 소액대출의 제도는 우리나라에서 '신용협동조합'의 형태로 많이 운용되기도 했다. 예전 우리나라의 교회들은 비영리 금융기관으로서의 신용협동조합을 설립하여 많이 운영하기도 하였는데, 요즈음에 들어 그 수가 현저히 줄어든 것 같다. 이와 같은 이전의 신협운동은 지역의 가난한 사람들에 유용한 금고 역할을

---

18) 무하마드 유누스, 『가난한 사람들을 위한 은행가(그라민 은행 설립자 무하마드 유누스 총재 자서전)』 (서울: 세상사람들의책, 2002).

하였는바, 오늘도 그 취지를 잘 살려 보다 안정된 시스템하에서 잘 운영한다면 교회와 지역사회에 좋은 결과를 가져다줄 것이라 확신한다.

오늘 우리의 금융제도는 가난한 사람들에게 아주 불리한 제도인 것 같다. 돈 많은 사람들은 신용이 좋게 분류되어 저리로 은행 돈을 빌릴 수 있는 반면, 가난한 사람들은 신용도가 약해 고리로 은행 돈을 쓸 수밖에 없는 제도로 되어 있는데 반대로 되어야 더 정의로운 것이 아닌가 싶다. 이에 있는 사람들은 더 쉽게 자본을 축적할 수 있으며 가난한 사람은 있는 자본도 잃을 수밖에 없는 형편으로, 우리는 이 같은 은행 대출의 불평등을 해소할 필요가 있다. 사채로 고생하는 사람들의 고충을 해소하기 위하여 '생명의 길을 여는 사람들'[19]이란 단체에선 사채를 써 고리로 고생하는 사람들을 위해 무담보의 저리 대출을 하고 있는데, 이를 통해 많은 사람들의 고통을 경감시키고 있다. 이에 있어 이러한 혜택을 받은 사람들의 원금 회수율이 평균 이상이라고 말하는 것을 들은 적이 있다.

이상과 같이 학교, 병원, 은행, 기업, 동사무소, 교회 등 각 기관들이 네트워크하고 서로 협력하여 더 나은 마을을 만들기 위해 애쓰다 보면, 우리의 고통들이 저 멀리 물러가게 될 것이라 믿는다. 한 사람을 위한 사랑의 노력도 중요하지만 모든 사람에게 많은 혜택이 돌아가는 구조적인 일을 위해 노력한다면 우리는 더 큰 사랑의 열매를 맺을 수 있을 것이다. 우리는 항상 예수 그리스도가 나 한 사람만을 위해서뿐 아니라, 동시에 인류의 모든 죄와 고통을 안고 십자가에 달리셨음을 상기해야 할 것이다.

6) 마을목회와 마을센터

이전 동사무소의 이름이 주민센터로 바뀌더니, 최근에는 그 이름이 행

---

[19] https://www.penews.co.kr/news/articleView.html?idxno=73

정복지센터로 변경되었다. 가능하면 주민 친화적인 주민센터를 만들기 위해 노력하는 중이지만, 아직도 그 거리가 충분히 좁혀지지 않고 있는 것 같다. 관청은 주민들의 생활을 살피며 최소한 경제문제 때문에 자살하는 사람은 없이 해야 할 것이다. 그런 다이내믹이 있는 동사무소와 일선 지방자치 기관을 만들려면 우리의 사고방식에 많은 변화가 필요하다.

정말 마을의 중심이 되는 주민센터가 되기 위해서는 동사무소에 앉아 있는 직원보다 동네의 길을 발로 뛰어다니는 직원들이 더 많아야 한다. 주민들의 실제적 요구들을 알려면 거리로 나서야 하고 부단히 주민들과 소통해야 한다. 교회가 교인들을 심방하는 것과 같이 주민센터의 직원들이 주민들의 고충을 파악하기 위해 뛰어다니는 나라가 되었으면 한다.

이런 의미에서 필자는 주민센터를 '마을센터'라는 명칭으로 하자고 제안하고 싶다. 주민의 위에 서 있는 관료적 기구가 아니라, 주민의 삶의 중심에서 주민을 섬기는 마을센터가 되길 바라는 것이다. 이런 마을센터들의 역할은 더 구체적이어야 할 것 같다. 일단은 마을에서 경제적으로 매우 힘든 사람들을 마을센터가 복지적 차원에서 도와주어야 할 것이며, 기타 마을 주민의 여러 요구들에 대해 잘 경청하는 것이 필요할 것이다.

최근 주민센터엔 주민자치센터가 들어서 마을 사람들을 다방면으로 교육하는 일들을 하고 있는데 매우 좋은 발상이다. 문화학교, 지방자치에 대한 이해, 주민들이 마을을 행복하게 하기 위해 참여할 수 있는 일들, 자원봉사의 방법과 실제 등 마을의 기운을 활기차게 하는 일을 위해 교육은 매우 중요하다고 생각한다.

주민자치란 말은 오늘의 시대에 한국의 민주주의 발전을 위해 매우 중요한 개념이다. 서구의 민주주의가 발전한 나라들은 모두 주민자치가 활성화되어 있다. 정부의 기관이 마을의 모든 일을 주도하여 하는 것이 아니라, 주민이 마을의 주인이 되어 마을을 위한 요긴한 일들을 찾아내고 그런 일을 주민 스스로가 하게 하는 것이 '주민자치'의 근본으로서 우리나라

민주주의의 뿌리가 될 것이다. 이에 주민이 나라의 주인이 되는 것을 위한 주민의 자치역량 강화가 필요한데, 이를 위한 주민센터의 인문학교육과 교회의 성경교육이 중요할 것이라 생각한다.

교회는 이러한 주민자치의 구현을 위해 여러 면에서 도울 수 있을 것이다. 교회에서 성경을 배움과 동시 지역주민들의 삶을 이해하고 그들의 삶의 질을 높이기 위해 구체적으로 어떤 일을 해야하는지를 파악하며, 그러한 일들을 교인들과 주민들이 힘을 합하여 지자체의 '공모사업'에도 참여하고 기관과 힘을 합쳐 여러 일들을 해나간다면 우리의 삶을 더욱 풍성해질 것이다.

이러한 일을 위해 교회와 동사무소가 연결된 '교동협의회'를 만들어 운영하는 등, 마을의 교회들이 힘을 합쳐 적극 지역의 행정에 참여하는 교회연합체들이 늘고 있는데, 이 같은 발전은 더욱 격려하여야 할 일들이라 생각한다. 한국의 역대 어느 정당도 주민자치의 중요성을 강조하지 않은 정당이나 대통령 후보는 없었는데, 이 같은 국민참여적 주민자치가 한국의 민주주의를 발전시키는 데에 크게 공헌하였음을 아무도 부인할 수는 없을 것이다. 주민자치는 민주주의의 꽃인 것이다.

7) 지역사회복지로서의 '마을복지'[20]

'지역사회복지'는 그 대상 곧 클라이언트를 개개 주민이 아니라 지역사회라 보며, 그 지역사회복지를 성취하는 수단도 큰 규모의 공공기관이나 작은 규모의 개인이기보다는 연합체의 성격을 가진 지역공동체가 되어야 함을 강조한다. 지역사회복지는 주민의 복지와 복리를 개인적인 차원

---

[20] 지역사회복지와 마을목회의 연계성에 대해서는 한국기독교사회복지실천학회 편, 『총회 한국교회연구원 '마을목회' 시리즈 12: 마을목회와 지역사회복지』(서울: 동연, 2019)을 참조하시오.

에서 접근하기보다는 지역공동체로 하나로 묶어 생각해보려 한다. 한 사람의 행복을 개인적 입장에서만 살피는 것이 아니라 공동체 속에서 그 사람의 행복을 그려보는 것이다. 한 개인이나 기관이 어려운 사람을 도와주는 것도 중요하지만 그 사람의 행복을 위해 전 사회의 구조 전체를 작동하게 하는 것이 지역사회복지가 추구하는 바다.

'지역사회 돌봄'(community care)은 가난한 사람들에게 빵이나 던져주는 일로 마쳐지는 것이 아니다. 그들이 가난에 빠지지 않도록 예방적 차원에서 그들의 경제생활을 돕고, 비상 상황에 생겼을 경우 그들을 곤궁함에서 구출할 수 있는 장치를 만드는 것이 '지역사회복지'가 개인적 복지와 다른 차이일 것이다. 오늘날의 지역사회복지는 이런 마을기업이나 사회적 경제 운동과 긴히 연결되며 발전하고 있는바, 정부나 교회는 이런 마을기업들이 활성화될 수 있도록 지역사회를 유도하며 돕는 일에 최선을 다했으면 한다. 이 같은 마을기업 운동을 비교적 잘 진척시킨 예로 우리는 높은뜻숭의교회를 들 수 있다. 그 교회가 벌였던 사회적 기업으로서의 김밥집 운영, 박스공장의 운영 등은 우리에게 많은 상상력을 주기도 했다.[21]

오늘 우리에게 필요한 것 중 하나는 마을공동체란 시각에서 복지를 바라보는 것이다. 물론 한 사람 한 사람의 행복이 영그는 중에 마을의 행복이 도모되는 것만은 분명하다. 하지만 개개의 사람만을 보고 하는 복지와 마을 전체를 시야에 두고 하는 복지는 같은 것이 아니다. 이에 필자는 이 같은 지역사회복지를 마을을 주체로 하는 '마을복지'란 개념을 통해 설명해왔다. 최근 이 지역사회복지의 개념의 일환으로 지역사회돌봄이란 말도 통용되고 있다. 경제, 교육, 건강, 심리적 어려움 등의 지역주민들의 문제를 지역사회가 주체가 되어 통합적으로 접근하려는 노력으로 이 같은 지역공동체 전체를 기반으로 하는 복지 개념이 더 발전하면 좋을 것이다.

---

21) 높은뜻숭의교회의 사회적 기업 사례에 대해서는 노영상 편, 『마을교회와 마을목회 (실천편)』, 제1장 "높은뜻연합교회의 사회적 기업 운동 이야기"를 참조하시오.

지역사회복지에서 두 가지의 모델이 있는데, '과업중심의 모델'과 '과정중심의 모델'이다. 과업중심의 모델은 지역사회의 문제나 미충족 욕구들을 실제로 얼마나 해결하여 주었느냐에 대해 초점을 맞추는 반면, 과정중심은 과업을 수행하는 과정 중 어떠한 노력을 해야 하는가에 초점을 맞춘다. 이 같은 지역사회복지에 대한 과정으로서 우리가 중시해야 하는 것들로는 주민들의 지역사회에 대한 관심과 참여를 증대시키는 것, 이를 위해 주민들의 지역사회문제를 자조적으로 풀 수 있는 자치역량을 강화하고 이를 통해 사회통합을 이루어 갈 수 있는 능력을 함양하는 것, 지역사회 내의 자치적 구조를 조직화해나가는 것, 지역 내의 여러 단체들이 힘을 합쳐 공동사업에 참여하고 협력하는 것 등이 있다.

교회는 이러한 과정을 위한 여러 일들을 할 수 있으며, 그중 가장 중요한 것은 지역과 지역주민들을 사랑의 눈으로 보게 하는 힘을 길러주는 것이다. 오늘 우리는 너무 개인중심적 행복론에 취하여 살고 있다. 이런 사회에서 주변에 눈길을 돌리며, 특히 이웃들의 어려움에 공감하는 능력을 길러주는 것이 필요할 것이라 생각한다. 성경말씀은 자기를 넘어서 남을 향해 나아가는 길을 우리에게 많이 제시하는바, 그런 성경학습을 통해 우리의 시각을 전환하는 것은 지역사회복지에 큰 도움이 될 것이다.

2014년 2월 송파구의 세 모녀의 자살 참극을 우리는 아직도 기억한다. 한국에서 비교적 잘 사는 지역에서 이웃의 그러한 어려움을 보지 못하고 방치되었다는 것에 우리 모든 사회가 반성하는 기회가 된 사건이었다. 이에 있어 교회는 마을 내에 촘촘한 네트워크를 가지고 있는 단체로 이러한 지역사회복지의 일을 추진하는 데에 많은 공헌을 할 수 있다. 국가가 다양한 사회복지적 장치를 가지고 있음에도 불구하고 그러한 불행에 있는 사람들을 찾아내어 돕지 못하는 상황을 보면서, 우리는 사회복지의 문제를 국가에만 맡겨서는 안 되며 지역의 적극적인 개입이 필요함을 느끼게 되었던 것이다. 국가기관을 통한 사회복지 실천에선 이런 사각지대를 보지 못하는 경우가 종종 있을 수밖에 없는 것으로, 이런 일들을 지역 곳곳에 있는 교회들이 관심을 둔다면 보다 효율적인 개입이 가능하리라 생각한다. 교회는 세밀한 구역조직을 가지고 있고 또한 지역 주민에 대한 정감 있는 심방도 가능한 조직체로서 어려운 사람들을 잘 찾아낼 수 있을 것이다.

가난은 국가도 해결하지 못한다는 말이 있다. 국가의 힘만으론 해결하지 못한다 하더라도, 지역사회 내의 교회와 기업과 병원과 학교와 관청 등이 네트워크 되어 힘을 합한다면 우리 사회 내에 경제적인 문제 때문에 자살을 하는 사람은 없어질 것이라 생각한다. 우리나라의 경우 복지를 위한 세수가 충분하지 않아 국가가 어려움에 처한 사람들을 충분히 돕기에는 부족한 상태이므로, 교회가 이런 지역사회복지를 위한 일들에 앞장선다면, 우리 사회를 보다 나은 사회로 만들 수 있을 것이라 생각한다.

8) 마을목회의 중심이 되는 마을교회[22]

교회는 마을 주민들의 공동체적 행복에 깊은 관심을 갖고 있어야 한다. 전통적으로 교회들은 마을의 주민들의 삶에 깊이 관여해왔다. 새로 태어나는 아이들을 위한 유아세례 시의 주민들의 격려, 성인식을 통한 성년 축하, 주민이 함께 기뻐하는 '결혼식,' 마을 모두가 애도하는 '장례식' 등 '생애 주기' 내의 중요한 계기마다 교회가 함께 하였던 것이다. 오늘날 교회의 이런 전통들이 많이 허약해져 결혼식은 결혼식장에서 장례식은 장례식장에서 많이 거행되고 있는데, 이 문제들에 교회가 참여할 공간이 무엇인

---

22) 마을교회를 어떻게 발전시켜 나갈 것인가에 대해서는 노영상, 김도일 공동 책임편집. 『총회한국교회연구원 '마을목회' 시리즈 20: 마을을 품고 세상을 살리는 프런티어 목회』 (서울: 쿰란출판사, 2021)과 총회한국교회연구원 편. 『총회한국교회연구원 '마을목회' 시리즈 19: 마을목회와 프런티어 교회들』 (서울: 쿰란출판사, 2021), 이원돈, 『총회한국교회연구원 '마을목회' 시리즈 24: 코로나19 문명전환기 생명망 목회와 돌봄 마을』 (서울: 나눔사, 2022) 등을 참조하시오.

지 다시 깊이 생각해보는 것이 필요하다.[23] 마을 청년의 결혼식을 위해 주민들이 작은 집 한 채씩을 마련해주고, 새로 태어난 아이를 위해 평생 보험을 들어주는 등, 우리는 우리 마을의 새싹들을 위해 무엇을 해줘 격려할 수 있는지를 심도 깊게 생각해보아야 할 것이다.

이런 마을복지를 위해 교회가 할 수 있는 일은 무엇일지 생각해본다. 필자는 그간 '마을목회'에 대한 책들을 발간하며, 우리 한국교회가 마을의 영적 정신적 물질적 행복을 위해 공헌할 수 있는 바가 무엇인지 탐구해 왔다. 일단 교회는 지역의 주민들이 자기 자신만을 보고 사는 데에서 이웃을 보며 마을을 보게 하는 것이 필요할 것이다. 마을과 동떨어져 있는 교회에서 마을로 들어가 마을의 중심에서 봉사하는 교회가 '마을교회'인 것이다.

작은 교회라 할지라도 마을을 위해 할 수 있는 사랑의 실천이 없는 것이 아니다. 작은 한 교회가 한 사람이라도 제대로 도울 수 있다면, 그리고 불행한 한 사람을 행복하게 할 수 있다면 그것은 결코 작은 일이 아니다. 마을의 어려운 사람들을 끝까지 돕겠다는 정신이 중요하다. 지금 내가 가진 힘이 작은 것이지만 어떻게든 나의 힘을 키워 남을 돕자고 생각하며 살면 그 안에 참 행복이 넘칠 것이다. 기실 마을목회를 잘 한 교회들을 보면 큰 교회이기보다는 작은 교회들이 많다. 마을목회는 큰 재정을 가지고 있어야 감당되는 것이 아니며, 작은 재정으로서도 할 수 있는 일이 많다는 것을 알아야 한다.

예전 중세시대의 마을을 보면 타운 중심에 관공서, 오페라하우스, 교회가 있었다. 이런 세 주체들이 힘을 합하여 행복한 마을을 구성해 나갔던 것이다. 몇 년 전 스위스 다보스 근처의 한 마을을 간 적이 있다. 저녁 무렵 시간이 있어 호텔을 나와 작은 그 마을을 산책하였었다. 아기자기한 가게들이 중앙의 광장을 향해 있는 길들에 자리 잡고 있었다. 별 살 것도 없으

---

23) Hugh Dennis, How *Village Churches Thrive: A Practical Guide* (London: Church House Publishing, 2022), 28-43, 2. Making the Most of Life Events.

면서 몇몇 가게를 들어가 구경도 하고 어떤 작은 물건 하나 산 것으로 기억된다. 마을 중앙에 가니 예상대로 큰 교회당이 있었다. 그 속에 수도원도 자리하고 있었는데 독신의 수도승들이 마을의 행복을 위해 자기의 삶을 전력투구하여 기도하며 연구도 하고 새로운 생산품도 개발하곤 하였을 것이다. 마을 가운데의 교회당으로 들어가 이 건물 저 건물을 기웃거리며 많은 생각을 했다. 마을의 한가운데 자리 잡은 교회, 그리고 마을의 일에 깊이 관여하고 있는 교회의 모습을 그려보았다. 물론 그러한 교회로의 권력 집중이 중세교회를 부패하게 하기도 하였지만, 어차피 정치와 종교는 상호 연관을 맺고 견제할 수밖에 없는 속성을 가지고 있다. 오늘날 우리나라 정치인들의 상상력 고갈로 대한민국은 지금 불행한 나라로 가고 있는데, 이런 상황에서 우리 기독교는 새로운 꿈을 백성들에게 줄 수 있어야 할 것이다. 오늘날 인류는 하나의 시험대 위에 서 있는 형국이다. 구각을 뚫고 새로운 출발을 시도해볼 것인가, 아니면 답답한 이 상황을 그대로 끌고 갈 것인가 하는 기로에 서 있다. 하나님의 말씀의 비전 안에서 새길을 찾는 우리가 되었으면 한다.

9) 생활공간 나눔의 공동체 형성[24]

최근 들어 마을목회의 취지를 잘 살펴 실천을 하고 있는 중형교회의 예를 하나 소개하고 싶다. 성균관대학교 앞의 '명륜중앙교회'의 예이다. 대학가에 있는 교회라 이전부터 작은 규모로 '학사관'을 마련하여 대학생들이 저렴한 비용으로 생활을 할 수 있게 하여 온 교회였는데, 마을목회에 대한 취지에서 이 학사관의 규모도 키우고 이에 대한 관심도 더 갖고 운영하였더니,

---

24) 마을목회와 나눔 주택의 연관성에 대해서는 제가 펴낸 책, 『총회한국교회연구원 '마을목회' '마을목회' 시리즈 21: 코로나19 팬데믹 시대의 마을목회와 교회 건물의 공공성』(서울: 쿰란출판사, 2021)을 참조하시오.

많은 청년들이 교회에 출석하는 계기를 되었던 것이다. 요즈음 보면 교회에 청년들이 없는데 이 교회는 다른 교회들과 다르게 청년들의 활동이 왕성한 교회가 되었다. 학사관을 잘 수리하고, 도서실도 만들어 주고, 침대도 고급 침대로 갖추었으며, 한 달에 한 번씩 장로님들이 돌아가며 통닭을 사주기도 하며, 장학금도 나누는 등, 그 지역 학생들의 필요에 응하는 교회가 되었더니, 다른 교회들과 달리 청년들이 활성화된 교회가 되었다는 것이다.

아마 이 같은 청년공유주택 개념으로서의 예는 마을목회의 유형 가운데 하나로서, 이러한 마을의 주민들과 함께하는 목회의 사례는 이루 말할 수 없이 폭넓게 확장되고 있는 상황이다. 공유경제, 공유주택 등의 개념에서 '공유'라는 개념은 영어로 'sharing'으로서, 필자는 이 단어를 '나눔의' 라는 말로 번역하고 싶다. 공유경제가 아니라 '나눔의 경제'이고, 공유주택이 아니라 '나눔의 주택,' 나눔의 공간이란 번역을 추천하는 것이다. 집도 없이 추운 곳에서 사는 사람들을 보듬어 그들과 공간을 나누고자 하는 국민 전체의 가치관의 변화가 없인 작금의 부동산 문제 해결이 가능하지 않은 것으로, 우리 모두는 하나님의 사랑으로 무장된 공동체 정신을 가지고 함께 살려는 사랑의 실천이 있는 삶의 스타일을 발전시켜나가야 할 것이다.

10) 마을목회와 해외선교[25]

필자가 펴낸 저작물 가운데 『총회한국교회연구원 '마을목회' 시리즈 17: 온누리교회의 더멋진세상 만들기 선교』라는 책이 있다. 해외선교를 마을목회의 견지에서 검토한 책이다. 이 책은 온누리교회와 협력하여 만들 것으로, 온누리교회의 NGO '더멋진세상'(Better World)이 펼친 해외선교의 전략들을 검토한 내용으로 구성되어 있다. '더멋진세상'은 외국의 교

---

25) 노영상 편. 『총회한국교회연구원 '마을목회' 시리즈 17: 온누리교회의 더멋진세상 만들기 선교』(서울: 킹덤북스, 2020) 참조.

회들을 돕고 외국 사회를 위해 봉사의 일을 담당하기 위해 온누리교회 15주년을 맞이하여 세워진 단체다. 이 단체는 그간 많은 일들을 했다. 멕시코, 튀르키예, 르완다, 모로코, 인도네시아, 스리랑카, 우크라이나, 몰도바. 모리타니아, 온두라스, 남수단, 우간다 수많은 나라들의 열악한 환경 극복을 위해 노력한 것이다.

    이 기구를 운영하며 온누리교회의 중요한 사실을 알게 되었다. 순수한 마음으로 봉사를 했더니 자연 교회가 설립되고 성장했다는 것이다. 우리는 선교를 복음 제시 등의 말로만 하는 것으로 이해하기 쉬운데, 그와 함께 그리스도 안에서의 사랑의 실천이 중요함을 온누리의 '더멋진세상'의 사역은 증거하고 있다. 하나님께서 이 세상을 사랑하셔서 그의 유일하신 아들 예수 그리스도를 보내신 것과 같이, 복음은 사랑의 행동을 통해 더 뚜렷해진다. 『온누리교회의 더멋진세상 만들기 선교』란 책은 새롭게 선교의 사역을 시작하려는 교회들이 사역을 시작하기 전 한번 읽는다면 도움이 될 것이다. 특히 본교단 목회자들이 중심이 되어 1992년에 설립한 '한아봉사회'의 선교나 통합측 영등포노회의 베트남선교, 덕수교회가 수행한 몽골의 선교도 이런 성격을 가지고 있다고 생각한다. 개 교회가 선교사를 파송하여 선교를 하는 것보다 교회들이 연합하여 선교의 일을 할 때 보다 건실한 선교가 될 수 있다.

    오늘날 사회주의 국가나 이슬람 국가엔 복음을 드러내놓고 전하기가 쉽지 않다. 특히 이런 나라의 선교를 위해선 온누리교회의 '더멋진세상'과 같은 선교 방식이 유리한 것으로, 이러한 디아코니아 사역과 전도를 잘 연결하는 신학적 성찰이 필요할 것이라 생각한다. 이러한 양자의 연결성을 깊게 탐구한 책으로 필자의 책 『교회의 사회봉사 실천』을 소개하고 싶다.[26]

---

26) 노영상, 『교회의 사회봉사 실천』 참조.

세계적으로 가장 앞선 선교신학으로 무장한 선교단체는 월드비전이라고 생각한다. 월드비전의 선교신학은 그들이 가지고 있는 MARC출판사를 통해 우리에게 많이 소개되었는데, 아쉽게도 우리나라에선 그 신학이 널리 소개되지 않았었다. 월드비전에 대해서는 모두를 잘 알고 있는데, 그들의 선교에 바탕이 되는 선교신학에 대해서는 생소한 것이 우리나라다. 월드비전의 중요한 프로그램 가운데 ADP(Area Development Program)이 있는데, '지역발전 프로그램'으로 번역할 수 있겠다. 지역을 돕는 마을목회의 사역을 언급하는 것이다.[27] 월드비전은 마을을 개발하는 일을 하며 자신들이 기독교인들임을 자랑스럽게 오픈하여 말하지만, 그들의 일을 하며 종교나 인종을 구별하지 않는다.

선교사 한 명을 파송하여 생활비만 지원한다면 선교가 충분히 수행되기 어렵다. 그 선교지역을 살리는 마을목회적 선교를 하려면, 선교센터를 만들어 여러 명의 선교사들이 힘을 합해 선교를 해나가게 하는 것이 필요하다. 이 일을 위해서 많은 재정이 요청되는바, 한 교회의 지원만으론 감당되기 어렵다. 한 지역을 정해놓고 그 지역에 교회와 병원과 학교 등등을 세워나가며 복합적인 선교를 하는 것이 효율적인바, 초기 한국교회 선교사들이 하였던 선교도 그와 같은 모델이었다.

해외선교에 있어 가장 중요한 점은 선택과 집중이다. 상당 기간 동안 선교할 지역을 물색하고 그 지역에 대한 리서치를 하며, 그 선교지에 합당한 맞춤 선교가 무엇인지 연구하고 이후 그에 적합한 선교사를 선발하여 훈련하며, 재정적 지원을 통해 그 선교지에서 마을목회를 수행하게 하는 등 일련의 일관성 있는 선교전략이 요청되는데, 그것은 한 교회의 역량으로 감당할 수 있는 일은 아니다. 선교지에 대한 리서치를 위해 신학교 교수들과 현지 선교사들의 조언을 듣고 지역의 목회자들과 함께 의논하는

---

27) http://www.wvi.org/

등 선교를 위한 선택과 집중이 요청된다는 것이다. 한국교회가 선교의 양을 자랑하던 시대는 지나고 있다. 이젠 선교의 질을 강화하여야 하는데, 그러기 위해 가장 필요한 선교구조는 선택과 집중이며, 이를 위해 교회들이 연합하여 선교센터를 운영하는 방식이 유리할 것이라 생각한다. 마을목회는 오늘 우리의 해외선교의 확실한 대안이다.[28]

11) 마을문화공동체의 형성

마을목회를 하는 작은 교회들이 열심을 내었던 영역 중 하나가 마을문화공동체를 일구는 것이었다. 교회 내에 '작은 합창단'이나 오케스트라를 만들어 정기음악회를 개최하고, 마을 축제로서 '연극제'나 영화제, 바자회를 하며, 그러한 축제 중 마을의 '전통음식'들을 나누고, 그 마을에 많이 피는 '들꽃'들을 화분에 담아 전시하고, 또한 '상설 북카페'를 만드는 등 마을의 문화 진작을 위해 노력하였던 것이다.

이 같은 문화공동체 형성에 중요한 아이템 중 하나로 우리는 마을에 '작은 도서관 만드는 일'을 하는 것인데, 이를 통해 마을의 자녀들을 교육하고 마을의 전통문화들을 가르치는 등 참여자들이 마을에 일에 관심을 갖게 하는 분위기를 조성하였던 것이다. 특히 농촌의 많은 교회들이 추수감사주일을 마을의 축제로서 발전시켜 추석 즈음에 행사를 갖기도 하였는데, 이 같은 노력들은 지역사회 친화적인 교회가 되는 일에 일조했던 것이다.

우리는 지역의 학교들 특히 마을학교들이 각 지역의 '전통적 문화자원'들을 교육에 반영하는 일에 좀 더 주의를 기울여야 함을 말하고 싶다. '마을의 중요 건물들이나 유적지'들을 학생들과 함께 방문하며, 마을의 전

---

28) 노영상, 『미래목회와 미래신학』 (서울: 나눔사, 2019), 44-146.

통문화나 '놀이문화'를 같이 즐기는 등의 마을과 연계된 교육 자료들을 모아 학교 교육에 활용하는 노력이 필요할 것이다. 마을지도 만들기, 마을의 산과 들에서 캠핑하기, 마을의 주요 관공서나 기업체 방문하기, 마을을 위한 자원봉사에 참여하기, 마을 청소하기, 마을의 주요 인사들을 불러 강의를 듣기, 지역의 역사나 교회사에 대한 강의 듣기 등 마을과 같이 호흡하는 마을학교 교육을 실현하고자 할 때, 학생들은 마을에 대한 공동체 의식이 더 강화될 것이라 생각한다.[29]

7. 마치는 글

마을목회는 개인적 행복과 함께 공동체적 행복에 관심을 갖는다. 이런 견지에서 마을목회는 지역사회 속에서 공동체적 가치를 구현해나갈 것을 강조한다(요 17:21-23). 마을목회는 오늘 우리 사회의 위기가 지나친 개인주의적 삶의 방식에 기인한 것으로 분석하여, 우리의 생활과 문화 전반에 기독교가 강조하는 사랑의 하나 됨과 공동체성 및 공동성을 불어넣을 것을 주장한다.

이윤을 내기 위해 혈안이 되는 구조들이 아니라 서로의 행복을 위해 함께 일구어나가는 적극적인 구성 주체들을 만들어보려는 것이 마을목회의 주요 관심이기도 한 것이다. 마을교회, 마을학교, 마을기업, 마을은행, 마을병원, 마을복지, 마을협동조합, 마을은행, 청년들을 위한 마을 공유주택, 마을환경 지킴이 등 우리의 조직들을 공동의 유익을 위해 조율하려는 것이 마을목회의 의중인 것이다.

이 같은 마을목회 사역은 상호 간 하나 됨과 '네트워크'를 중시한다(고

---

29) 조용훈, 『마을공동체와 교회공동체』, 157-168.

전 12:12). 마을 속의 주민들과의 연대, 지역 교회들의 연대, 교인과 마을주민 사이의 네트워킹, 관청과 다양한 거버넌스들 및 마을의 학교와 기업 등과의 폭넓은 사귐과 관계적 통전성이 마을목회에 활력을 더하게 하는 것이다.

오늘 우리는 너무 개인주의적인 파편화된 삶을 살고 있다. 이웃과의 하나 됨과 친교가 우리 행복에 큰 비중을 차지하는 것을 잊은 채 서로 파편화된 삶을 영위하고 있는 것이다. 또한 자기에게 밀려오는 모든 아픔과 불행들을 자기 혼자 감당하려 하니 그 짐들이 우리를 짓누르게 된다. 이에 마을목회는 서로의 짐을 져주는 '공동적 삶의 방식'을 제시한다. 너의 기쁨이 나의 기쁨이고 너의 아픔인 나의 아픔이 되는 공감의 삶을 마을목회는 강조하는 것이다.

필자는 이미 출간된 책들에서 마을목회가 다른 여러 개념들과 연관되는 것임을 강조했다. 공동체 정신, 마을만들기, 주민자치, 협동조합운동, 지역사회복지, 사회적 목회(social ministry), 사회적 기업, 평신도 사역, 네트워크 사역, 공공신학, 선교적 교회, 커먼즈, 공공 디자인, 거주공동체, NGO, 희년사상, 건강도시 운동, 프런티어 목회, 카페 미니스트리 등이다. 본 연구원은 동료 교수 및 목회자들과 함께 지난 9년여 동안 마을목회의 지평을 확장하는 중 이런 다양한 주제들을 섭렵하며 각 주제 별로 책들을 편찬해왔었다.

'마을'이란 사전적으로는 시골 지역에서 여러 집이 모여 사는 곳을 말한다. 그러나 '마을목회'는 농어촌 지역의 목회전략을 말하는 것이 아니다. 마을이 하나의 공동체를 이뤄 그곳의 주민들이 서로 도우며 살 듯 도시에서도 이런 공동체를 이루며 사는 것이 필요한바, 지역공동체로서의 하나님 나라를 동네 속에 세우기 위한 목회가 마을목회다. 그러므로 마을목회는 농어촌에만 해당하는 목회가 아니다. 오늘날엔 도시가 공동체성이 더 무너진 곳으로, 오히려 도시에서의 마을목회 운동이 더 필요하다. 도시에서는 동 정도의 테두리를 마을로 생각하면 좋을 것 같으며, 농촌에서는 면 정도의 단위를 마을로 보면 어떨까 생각한다. 그 정도 크기의 지역을 하나의 생명공동체로 만들어 보고자 하는 목회가 마을목회다.

오늘 우리 사회는 도시건 농촌이건 공동체성이 상실된 곳들이 되었다. 서로 자기 살기 바빠 남에게는 눈길 한 번 주기 어려운 각박한 삶이 된 것이다. 마을목회는 공동체성이 상실된 오늘의 삶을 전환하여 우리의 동네들을 정이 있고 살가운 공동체로 만들고자 한다. 도움이 필요할 때 서로 도움을 주고 마을의 일들을 함께 의논하며, 공동으로 가지고 있는 이야기와 문화가 있는 통합돌봄이 있는 마을을 만들고자 하는 것이 마을목회다.

제가 원장으로 있는 총회한국교회연구원이 24권의 마을목회에 관한 책들을 편찬하였음을 앞에서 언급하였다. 벌써 마을목회에 대한 박사학위 논문이 국내에 나왔으며, 외국의 학회(International Association of Missioanl Studies)에서 영어로 마을목회에 대한 논문들이 발표되었고, 영미권에서 마을목회에 대한 두 권의 책이 출간되기도 했다.[30] 마을목회가 세계적으로 확산되고 있는 상황이다.

마을목회를 앞서 강조한 교단은 대한예수교장로회 통합측이었는데, 한국의 많은 교단들이 마을목회에 관심을 두고 있다. 합동측, 백석측, 기장, 감리교, 침례교, 성공회 등 많은 교단들이 이 대열에 참여하고 있는 중으로 더 열심을 낸다면 대안적 목회방안으로 세계에 공헌하는 신학이 될 수 있을 것이라 생각한다. 몇 년 전 부산지역 순복음교회 계통의 노회에서 필자에게 마을목회에 대한 강의를 해달라는 부탁을 받고 간 적이 있다. 오순절교회들도 일면 이에 대한 노력을 하고 있는 것으로, 이러한 마을목회에 대한 관심들이 모아져 우리의 목회가 보다 실천적이며 구체적인 목회

---

30) Eun-ha Cho, Kookil Han, Rerbekah Hajhin Lee, *Maeul Ministry: The Missional Church In Rural Korea* (London: Regnum, 2024)와 Eun-ha Cho, Kookil Han, Rerbekah Hajhin Lee, *Maeul Ministry: The Missioanl Church In Urban Korea* (Minneapolis: Augsburg Fortress Pub., 2025).

가 되길 바란다.

　혼자 잘 먹고 잘 사는 것이 무슨 재미인가 싶다. 내가 성공하기 위해 열심이기보다 모두가 행복하기 위해 열심히 뛰는 세상을 만들어보자는 것이다. 자기의 인생에서 돈을 버는 것만이 최고의 가치인 사람의 삶을 실패일 수밖에 없다. 그 나라와 그의 의를 먼저 구하는 것, 그것에 충실한 사회가 되는 것이 필자의 작은 바람이다.

제1부
통합돌봄에 대한 체계적 이해

| 제1장 |

통합돌봄의 이해와 사회경제적 배경

임종한
(사회적가치경영연구원 이사장)

1. 서론

전세계적으로 고령화가 진행되고 인구 고령화에 따른 만성질환도 증가 추세에 있다. 인구고령화 추세속에 빈곤한 노인가구는 더불어 급증하고 있다. 우리나라는 특히나 노인가구 중 빈곤율이 40%를 넘어 OECD 국가중 부동의 1위를 차지하고 있다.[1] 또한 노인들이 세가지 이상 질병을 가진 노인 비율이 44%에 이를 정도로 여러 질환을 가지고 있고, 장애를 가지고 허약체질(노쇠)을 가진 노인도 17-18%에 이른다. 소득하위 20%와 상위 20%사이에 질병없이 살아 갈 수 있는 건강나이가 11.3년이나 차이가 난다는 보고도 있다. 65세이상 노인자살율도 최근 OECD 국가 1위를 차지하고 있다. 우리나라는 빈곤과 노인자살이 아주 밀접한 연관성을 지녀, 소득이 낮은 노인가구일수록 생애 마지막을 자살로 마무리하는 가능

---

1) KDI. 한국개발연구원 보고서. 소득과 자신으로 진단한 노인 빈곤과 정책 방향. 2023.09.25.

성이 높다.

노인들은 의료, 돌봄, 주거, 복지 등 여러 요구를 요하지만, 정작 자기가 살아오던 지역에서 이들 의료와 여러 사회서비스를 제공받긴 어렵다. 기존의 서비스는 잘 분절되어있고, 연계 혹은 통합되어있지 않아, 이들 서비스를 받아보려 해도 전체 서비스에 대한 정보를 체계적으로 가지고 있는 곳이 없다. 가난한 가족들은, 특히나 빈곤 노인가구는 의료정보에 더 접근하지 못하고, 평소에 건강관리가 되지않은 채, 천식, 당뇨등 예방가능한 질병으로 사망하는 경우도 많다.

우리나라에서 장애인들이 늘고 있지만, 각종 지표를 보아도 장애인들이 제대로 돌봄을 받고 있지 못하다.[2] 장애인의 중요 건강 통계를 일반인과 비교하여 살펴보면, 중증장애인은 비장애인에 비해 수검률이 현저히 낮다 (2022년 기준 중증장애인 52.0%, 비장애인 75.5%). 특히 정신장애, 뇌병변장애, 신장장애의 수검률이 낮다. 이러한 낮은 수검률은 질병의 조기 발견 및 치료 기회를 놓쳐 건강 악화로 이어질 가능성을 높인다. 장애인의 만성질환 유병률은 지속적으로 증가하는 추세이며, 19세 이상 장애인 100명 중 84명이 평균 2.5개의 만성질환을 보유하고 있는 것으로 나타났다. 일반건강검진 결과 장애인들의 유질환자의 비율이 비장애인보다 약 2배 높은 수준이다. 치매는 장애인이 비장애인에 비해 무려 7배 이상 높게 나타나는 등 정신과적 질환의 유병률도 훨씬 높다. 이는 장애인이 전반적으로 건강 취약 계층이며, 질병에 더 많이 노출되어 있음을 보여준다.

장애인들은 의료서비스가 필요할 때 제대로 이용하지 못하는 '미충족 의료' 경험률이 장애인에게서 더 높게 나타나며, 특히 경제적 이유가 가장 큰 원인으로 지목된다. 교통 불편, 예약의 어려움, 진료 대기시간 등 접근성의 문제도 미충족 의료의 중요한 요인입니다. 장애인 가구의 순자산이

---

[2] 보건복지부 & 국립재활원 (2023). 2023년 장애인 건강보건통계

비장애인 가구에 비해 낮으며, 지니계수도 높아 소득 불평등이 심각하다. 장애인 빈곤율은 전체 인구 빈곤율보다 훨씬 높으며, 특히 65세 이상 장애인의 빈곤율이 가장 높다, 국민기초생활보장 수급자 비율도 전체 인구에 비해 약 4.3배 높다. 이러한 사회경제적 불평등은 의료 접근성 및 건강관리의 어려움으로 이어져 건강 불평등을 심화시키는 요인이 된다. 장애인 중 65세 이상 노인의 비율이 지속적으로 증가하여 고령화 경향이 뚜렷하다. 고령과 독거생활은 장애인의 건강 관련 필요에 밀접한 연관성이 있어 건강 관리의 어려움을 가중시킬 수 있다.

종합적으로 볼 때, 우리나라 장애인은 비장애인에 비해 낮은 건강검진 수검률, 높은 만성질환 유병률, 의료이용의 어려움, 심각한 사회경제적 불평등, 그리고 고령화로 인한 건강 취약성 심화 등 전반적인 건강 지표에서 우려스러운 격차를 보이고 있다. 이는 장애인의 건강권 보장을 위한 더욱 적극적이고 다각적인 정책 지원이 필요함을 시사한다.

한국의 정신장애인 관련 통계는 국제적으로 비교할 때 몇 가지 중요한 지표에서 두드러지는데, 참으로 부끄러운 수치들입니다. 한국은 OECD 국가 중 정신장애인 사망률이 높으며, 특히, 정신장애를 가진 사람들의 자살률이 일반 인구보다 훨씬 높습니다.

정신장애를 가진 사람들의 기대수명은 일반 인구보다 약 10~20년 짧습니다. 한국은 정신과 병상수가 많고, 장기 입원 환자 비율이 높은 편입니다. 이는 정신건강 서비스의 접근성과 질에 영향을 미치는 중요한 요소입니다.

국제적으로 비교할 때, 북유럽 국가들은 정신건강 서비스의 접근성과 질이 높아 정신장애인의 사망률과 자살률이 상대적으로 낮고, 기대수명도 더 길다는 특징이 있습니다. 반면, 한국은 정신건강 문제에 대한 사회적 낙인과 치료 접근성의 부족으로 인해 이러한 지표에서 열악한 상황을 보이고 있습니다.

우리 사회에서도 학교 밖 청소년과 은둔형 외톨이가 늘어나고 있다. 서로 겹치는 부분이 있을 수 있는데, 2023년 기준으로 국내 학교 밖 청소년은 약 16만 6천 5백여 명으로 추정된다. 2022년 한국보건사회연구원 조사에 따르면, 우리나라 19~34세 인구 중 2.4%가 은둔형 외톨이로 파악되며, 이는 전국적으로 약 24만 4천 명 규모이다.[3] 2024년 보도에 따르면, 국내 고립·은둔 청소년(13~18세)은 약 14만 명으로 추정된다.

2023년 학교 밖 청소년 실태조사에서는 학교 밖 청소년의 6.4%가 반년 이상 은둔한 경험이 있는 것으로 나타났다.

우리 사회에서 빈곤노인가구, 장애인, 정신장애인, 고립 은둔형 외톨등이 늘어가는 상황에서, 우리 사회가 어떻게 이에 대비해야 할까? 커뮤니티케어, 즉 지역통합돌봄은 '돌봄을 필요로 하는 사람들이 자택이나 그룹 홈 등 지역사회에 거주하면서 개개인의 욕구에 맞는 복지급여와 서비스를 누리고, 지역사회와 함께 어울려 살아가며 자아실현과 활동을 할 수 있도록 하는 혁신적인 사회서비스 체계'라고 정의된다. 이 지역통합돌봄은 고령화와 건강불평등이 심화되는 우리사회에서 고령화의 사회적 부담을 줄여주고, 건강불평등을 완화시켜주는 대안이 될수 있다. 내년 2025년이면 우리사회에서 65세이상 고령자가 전체 인구이 20%에 도달해 초고령사회에 진입했다. 고령인구가 많아진 상태에서 시민들의 돌봄과 건강관리가 제대로 이루어지지 않으면, 생산연령의 감소, 의료와 돌봄비용의 증가로 우리 사회는 역성장과 사회불평등의 심화로 심각한 위기에 처할 수 있다. 이러한 배경속에서 나온 정책이 통합돌봄이고, 돌봄민주국가에 대한 비전을 담고 있다.

통합돌봄(커뮤니티케어)은 돌봄이 필요한 사람들이 살던 곳에서 자신의 욕구에 맞는 서비스를 받으며 지역사회와 어울려 살아갈 수 있도록 주거, 보

---

3) 김성아. (2023). 고립·은둔 청년 실태조사 및 지원방안 연구. 한국보건사회연구원.

건의료, 요양, 돌봄, 일상생활 지원 등이 통합적으로 제공되는 지역주도형 정책이다. 이러한 통합돌봄 정책이 등장하게 된 배경은 크게 다음과 같다.

1) 초고령사회 진입과 급증하는 돌봄 수요

인구 고령화 심화: 우리나라는 세계적으로 유례없이 빠른 속도로 고령사회에 진입했으며, 2026년에는 초고령사회에 도달할 것으로 예상된다. 노인 인구가 급증하면서 장기 돌봄에 대한 수요 또한 폭발적으로 증가하고 있다. 고령화로 인해 만성질환을 가진 노인들이 늘어나면서 건강관리, 치료, 간호뿐만 아니라 요양, 돌봄, 일상생활 지원 등 복합적이고 다양한 서비스에 대한 욕구가 커지고 있다.

2) 기존 돌봄 시스템의 한계

시설·병원 중심의 서비스: 그동안 우리나라는 병원과 대규모 시설을 중심으로 돌봄 서비스가 제공되어 왔다. 이는 어르신들이 살던 곳을 떠나 시설에 입소해야 하는 문제를 야기하며, '사회적 입원' 등의 문제로 이어지기도 했다. 분절적이고 파편적인 서비스: 보건의료, 요양, 복지, 주거 등 각 분야의 서비스가 개별 법령에 따라 분절적으로 제공되어 이용자가 여러 기관을 직접 찾아다녀야 하는 불편함이 있었다. 또한 서비스 간 연계가 부족하여 필요한 서비스를 통합적으로 받기 어려웠다. 증가하는 의료비 부담: 급속한 고령화는 노인 의료비의 급증으로 이어져 건강보험 재정 및 국가 재정에 큰 부담을 주고 있다. 시설 중심의 돌봄은 재정적 효율성 측면에서도 한계가 있다. 가족 돌봄 부담 증가: 돌봄이 필요한 가족을 부양하는 가족 구성원의 부담이 커지면서 가족 갈등의 원인이 되거나 심각한 사회적 문제로 비화되기도 했다.

3) '사람 중심'의 돌봄과 탈시설화 지향

이용자 욕구 중심: 통합돌봄은 돌봄이 필요한 사람의 욕구를 최우선으로 고려하고, 자기 결정권을 존중하여 살던 곳에서 독립적인 삶을 최대한 유지할 수 있도록 지원하는 것을 목표로 한다. 탈시설화 지향: 병원이나 시설보다는 자신의 집이나 지역사회에서 필요한 서비스를 받으며 노후를 보낼 수 있도록 'Aging In Place'를 지향한다. 이는 단순히 장애인뿐만 아니라 노인에게도 적용되는 인권적인 관점이다.

4) 선진국의 정책적 흐름

영국, 일본, 스웨덴 등 복지 선진국들은 이미 수십 년 전부터 지역사회 중심의 돌봄 서비스 제공을 위한 정책 개혁을 추진해 왔다. 이러한 선진국의 경험은 한국의 통합돌봄 정책 도입에 중요한 참고가 되었다.

이러한 정책적 배경들을 바탕으로 통합돌봄은 돌봄 패러다임을 시설 중심에서 지역사회 중심으로, 공급자 중심에서 이용자 중심으로 전환하여 돌봄이 필요한 모든 사람이 살던 곳에서 건강하고 행복한 삶을 누릴 수 있도록 하는 데 목적을 두고 있다.

2. 복지선진국에서의 통합돌봄 경험

복지 선진국들은 고령화와 돌봄 수요 증가에 선제적으로 대응하기 위해 일찍부터 통합돌봄 시스템을 구축하고 발전시켜왔다. 특히 영국, 일본, 스웨덴은 각국의 사회·문화적 특성과 복지 체계에 맞춰 다양한 형태의 통합돌봄 모델을 성공적으로 운영하고 있다.

1) 영국: '커뮤니티 케어'의 선구자

영국은 커뮤니티 케어의 개념을 가장 일관되게 추진해 온 국가 중 하나이다. 1990년 '국민보건서비스 및 지역사회 돌봄법(NHSCCA)' 제정 및 1993년 발효를 통해 커뮤니티 케어의 법률적 기반을 마련했다. 시설 중심의 돌봄에서 벗어나 지역사회 중심의 돌봄을 강조하며, 보건의료와 사회서비스의 연계를 강화했다.[4][5]

주요 특징을 살펴보면 공공 주도 국가 주도의 공공 건강돌봄 체계를 통해 포괄적인 서비스를 제공하고 있다. 보건의료와 사회서비스 인력이 공동으로 팀을 구성하여 서비스를 제공하는 등 인력 통합 사례가 있으며, 재정 역시 통합적으로 관리하려는 노력을 지속한다. 자택 돌봄(home care)이 가장 큰 비중을 차지하며, 주거 환경 개선 보조금(DFG) 등을 통해 장애인 및 고령자가 집에서 편리하게 생활할 수 있도록 지원한다. 자동문, 계단 리프트, 높이 조절 가능한 조리대 등 보조기기 활용을 위한 기반 시설도 지원하고 있다. 자원봉사자들의 차량을 이용한 이동 지원 서비스 등 지역사회의 자원을 적극 활용한다. 영국은 강력한 공공성 기반 위에서 서비스 통합과 연계에 대한 오랜 경험을 축적했으며, 재가 돌봄의 중요성을 강조하고 이를 위한 제도적, 재정적 지원을 아끼지 않았다.

2) 일본: '지역포괄케어시스템'의 구축

일본은 초고령사회 진입에 따라 지역사회 중심의 돌봄 시스템 구축에 집중해 왔다. 2005년 '개호보험법' 개정을 통해 지역포괄지원센터 설립의

---

[4] 한국보건사회연구원(2017), '유럽 주요국의 통합돌봄 시스템 연구
[5] 양난주, 2020, "영국 NHS 장기계획에 나타난 통합돌봄 정책의 함의", 보건사회연구 40(4): 377-406

근거를 마련하고, 이를 중심으로 '지역포괄케어시스템'을 구축했다. 이는 의료, 개호(요양), 주거, 예방, 생활지원 등 5가지 요소를 지역사회 내에서 통합적으로 제공하는 시스템이다.[6]

지역포괄케어시스템의 주요 특징을 살펴보면 시정촌(기초자치단체) 중심으로 시정촌이 고령자 복지의 컨트롤 타워 역할을 하며, 지역 내에서 서비스 수요와 공급을 일원화하여 관리한다. 지역포괄지원센터은 지역 주민 누구나 상담할 수 있는 1차 상담기관이자 '만물상담소'로서의 역할을 하며, 복합적인 욕구를 가진 이용자에게 분야 횡단적인 서비스를 통합·조정하여 제공한다. 의료-복지 연계는 병원 중심의 의료에서 벗어나 재택의료, 방문 간호, 방문 재활 등 지역사회 기반의 의료 서비스와 개호 서비스를 유기적으로 연계한다. 또한 탈시설화 및 재택을 강조한다. '의료의 출구는 복지의 입구'라는 이념 아래, 시설 입소보다는 자택이나 집합주택 등 익숙한 지역에서 생활하면서 돌봄을 받을 수 있도록 지원한다.

주민 참여와 비공식적 지원: 자조, 호조(상호부조), 공조(공적 지원), 공조(공동 지원)의 4가지 이념 아래, 가족과 이웃에 의한 비공식적 지원의 중요성을 강조하고 주민 참여를 독려한다. 일본은 법적 근거를 바탕으로 지역 기반의 통합적 전달 체계를 명확히 구축하고, 의료와 복지의 연계를 통해 재택 돌봄을 강화하며, 주민 참여를 유도하는 데 성공했다는 시사점을 제공한다.

3) 스웨덴: '집'을 돌봄의 주요 플랫폼으로

스웨덴은 보편적 복지 국가로서 오래전부터 재택 돌봄을 강조해 왔다. 1970년대부터 고령화율이 증가하면서 요양원 등 시설 중심의 서비스에

---

[6] 임정미. (2018). 일본의 지역포괄케어시스템: 지역포괄지원센터를 중심으로. 국제사회보장리뷰, 2018년 여름호(통권 5호).

서 지역사회 중심의 돌봄으로 전환을 시작했다. 1987년 '고령자·장애인주택법'에 근거하여 요양원 신규 건설을 금지하고 재택 서비스 내실화에 집중했다.

스웨덴 돌봄체계의 주요 특징은 첫째는 강력한 재택 돌봄 지향으로 "집을 미래의 노인 돌봄의 주요 플랫폼으로 발전시키고 있다"는 철학 아래, 청소, 세탁, 요리 등 필요한 서비스를 집에서 받을 수 있도록 지원한다. 둘째로 예방 서비스를 강조한다. 시민들이 서비스에 쉽게 접근할 수 있도록 돕는 예방 서비스에 중점을 둔다. 셋째. 다양한 주택 모델이 존재하며, 보호 주택, 노인 주택 등 다양한 유형의 주택을 운영하여 돌봄이 필요한 노인들이 자신의 상황에 맞는 주거환경에서 생활할 수 있도록 한다. 넷째로 본인 부담이 낮다. 전 국민 세금으로 운영되는 건강보장제도에 등록되어 의료비와 요양비의 개인 부담이 매우 낮다. 일시적 회복이 예상되는 이용을 제외하고는 요양비 부담이 거의 없다.

1990년대 중반부터 의료와 사회 서비스 통합 제공을 위한 사례 관리(Case Management):를 도입하여 개인의 필요에 맞는 통합적인 돌봄 계획을 수립한다. 스웨덴은 보편적 복지 시스템을 기반으로 재택 돌봄을 최우선으로 하고, 예방적 접근과 낮은 본인 부담을 통해 고령자들이 지역사회에서 인간다운 삶을 유지할 수 있도록 지원하는 모델을 제시한다.[7]

이들 선진국의 경험은 한국의 통합돌봄 정책이 나아가야 할 방향에 중요한 시사점을 제공합니다. 즉, 단순히 서비스를 나열하는 것이 아니라, 이용자 중심의 통합적이고 지속적인 돌봄을 지역사회 내에서 제공하기 위한 법적·제도적 기반 마련, 인력 양성 및 연계 강화, 재정 확보, 그리고 지역사회 자원 활용의 중요성을 강조하고 있다.

---

[7] 김혜연, 장은정, 김나영. (2020). 스웨덴 지역사회기반 통합돌봄 서비스 사례 분석. 보건사회연구, 40(1), 220-251.

4) 독일의 통합돌봄

독일은 세계적으로 고령화가 가장 빠르게 진행된 국가 중 하나이며, 이에 따라 장기 돌봄 시스템을 일찍부터 구축하고 발전시켜 왔습니다. 특히 독일의 통합돌봄 경험은 사회보험 모델을 기반으로 한다는 점에서 특징적이다. 독일의 돌봄 시스템은 1995년에 도입된 장기요양보험(Pflegeversicherung)을 중심으로 운영된다. 이는 질병보험과 함께 5대 사회보험 중 하나로, 모든 국민이 의무적으로 가입하여 돌봄이 필요한 상황에 대비하는 공적 재원 시스템이다. 이는 비용의 부분 보장을 원칙으로 하여, 수급권자가 요양등급에 따라 수발금고로부터 매월 정액을 지원받아 서비스를 이용한다.

(1) 독일 재가서비스의 특징

첫째, 탈시설화 지향 및 재가 서비스 우선으로 독일의 장기요양보험은 기본적으로 재가 서비스(가정 돌봄)를 우선시한다. 즉, 돌봄이 필요한 개인이 자신의 집이나 익숙한 지역사회에서 생활하면서 필요한 돌봄 서비스를 받을 수 있도록 지원하는 것을 목표로 한다.

둘째, 선택의 자유 강조: 이용자는 자신의 욕구와 상황에 따라 현금 급여(간병수당)를 받아 가족이 돌봄을 제공하거나, 현물 급여(방문 돌봄 서비스, 주간보호센터 등)를 이용하거나, 두 가지를 혼합하여 사용할 수 있는 유연성을 가집니다. 이는 가족 돌봄의 중요성을 인정하고 지원하는 측면이 있다.

셋째 지역사회 연계 강화로, 독일은 지역사회 내에서 다양한 보건의료, 사회복지, 주거 서비스가 유기적으로 연계되도록 노력하고 있습니다.

넷째, 지역보건센터 모델로 '한 지붕 아래 치료'라는 접근방식을 기반으로 지역보건센터를 도입하여 개원의를 중심으로 다양한 전문과목 의사들이 협력하여 환자를 치료한다. 이는 의료와 돌봄의 통합을 위한 시도이다.

다섯째, 복합적인 돌봄 인력 양성: 2020년부터 '돌봄 인력 양성에 관한 법(Pflegeberufegesetz)'에 의거해 노인 돌봄과 의료·간병 돌봄 등 돌봄 인력 양성 과정을 통합하여 운영하기 시작했다. 이는 통합적인 돌봄 서비스 제공을 위한 전문 인력의 역량을 강화하는 데 목적이 있다.

여섯째, 치매 친화적 사회로 치매 환자의 자율성 존중과 사회 활동 장려를 위한 '국가 치매 전략'을 추진하며, 정기적 예방 조치, 호스피스 및 완화 의료 서비스 정보 개선, 치매 환자 가족 지원 강화 등 사회 전체의 협력을 통한 통합적인 접근을 강조합니다.

일곱째, 예방 서비스의 중요성을 강조하고 돌봄 수요 발생 이전에 예방 서비스를 강조하여 건강한 노년기를 유지하고 돌봄 필요성을 최소화하는 데 중점을 둔다.

(2) 독일 장기요양보험과 통합돌봄

독일의 장기요양보험은 통합돌봄의 핵심적인 재원 및 전달 체계이다. 재원 조달은 고용자와 피고용자가 각각 50%씩 보험료를 부담하는 방식으로 운영된다. 자녀가 없는 성인은 추가 보험료율이 적용될 수 있다.

독일 장기요양보험에서는 신체적, 정신적 장애로 인해 일상생활 수행에 6개월 이상 타인의 도움이 필요한 사람을 대상으로 하며, 요양등급에 따라 차등적으로 급여가 지급된다.

재가, 시설급여는 다양한 급여 형태가 존재한다. 재가급여에서는 방문요양, 방문 간호, 주간·야간보호, 단기 보호, 간병수당(현금 급여) 등 다양한 재가 서비스가 중심이다. 특히 간병수당을 통해 가족 돌봄을 직접적으로 지원하는 것이 특징이다. 재가 돌봄이 불가능한 경우 요양원 등 시설 입소 비용의 일부를 지원한다. 장기요양보험은 서비스 제공 기관과의 계약을 통해 다양한 돌봄 서비스가 체계적으로 제공되도록 관리한다. 또한, 의료 서비스와의 연계를 위해 노력하며, 치매 환자 등 복합적인 돌봄 요구가 있는 경우 건강보험 재정에서도 케어 비용을 일부 부담하도록 제도 개선을 진행하기도 했다.

(3) 독일 커뮤니티케어(지역사회 통합돌봄)의 실제 사례 및 교훈

독일의 커뮤니티케어는 단순히 서비스 제공을 넘어 '공동체'의 역할과 주민 참여를 중요하게 생각한다. '동네' 중심의 접근으로 고령자가 익숙한 생활환경을 떠나지 않고 지역사회 내에서 필요한 돌봄을 받을 수 있도록 '동네' 단위의 커뮤니티 케어를 강조한다. 이는 생활 공간으로서의 기능과 더불어 사회적 교류와 참여의 장을 제공하는 역할을 한다.

독일의 커뮤니티 케어 사례들은 주민들이 자발적으로 참여하고 상호 신뢰를 바탕으로 돌봄 활동을 펼치는 경우가 많다.[8] 예를 들어, 주민들의 차량을 이용한 이동 지원 서비스 등은 공동체 기반의 돌봄이 어떻게 작동하는지를 보여준다.

책임감 있는 주체들의 네트워크와 참여를 기반으로 고령화 사회의 불평등을 줄이고 시민이 자기 결정권이 있는 노후를 긍정적으로 맞이할 수 있도록 지원하는 사회공간 계획에 대한 논의가 활발하다. 동네의 여가 활동과 통신을 지원하거나 안전을 강화하는 스마트 기술 개발 및 테스트를 통해 지역 주민의 사회적 통합을 촉진하기도 한다. 시니어사무소(Seniorenbüros)는 50세 이상 시민이 지역사회를 기반으로 봉사활동, 기업 연계 프로젝트 등 다양한 활동을 펼치도록 지원하는 기관이다. 이는 은퇴 후에도 지역사회에 기여하고 활발하게 교류할 수 있는 기회를 제공한다. 독일의 통합돌봄 경험은 사회보험을 통한 보편적 지원, 재가 돌봄의 강력한 지향, 이용자의 선택권 보장, 그리고 지역사회 내의 협력과 공동체 활성화가 통합돌봄의 성공적인 구현에 있어 중요한 요소임을 보여준다. 특히

---

8) 박수지. (2019). 독일 돌봄 인력의 현황과 정책 동향. 국제사회보장리뷰, 8, 5-18.

가족 돌봄에 대한 지원과 함께 전문 인력의 역량을 강화하고 의료-복지 연계를 추진하는 방향은 한국의 통합돌봄 정책에도 시사하는 바가 크다.

3. 의료·요양 등 지역 돌봄의 통합지원에 관한 법률 내용과 핵심 원칙

2024년 3월 26일에 '의료·요양 등 지역 돌봄의 통합지원에 관한 법률'(국가법률정보센터. http://www.law.go.kr)이 국내에서 노인과 장애인, 어려운 삶을 살고 있는 국민들이 지역에서 건강한 생활을 영위할 수 있도록 지원하는 기반을 마련하고자 제정되었다.

이 법은 보건의료, 장기요양, 일상생활돌봄 등 다양한 서비스를 통합적으로 제공하고 연계하여 지원하는 체계를 구축하며, 법적 안정성을 확보하고자 한다. 이를 통해 지역사회에서 더 나은 삶을 영위할 수 있도록 도와주는 중요한 법률이다.

지역 돌봄의 통합지원에 관한 법률은 노인, 장애인, 질병, 사고 등으로 일상생활 수행에 어려움을 겪는 사람들이 지역에서 건강한 생활을 영위할 수 있도록 의료, 요양, 일상생활돌봄 등 다양한 서비스를 통합적으로 제공하는 기반을 마련하는 데 목적이 있다.

이법에는 국가와 지방자치단체는 통합지원 대상자가 건강하고 존엄한 생활을 영위할 수 있도록 노력해야 한다고 국가와 지방자치단체의 책무가 명시되어있다.

지방자치단체는 통합지원 정책을 수립·시행하고, 통합지원 대상자의 특성과 욕구에 맞는 서비스를 제공하도록 노력해야 한다. 보건복지부는 통합지원 기본계획: 5년마다 수립·시행되며, 통합지원 정책의 추진 목표, 서비스 확충 방안, 전문인력 양성 등을 포함한다.

자방자치단체는 매년 지역계획을 수립·시행되며, 통합지원 대상자의 발굴, 서비스 연계, 재원 조달 등을 포함한다. 또한 통합지원 정보를 효율적으로 관리하기 위한 통합지원정보시스템을 구축하고 운영해야 한다.

정부가 지역돌봄법을 제정하고 2024년 초고령사회 진입에 따라 늘어나는 돌봄수요에 대응하는 법적 기반을 만들고 있다. 하지만, 실지 시행년도가 2026년 3월인 것에서 알수 있듯이 여기에 필요한 재정 조달 계획을 수립해야 하고, 의료, 요양, 돌봄, 주거 등 필요한 서비스를 제공할 수 있게끔 서비스 전달체계를 구축해야 하나, 재원 마련과 더불어 지역사회에서 통합돌봄서비스에 나설 서비스 전달주체를 형성하는 것은 쉽지않은 과제이다.

장기요양보험은 요양서비스가 필요한 대상자에 대해서 일부만을 서비스를 제공하고 있으며, 제공되는 요양서비스도 방문간호, 방문의료서비스와 단절되어 파편적으로 제공되고 있는 까닭에 재가 요양서비스의 질이 높지 않다.

재가요양서비스 제공이 양적, 질적으로 충분하지 않은 상태인데, 현재의 재정상태로서는 재가요양서비스의 대상자를 늘리고, 요양서비스와 방문간호, 방문의료, 재활서비스와 연계 통합되어 제공되는 등 서비스의 질적인 향상을 기하기 어려운 상태이다.

건강보험도 그간 시범사업에서 통합돌봄에서 의료서비스의 연계가 절실하다는 것이 매우 강조되었음에도 우리사회 현재의 상태에서 통합돌봄에 참여하는 일차의료기관이 획기적으로 증가되긴 어려운 상태이다.

다행히 정부가 재택의료센터를 전국 시군구에 배치하는 것을 목표로 재택의료센터가 80여개로 늘었지만, 전국 240개 시군구으로 확대되기에는 시간이 많이 소요될 것으로 보인다. 의사의 교육 수련과정을 개혁하여 지역사회에 마을의사 역할을 수행할 수 있는 의사가 배출되게 하는 일도 많은 시간이 필요한 지난한 과정이다.

이러한 여건에서 국가가 직접 통합돌봄서비스를 다 제공하가는 어렵다. 1980년대 경제 침체이후 시민들의 복지 수요는 증가하는데 반해, 국가가 복지서비스를 다 감당하기 어려운 상황이 벌어지면서 복지국가는 위기에 봉착하면서, 민관이 협력하여 만들어가는 사회복지 복지국가가 이제 대세이다. 민간에서 새로운 돌봄서비스를 제공하고, 자자체가 그 지역사정에 맞는 돌봄서비스를 구매해 지역주민들에게 제공해야 한다.

이 법에는 통합지원 대상자를 노쇠, 장애, 질병 등으로 일상생활 유지에 어려움이 있는 사람들로 정의하고, 통합지원 관련기관으로 통합지원 대상자에게 서비스를 제공하는 개인, 법인, 기관, 단체 등을 언급하고 있다.

지역에서 돌봄을 필요로 하는 사람들에게 필요한 돌봄서비스를 제공해야 하는데, 실태조사를 통해 돌봄에 필요한 사람들을 잘 파악하지 못하고 적절한 재원을 마련하지 못하면, 서비스 제공범위를 좁혀 여전히 돌봄의 사각지대가 존재할 가능성이 높다. 은둔형 청년외톨이, 정신-장애인 돌봄 등 새로운 돌봄요구에 대해서도 이를 충족시킬 계획을 수립해야 한다.

지역돌봄에서는 지역사회 요구에 부합되는 서비스 전달 주체를 육성하는 것이 가장 중요한 과제가 될 것이다. 시민들이 방문 혹은 온라인으로 돌봄서비스를 청구할 수 있고, 이에 대해서 지자체는 돌봄서비스 제공 계획을 제시해야 한다. 시민들의 돌봄 청구후 30일내로 이에 대한 개별 회신을 하도록 규정을 만들어야 한다.

지자체는 그 다음해에 시행될 돌봄서비스에 대해서 지역사회에서 필요한 돌봄서비스 내용을 사전에 공지를 하고, 새로운 돌봄서비스에 대해 공모하고 시민사회 전문가 단체가 참여하는 적절한 과정을 거쳐, 돌봄서비스를 제공할 서비스 주체를 정하고, 그를 반영하여 그 다음 해에 지역주민들에게 해당 돌봄서비스를 제공해야 할 것이다. 이에 대한 시행령과 시행규칙에 세밀한 규정들을 마련해 두어야 할 것이다.

우리사회에서 돌봄민주주의가 확립되고 지역사회에서 통합돌봄이 가능해지려면, 읍·면·동 단위에서 통합돌봄이 이루어지게 해야 한다. 지금은 통합돌봄에 대한 기반이 잘 마련되지 않은 열악한 환경이지만, 읍면동 단위에서 시민과 전문인력의 참여를 바탕으로 필요한 돌봄서비스를 제공하는 주체가 만들어지도록 그 기반을 조성해 가야 한다.

그러기 위해 중앙정부와 지자체가 충분한 재원을 마련하여, 지역에서 필요한 서비스를 제공하는 주체를 형성하도록 그 기반을 구축하는 것이 매우 중요하다고 하겠다.

4. 지역돌봄법의 제정 배경과 핵심 원칙

2024년 3월 26일에 '의료·요양 등 지역 돌봄의 통합지원에 관한 법률'이 국회에서 통과되었다. 그간 지역 돌봄의 제도화를 희망하는 많은 이들의 열망이 실현되는 순간이었다. 사실 작년에 지역돌봄이 국회에서 논의될때만 해도 보수적인 윤석열 정부에서 쉽지 않을 것으로 기대가 크지 않았다.

윤석열 정부는 지역사회 통합돌봄을 지난 정부의 실적으로 여기고 시범사업 예산의 대부분을 삭감하고, 사업 명칭을 바꾸고 사업을 축소시키는 등의 노력을 했기 때문이다. 그러나, 예상 밖의 결과였다. 여당과 야당의 7명 의원이 지속적으로 입법화를 추진했고, 국회의원들은 정부안을 제시할 것을 요구했다. 보건복지부는 정부안을 내놓으면서 여야를 적극 설득하면서 지역사회 통합돌봄의 입법화를 견인했다. 일부 의견의 차이가 있었지만 여당과 야당은 노인인구의 급속한 증가로 인한 지역단위 돌봄의 체계화가 시대적인 과제라는데 공감했다.

이번 법률이 조속히 통과되면서 그간 문재인 정부에서 수년간 실시한 지역사회 통합돌봄 선도사업과 윤석열 정부에서 실시한 시범사업 등의 노력이 결실을 맺게 되었다. 특히 이번 법안은 전국의 기초 지자체가 지역주민의 돌봄의 기획, 계획 수립, 대상자 발굴, 조사 및 판정, 개인별 서비스 제공 계획 수립 등 실질적인 돌봄의 컨트롤타워로서 역할을 수행하도록 법적 권한과 책임을 부여했다는 점에서 의의가 있다.

그러나, 이번 법률의 통과를 기뻐하면서 샴페인을 터트리기에는 시기상조다. 왜냐하면, 법률이 통과되어 있을 뿐, 앞으로 대통령령으로 정할 시행령과 시행규칙을 통해 세부 사항들을 제대로 만드는 것이 중요하기 때문이다. '악마는 디테일에 있다'는 말처럼 앞으로 크고 작은 정부의 위임입법 사항들이 어떻게 만들었느냐에 따라, 이번 법안의 내용과 성격 등이 크게 달라질 수 있다. 특히, 현재 우리나라의 지역 기반 사회적 돌봄의 역사는 매우 짧고, 각종 돌봄 체계는 구조적인 난맥상에 직면해 있기 때문이다.

이번에 통과된 법률이 돌봄의 각종 문제에 대응해서 변화를 견인하는 핵심적인 내용으로 도입되길 기대했지만 전반적으로 크게 미치지 못한 것은 아쉽다. 돌봄의 문제를 혁신할 내용이 충분히 담겨지지 않았기 때문이다. 너무 빠른 법률의 통과가 오히려 충분한 숙고의 시간을 가지지 못한 것으로 보인다.

물론, '한술 밥에 배부를 수 없다'는 말처럼 법률 통과 하나가 만능통치약이 될 수는 없을 것이다. 그러나 이번 법안은 돌봄의 '기본법'으로서 각종 돌봄과 관련된 법률들을 포괄하면서 돌봄 체계의 혁신을 견인하기에는 너무 미흡하다. 법률의 내용을 살펴보면, 돌봄의 주요한 대상자를 노인과 장애인으로 크게 제한했고, 기존의 보건의료와 복지의 서비스를 어떻게 연계하고 통합적으로 제공할지의 방안도 없다. 서비스 제공인력을 어떻게 고도화시키고 안정적 수급을 위한 대책도 없다. 기존의 분절적인 전달체계를 어떻게 통합시키면서 혼란을 극복할지의 방안도 보이지 않는다.

이 같은 상황에서 앞으로 이 법률이 돌봄의 핵심적인 기본법으로서 자리매김할 수 있도록, 반드시 견지해야 할 원칙들을 살펴보면,

첫째, 이용자 중심성의 원칙이다. 우리가 이 법률을 도입한 근본인 이유는 스스로 일상생활을 독립적으로 영위할 수 없어서 다른 사람의 돌봄이 필요한 주민을 적극적으로 지원하는 것이다. 노쇠, 장애, 질병, 사고 등의 다양한 원인으로 인해 신체적 정신적 사회적 기능이 저하된 대상자에게 맞춤형의 적절한 돌봄을 제공해서 삶의 질을 개선하고자 한다. 이 과정에서 서비스 공급기관과 제공인력, 전문가 등의 다양한 주체가 결합되면서 그들만의 고유한 이해관계가 생길 수 있다. 때로는 그들의 이해관계가 이용자와 대립하거나 충돌할 수도 있다.

우리는 돌봄을 제공함에 있어, 이용자의 자기결정권을 인정하고 서비스의 계획과 이용 등의 과정에서 그들의 의견을 존중해야 한다. 그렇지 않고 제공인력이나 전문가들의 직역간의 이해관계를 우선시 하는 과오를 범해서는 안 된다. 돌봄이 필요한 사람의 존엄한 삶을 위한 방안을 진지하게 고민해야 한다.

둘째, 보편성의 원칙을 견지해야 한다. 앞에서 언급한대로 이번 법안은 노인과 장애인을 중심적인 돌봄의 대상자로 상정하고 만들어졌다. 그러나 현재 한국사회는 기존의 '돌봄 문제' 뿐만 아니라 '사회적 고립'이라는 새로운 과제에 직면하고 있다. 나이 어린 청소년부터 중장년, 노인까지, 사실상 전 연령대가 고립과 은둔으로 인한 '세상과의 단절'이라는 유례없는 사회 문제에 직면해 있다. 이들은 세상에서 크고 작은 상처와 실패를 경험하면서 자신감을 상실하거나 사람들과의 만남이 두렵거나 어색해하면서 힘들어 하고 있다. 이들은 분명 가족과 이웃, 전문 돌봄 인력 등의 관심과 지원을 통한 지지가 필요한 대상자다. 즉, '돌봄'이 필요한 대상자로 이들의 돌봄의 사각지대로 내몰아서는 안 된다. 보건복지부는 일단 노인과 장애인을 위한 지역 돌봄 체계를 구축하고 단계적으로 확대하겠다는 입장이

다. 그러나 이는 대상자별로 너무 분절화된 돌봄 체계가 더욱 고착화될 우려가 있다. 우리보다 앞선 일본은 지역공생사회와 지역 포괄케어, 신복지 비전 등의 정책을 통해서 포괄적인 대상자를 위한 돌봄 체계의 구축을 외치고 있다. 반드시 우리가 반면교사 해야 한다.

셋째, 보충성의 원칙이 적용되어야 한다. 보충성의 원칙은 사회복지 서비스 제공에 있어 마을공동체 등 하위 사회 집단의 책임을 우선시하고, 이들이 제 기능을 수행하지 못할 때 지자체, 중앙정부 등 상위조직이 보충적으로 개입해야 한다는 원칙이다. 즉, 공동체 자율성존중, 주민자치를 원칙으로 지원하되, 국가의 개입을 최소화하는 것을 목표로 한다. 이는 한류를 발전시킨 한류 지원 정책과 같다. 정부를 BTS 같은 그룹을 지원하지만 개입하진 않는 것이다.

고령사회에 돌봄시스템을 구축한 독일. 일본 사례를 보아도 국가는 개인의 자유와 책임을 최대한 보장하고, 국가의 과도한 간섭을 방지한다. 마을공동체의 상호 부조 기능을 강화하고, 공동체 의식을 함양한다. 마을공동체를 활용해 국가 재정 부담을 줄이고, 복지 서비스의 효율성을 높인다. 마을공동체 등 지역사회 집단의 역량에 따라 복지 서비스 접근성이 달라져 사회적 불평등을 오히려 심화시킬 수 있다. 그러므로 재정이 취약한 지자체에도 재정적 지원을 제대로 해서 지자체가 통합돌봄의 책임을 지도록 해야한다.

보충성의 원칙은 다양한 사회복지 건강돌봄 정책에 적용된다. 보충성의 원칙은 통합돌봄에서 매우 중요해서, 지자체가 통합돌봄서비스를 수행할 전달체계 구축에 나서서, 지역사회 통합돌봄서비스를 제공할 생태계를 마련해야 한다.

넷째, 적합성의 원칙이다. 이용자의 욕구를 실질적으로 충족시킬 수 있는 적절한 수준의 서비스 품질을 보장해야 한다는 의미이다. 가령 대상자를 위한 서비스 시간이 충분히 제공되고 제공인력의 서비스 품질도 적합하고 충분해야 한다. 그렇지 않으면 대상자가 느끼는 생활의 어려움과 불편함을 완화시키는 효과는 매우 낮을 것이다. 이는 앞에서 언급한 이용자 중심성의 원칙과 긴밀하게 연결되어 있다.

서비스를 제공하는 과정에서 철저하게 대상자의 입장에 서서 고민해야 한다. 정부가 만드는 거시적인 정책에서부터 현장에서 제공하는 작은 서비스 프로그램까지 적합성의 원칙에 입각해서 시행되어야 한다. 이를 위해서 향후에 법률에서 돌봄 인력의 안정적인 수급과 교육과 훈련 등의 내용이 반드시 담겨져야 할 것이다. 왜냐하면, 제공인력에 대한 근본적인 대안이 마련되지 않으면 적합성 원칙을 달성하기 근본적으로 어렵기 때문이다.

다섯째, 통합성의 원칙이다. 각종 돌봄의 전달체계를 이용자의 입장해서 다양한 서비스를 통합적으로 이용할 수 있도록 전달체계를 연계, 조정, 통합하는 것을 적극 추진해야 한다. 앞에서 언급한 것처럼, 우리나라의 돌봄 체계는 대상자별로 너무 나눠져 있다. 중앙정부 뿐만 아니라 광역지자체와 기초지자체가 자체 사업으로 여러 가지 사업을 실시하는데, 이들 중의 일부는 서로 유사하고 중복되는 경우도 있다.

기초 지자체 내에서도 보건국과 복지국 간의 교류가 이뤄지지 않아서 제각각 사업이 추진되면서 이용자는 혼란스러운 경우가 많다. 가령, 보건소에서 운영하는 방문건강관리서비스와 복지국에서 하는 노인맞춤돌봄서비스는 대상자가 노인장기요양보험의 등급외자라는 측면에서 동일하다. 이 둘 서비스간의 연계나 통합을 통해서 노인이 필요한 보건의료와 복지 서비스를 한꺼번에 이용하도록 전달체계를 적극 개편해야 한다.

요컨대, 이번 법률의 통과를 통해서 지역 돌봄이 체계적으로 발전할 수 있는 토대가 마련됐다는데 의미가 크다. 그러나 이번 법안은 우리나라 돌봄 체계가 구조적으로 봉착해있는 각종 문제를 해결하는 데는 너무 미흡하다. 앞에서 제시한 핵심적인 원칙을 고려하면서 이 법률을 한 단계 업그레이드 하는 것이 반드시 이뤄져야 한다. 돌봄이 필요한 우리의 가족과 친구, 이웃을 위해서 절실하다.

지역사회에서 발생하는 여러 통합돌봄 서비스의 요구를 정부가 직접 시행하긴 어렵다. 공무원 만으로 서비스 제공 체계를 구축하면 비용이 더 들고. 효과는 더 떨어질 수 있기 때문이다. 돌봄의 다양한 요구를 수용할 수 있게 지역주민들이 참여하는 통합돌봄서비스 제공체계를 마련해야하고, 행정에서는 이에 대해 지원 체계를 갖추어야 한다.

세계적으로는 복지국가가 위기를 맞고 있으며. 지역공동체의 돌봄 참여가 절실히 요청되고 있다. 이에 교회의 디아코니아 전통에 근거하여 한국 사회에서 돌봄에 나서아 하는 요구에 직면해 있다. 한국교회는 이에 책임있는 대응을 해야 한다.

장기려박사의 영향으로 기독의료인들이 돌봄과 섬김의 정신을 이어받아 의료협동운동을 개척했으며,[9)10)] 현재 돌봄사회적협동조합과 의료복지사회적협동조합에서 큰 몫을 다하고 있다.

이제 한국 교회가 취약계층을 돌보는 체계를 하루 바삐 구축해야 한다. 각 지역에서 시군구별로 5개이상 교회가 모여서 "기후재난과 인구고령화, 인구절벽시대에 교회의 대응" 세미나를 열고, 각 시군구에서 통합돌봄 체계를 구축하기 위해 각 교회에서 제자훈련을 통해 돌봄에 참여할 제자공동체(선교회)를 육성해야 한다. 각 교회에서 파송된 제자공동체는 시군구 단위로 통합돌봄체계 구축하기 위해 마을공동체, 돌봄사회적협동조합, 의료복지사회적협동조합 등과 협력해 지역돌봄체계을 구축해야 한다. 제자공동체(선교회)가 사회적 협동조합에 참여하고, 교회와 사회적협동조합와의 협력방안을 만드는 가교 역할을 해야 한다.

내년 3월 돌봄통합지원법이 발효되어 통합돌봄을 위한 민관협치구조

---

9) 임종한외. 가장 인간적인 의료. 스토리플래너. 2011.
10) 오세향. 이원돈, 임종한. 마을에서 만난 예수. 함께 만드는 사회연대경제. 동연. 2024.

가 만들어지는데.이전까지 시군구 통합돌봄체계 구축해야합니다. 지자체에 이에 대한 준비가 부족한 지역이 많으므로. 먼저 지역사회 교회에서 통합돌봄체계 구축에 나서야 한다. 이제 시간을 지체할 여유가 우리에게 없다.

| 제2장 |

통합돌봄과 지역사회복지

이준우
(강남대학교 사회복지학부 교수)

1. 서론

전 세계적인 추세이면서도 특히 한국의 경우 매우 심각하게 직면한 현실은 저출산 고령화 심화와 1인 가구의 급증이다. 2025년 2월 28일 현재, 한국의 합계출산율은 0.75명으로 세계 최하위 수준이다. 합계출산율은 여자 한 명이 가임기간(15~49세) 동안 낳을 것으로 기대되는 출생아 수를 나타내는 것이다(KOSIS 국가통계포털, 2025.09.13일 검색 검출).

특히 2025년은 한국에서 전 세계적으로 최단 시간인 7년 만에 초고령사회로 진입한 해가 된다. 이는 세계에서 가장 빠른 초고령화 속도이다. 2025년 1월 통계청 자료를 토대로 국민 4,550만여 명 중 무려 1,024만여 명이 65세 이상의 노인인 나라가 한국인 것이다. 지금의 추세로 보면 한국은 2070년 고령층 인구 비중이 세계 1위가 될 것으로 전망되며 이는 전 세계에서 가장 고령화된 나라가 됨을 의미한다. 실제로 65세 이상 인구와 14세 이하 '인구의 비'로 인구 고령화 정도를 나타내는 대표적 지표인

한국의 고령화지수는 1970년대 중반까지 10명 이하의 낮은 수준이었으나 1980년대부터 꾸준히 증가하여 1990년 20.0명, 2000년 34.3명, 2010년 67.2명에 이어 2025년에는 199.9명에 달하였다. 고령화지수의 급속한 상승 추세는 출산력 저하로 유소년인구의 비중이 낮아지고 사망력 저하로 노인 인구의 비중이 높아지는 현상이 동시에 반영된 결과이다. 이미, 2024년 11월 기준 고령자 인구는 첫 1천만 명을 돌파하여 한국의 전체 인구 중 19.5%를 차지하게 되었다. 아울러 1인 가구도 급속하게 증가하여 전체 인구 대비 36.1%에 달한다(KOSIS 국가통계포털/통계청 고령자통계, 2025.09.13일 검색 검출).

저출산 탓에 생산가능 인구(15~64세)는 2010년 전체 인구의 73%에서 2050년 53%로 급감할 것으로 예상된다. 2050년엔 2010년 대비 노인을 위한 요양비는 3.5배, 의료비는 2배, 국민연금 지출은 5배 정도가 증가할 것이다. 더욱이 2차 베이비붐 세대(1964-1974년생) 인구가 954만 명인데, 이는 전체 인구 대비 18.6%에 달한다. 문제는 2025년을 기점으로 향후 11년 동안 은퇴를 하게 된다는 것이다. 마치 폭포가 쏟아지는 형국처럼 은퇴한 노인들이 쏟아져 나온다는 것이다. 그 결과, 2050년이 되면 일자리, 세금, 국민연금 수령 등의 문제를 놓고 노년층과 젊은 계층 간의 세대 간 갈등이 최고조에 달할 뿐만 아니라 국가의 존립 자체도 위태로울 것이라는 암울한 분석까지 나온다.

이렇게 젊은 인구는 줄어가고 고령자는 늘어나는 가운데 가족 구조는 1인 가구 중심으로 급격하게 재편되고 있다. 그 결과, 전통적인 가족 중심의 돌봄은 한계에 직면하였다. 더욱이 코로나19 팬데믹을 거치면서 사회적 고립과 돌봄 서비스의 중요성이 크게 부각 되었고, 고립과 돌봄의 부담이 개인에게만 맡겨져서는 안 된다는 인식이 확산되었다. 돌봄의 부담은 이제 더 이상 개인이나 가족의 책임으로만 국한될 수 없다. 지역사회는 돌봄을 위한 중요한 자원과 지원 체계를 제공해야 하며, 이를 통해 공동체 내에서 더 나은 삶의 질을 보장할 수 있어야 한다.

그런데 사실 발 빠르게, 「제3차 사회보장기본계획」에 따라 한국의 사회복지는 '누구도 소외되지 않고 누구에게나 복지가 제공되는 보편적 복지'를 지향하면서도 시급히 복지 서비스를 필요로 하는 대상에게 최우선적으로 복지 급여를 확대하는 기조를 병행하고 있다. 노인 인구 증가와 중증발달장애인을 비롯한 장애 현상 지원에 따른 돌봄 서비스 확대, 취약 아동과 청소년 및 취약 위기가정에 대한 안전망 강화 등이 추진되고 있다. 사회적 고립과 정신건강 문제 대응 등 위기 개입 접근이 필요한 영역에도 정책적 관심이 집중된다. 더욱이 공급자 중심이 아닌 이용자 중심으로의 복지 패러다임의 전환이 사회복지 실천 현장에 상당히 이뤄지고 있다.

그럼에도 폭발적으로 분출되는 사회문제들을 해결하는 데에는 역부족인 한국 사회복지의 현주소가 고스란히 드러나고 있다. 공공과 민간의 협력과 연계는 아직도 내실화되지 못하여 결과적으로 지역과 민간의 사회복지적인 역할은 구호적인 차원에 머물러 구체성이 모호해 보인다. 또한 사회서비스의 양적 팽창에 비해 질적 혁신을 향한 현실성 있는 접근은 미흡하기만 하다. 취약계층을 대상으로 하는 기초생활수급 및 사회적 지원과 여러 형태의 사회복지시설들을 운영하는 기본 틀에서 크게 벗어나지 못하고 있는 우리의 지역사회복지 현실에서 정부 보조금을 통한 관 주도적인 사회복지서비스 관리도 강력하게 작동하고 있다. 아니라고 공공에서 많이들 주장하지만 현실세계에서 보면 중앙정부와 광역 및 기초 지자체는 지나치게 관 주도적이다. 지역사회보장협의체를 통해 민관 협력적인 지역사회복지를 말하면서도 실제로는 관이 이끄는 대로 민이 움직이거나 관을 뒷받침하는 형태를 떨쳐 내지 못하고 있다.

또한 복지 수요는 크게 늘어나는데 국민의 '체감도'는 기대만큼 높아 보이지 않는다. 급속한 고령화 추세로 연금이나 건강보험 등 노인 관련 재정지출이 기하급수적으로 늘어나는데 비해 실질적인 지원에 대한 만족도는 낮은 상태다. 문제는 지속적인 경기침체로 세수는 늘지 않는데 들어가야 할 복지지출은 증가하고 있다. 복지비용의 증가가 직접적으로 국민의 삶에 체감되는 만족감이 커지는 것으로 나타나지 못하고 있다.

어떻게 해야 이런 상황을 개선할 수 있을까? 핵심은 변화된 사회적 환경에 대응하는 혁신적인 지역사회복지 실천의 실행에 있다. 그렇다면 무엇을 실행해야 하나? 여러 경로의 지역사회복지 실천이 있겠으나 가장 우선적이면서도 시의적절한 접근은 사회적 돌봄을 실행하는 것이다. 현대사회에서 제도로서의 사회복지 정책과 서비스 대상 영역에 속한 사회적 돌봄은 보호자의 양육이 부재하거나 현저히 미흡하여 국가적 지원이 요구되는 영유아 아동 및 학령기 청소년, 장애인, 노인 등에 집중된다. 그 가운데서도 장애인과 저소득 취약계층의 노인이 핵심적인 정책 대상이 된다.

여기에서 현행 한국의 지역사회복지가 실제 지역 주민의 삶의 현장에서 피부에 와닿게끔 변화해야 한다. 한국의 지역사회복지가 정치, 사회, 경제 등 그 어떤 상황에서도 흔들리지 않는 견고한 복지국가로서의 항상성을 유지하고 지속적인 발전을 수행할 수 있는 체제로 재구조화되어야 한다. 재구조화의 초점은 두 개의 정책 목표로 모아져야 한다. 첫째, '사회적 돌봄 체계' 구축, 둘째, '존엄한 돌봄과 돌봄의 질' 향상이다. 결국 지역사회 통합돌봄이 내실화와 고도화로 정리될 수 있다. 그렇다면 구체적으로 지역사회 통합돌봄을 어떻게 내실화하고 고도화해야 하나? 달리 말하면 통합돌봄을 통한 지역사회복지의 재구조화 전략과 과제는 무엇인가?

2. 통합돌봄을 통한 지역사회복지의 재구조화 전략과 과제

1) 사회적 책무로서의 돌봄에 대한 사회적 인식 개선

돌봄을 받는 사람은 온전한 기능을 하는 인간이 아닌 불완전한 존재로 여기는 경향이 한국 사회에는 견고하게 만연해 있다. 그러나 인간은 누구도 타인의 '돌봄' 없이 살아갈 수 없다. 돌봄에 대한 이러한 인식의 발현은 인간 존재에 대한 재인식을 요구한다. 돌봄은 인간이 능력을 상실해 치욕적인 상태에 이르게 됨이 아닌 자연적 존재의 변화에 대한 순응이기에 그러하다. 돌봄의 사회적 책임이 강조되는 이러한 변화와 함께 돌봄에 대한 욕구와 정부의 돌봄 정책은 증가할 수밖에 없다.

사회적 책무는 사회의 모든 구성원이 돌봄에 대한 책임과 의무를 가지는 것을 의미한다. 이러한 사회적 책무는 개인과 가족, 지역사회, 정부 및 사회기관의 차원에서 이뤄진다. 이는 돌봄을 필요로 하는 개인과 가족을 지원하고 보호하는 데 필요한 정책, 서비스 및 자원의 제공을 포함한다. 사회적 책무는 돌봄의 공정한 분배와 사회적 통합을 촉진하여 사회적 복지와 공공성을 실현하는데, 중요한 역할을 한다.

한국의 경우 오랜 기간 돌봄을 받을 권리와 타인을 돌볼 권리가 보장되지 않는 사회였고, 그 속에서 돌봄의 책임은 오롯이 가족에게 전가되었다. 스스로를 돌볼 수 없고 의존이 필수적인 사람들에 대한 돌봄은 생존의 문제다. 돌봄에 대한 사회적 책무로서의 돌봄 서비스는 돌봄 노동이 시장에 나와 임금 노동화의 과정을 통해 전달되는 공식 돌봄 활동이라는 측면에서 필수적인 사회서비스다. 한국에서 돌봄이 사회화되는 과정은 사회서비스 일자리의 도입으로 본격화되었기에 돌봄의 사회화보다는 사회서비스 일자리 창출이라는 논리가 더 크게 작용했다. 그 결과, 돌봄 서비스 제공 과정에서의 돌봄 행위의 질은 크게 다뤄지지 못했다. 일자리 수를 확대하는 데에 더욱 주목해 왔던 현실을 부인하기가 어렵다.

돌봄의 가치적인 측면에서 보면 돌봄은 다차원적이다. 즉, 노동이자 태도이며 미덕이다. '노동'으로서의 돌봄은 도움을 요구하는 상황에서 일상성을 지속하게끔 돕는 행위를 의미한다. 노동으로서의 개념은 가장 도움이 필요한 순간에 힘을 행사하는 성격을 띤다. '태도'로서의 돌봄은 친밀하면서도 긍정적인 영향력을 행사하는 유대감일 뿐 아니라 타인의 복지를 지원하는 활동이다. '미덕'으로서의 돌봄은 돌봄의 행위로 나타나는 기질이나 특성이다. 미덕은 미덕을 행사하는 사람의 자기 자신에 대한 관심이 돌봄을 필요로 하는 타인에게로 바뀌는 과정에서 생겨나는 변화이다.

한편, 돌봄은 일생에 걸쳐 일어나는 과정이다. 이는 유아 돌봄으로 시작하여 아동 및 청소년 돌봄으로 진행되며, 성인기와 중년에 들어서도 계속되며, 생애 마지막 돌봄으로 마무리된다. 돌봄을 삶의 연속체로 보면, 이는 모든 사람, 장애인, 비장애인, 젊은이와 노인, 인종, 성별, 사회경제적 지위에 관계없이 모든 사람과 관련된 문제이다. 돌봄은 인생의 어느 시점에든 참여하게 될 활동이다.

이와 같은 돌봄에 대한 이해를 갖게 되면 자연스럽게 인권 감수성과 존엄한 돌봄에 기초한 돌봄 서비스를 지향하게 된다. 지역사회 통합돌봄이 일상적인 생활 장면의 일반적 모습으로 사회적 차원에서 정착되기 위해서는 돌봄에 대한 올바른 인식이 사회 전반에 확산되어야 한다. 그에 따라 좋은 돌봄에 대한 사회적 관심이 높아지고, 이는 선순환적으로 다시 돌봄 담론을 인간 권리적 차원에서 풍성하게 한다.

그러므로 지역사회 내 통합돌봄에 대한 인식 개선을 지속적으로 추진해야 한다. 이는 돌봄의 사회적 가치를 강조하는 것으로 나타나야 한다. 가령 지역사회 내에서 돌봄의 중요성과 가치를 인식시키기 위해 캠페인과 교육 프로그램을 운영하는 것을 말할 수 있다. 돌봄을 필요로 하는 사람들에 대한 사회적 지원과 공감대가 확산될 수 있도록 해야 한다.

2) 필요의 엮음에서 사람의 엮음으로 확장하는 융복합 지역사회 돌봄 체계의 혁신적 개발과 내실화

지역사회복지가 주민의 실제적인 필요를 채워줄 뿐만 아니라 사람과 사람이 함께 연결되는 실질적인 사회적 관계망을 형성하는 역할을 수행하고, 그 결과, 지역주민들이 서로 유기적으로 연계되어 행복한 지역사회 공동체가 될 필요가 있다. 아울러 지역사회복지가 주민 한 사람을 위한 것임과 동시에 주민 모두의 행복한 삶을 구현할 수 있어야 한다. 즉 나를 위한 우리의 복지가 이뤄져야 하는 것이다.

(1) 법적·제도적 토대 형성에 따른 지역사회 중심의 돌봄 체계 구축

무엇보다도 지역사회 내에서 이뤄질 사회적 돌봄의 법적·제도적 토대는 이미 마련되었다. 즉, '의료·요양 등 지역 돌봄의 통합지원에 관한 법률(이하 「통합돌봄지원법」으로 제시)'이 제정되었다. 이 법은 노쇠, 장애, 질병 등으로 일상생활에 어려움을 겪는 사람들이 지역사회에서 통합된 의료 및 요양 서비스를 받을 수 있도록 지원하는 법률이다. 「통합돌봄지원법」은 2024년 3월 26일 제정되었으며, 현재는 시범 사업이 진행 중인 가운데, 2026년 3월부터 전면 시행될 예정이다. 이 법은 노인·장애인·정신질환자 등 돌봄이 필요한 국민이 익숙한 생활 터전에서 존엄을 지키며 살아갈 권리를 제도적으로 보장한다. 단순한 행정 절차의 변화가 아니라, 돌봄 패러다임의 대전환이라 할 수 있다.

이 법의 목적은 지역 중심의 통합돌봄 서비스를 제공하여 서비스당사자와 보호자 모두에게 큰 변화를 가져오는 데에 있다. 구체적으로 의료·요양·돌봄 통합지원은 노쇠나 장애, 질병 등으로 일상생활이 어려운 이들이 거주지에서 건강한 생활을 이어갈 수 있도록 보건의료, 장기요양, 일상생활, 주거 지원을 통합 제공하는 것을 목적으로 한다. 주요 서비스에는 첫째, 방문진료와 재택의료센터 운영, 만성질환 건강지원 등과 같은 보건의료 서비스, 둘째, 방문요양·목욕·간호 및 복지용구 지원 등으로 이뤄지는 요양서비스, 셋째, 식사·가사·차량 지원 등 일상생활 서비스, 넷째, 안전 홈케어·케어안심주택 등 주거 지원이 포함된다.

이렇게 법적 체계가 형성됨으로써 돌봄은 제도적 차원에서 통합돌봄의 형태로 나타나게 되었다. 이는 각 개인의 기능이나 상태에 따른 적합한 돌봄체계를 전제한다. 그러니까 통합돌봄은 당연히 그 사람에게 맞는 주거·의료·복지 등 인프라를 구축하고 필요한 인력을 배치하며 관리 시스템을 구축하는 것이 핵심이다. 어떤 사람이라도 돌봄이 필요할 때, 자신이 살던 가정이나 지역에 거주하면서, 자신이 처한 상태나 욕구에 따라 적절한 서비스를, 지금 자신이 살고 있는 '그곳에서', '즉시' 돌봄을 받을 수 있도록 하는 것이 통합돌봄의 가치이며 목표이다. 그것이 지역사회 통합돌봄의 정체성이다.

따라서 「통합돌봄지원법」은 국민의 삶과 직결되는 제도다. 지자체의 주도성과 민간의 연대, 그리고 정부의 책임이 마치 세 개의 톱니가 하나가 되어 맞물려 돌아가는 것처럼 유기적으로 가동될 때, 국민은 비로소 '돌봄을 받을 권리'를 일상에서 체감하게 될 것이다. 이와 같은 제도적 차원에서 수행되는 사회적 돌봄이 내실화되고 고도화된 채 효과적으로 시행되기 위해서는 공공 차원에서 전담 조직이 강화되어야 함은 물론이고, 공공과 민간, 민간과 민간 간 다학제적인 지원과 협력이 수반되어야 한다. 당연히 안정적인 재정이 관건이 될 수밖에 없다.

이를 기반으로 노인복지관이나 노인요양원, 재가노인복지시설, 돌봄 서비스 제공기관 등에서 이루어지는 돌봄 및 요양 서비스와 교육·여가·복지·일자리 사업 등을 종합적으로 연계하는 지원 체제가 구축될 필요가 있다. 즉, 통합돌봄 정책의 효과적인 실천을 이뤄내기 위한 지역 네트워크를 촘촘하게 구축해야 한다. 지역 병원, 복지기관, 교육기관과 협력하여 종합적인 돌봄 서비스를 제공할 수 있어야 한다. 또한 가족 참여를 확대하기 위해 가족이 함께할 수 있는 행사 및 교육 프로그램을 다양한 지역사회 체계들이 상호 협력하여 운영하게끔 해야 한다. 아울러 지역 자원을 폭넓게 활용할 수 있어야 한다. 마을기업, 소상공인과 연계하여 대상별 맞춤형 돌봄 서비스를 지원하는 것을 모범적인 사례로 들 수 있다. 특히 노인복지관이나 장애인복지관, 사회복지관 등 사회복지 시설 이용자의 의견을 적극 반영하는 거버넌스(운영 협의체)를 구축하는 것도 좋은 사례가 된다. 이와 같은 지역사회 연계 강화는 '지역사회 중심의 돌봄 체계'를 정착시켜 무엇보다도 돌봄 대상자에 대한 지원을 강화하는 데에 효력을 발휘할 수 있다. 이는 결과적으로 민관 협력을 통해 복지 사각지대를 해소하고, 대상별 맞춤형 돌봄 서비스를 제공할 수 있는 토대가 된다. 이러한 지역사회 연계 강화를 통한 지역사회 중심의 돌봄 체계를 성공적으로 구축하기 위해서는 다음과 같은 전략들이 유용할 것으로 본다.

첫째, 지역주민 참여의 확대와 지역 내 자원 활용이다. 지역사회의 돌봄 서비스를 효과적으로 제공하기 위해서는 지역주민들의 참여가 절대적으로 중요하다. 주민들의 참여를 촉진하고, 그들의 역량을 강화하기 위해 교육과 지원을 강화해야 한다. 또한 지역 내 자원, 예를 들어 자원봉사자, 민간 기업, 지역 단체 등이 협력할 수 있도록 네트워크를 적극적으로 구축해야 한다. 자원의 공유와 협력을 통해 돌봄 서비스의 효율성을 높일 수 있다.

둘째, 돌봄 서비스의 접근성을 개선해야 한다. 대표적인 예로 모바일 기반 서비스를 활용하는 것을 들 수 있다. 즉, 디지털 기술을 활용해 돌봄 서비스를 모바일 앱이나 온라인 플랫폼으로 접근할 수 있도록 해 접근성을 높이는 것이다. 이를 통해 언제 어디서든 서비스를 이용할 수 있도록 해야 한다. 또한 찾아가는 서비스를 강화하는 것이다. 이동이 어려운 이용자들을 위해 찾아가는 돌봄 서비스를 확대하고, 방문간호, 상담, 돌봄 서비스를 제공하는 등의 방식으로 서비스를 확장할 수 있다.

셋째, 맞춤형 서비스 제공을 확대해야 한다. 개별화된 돌봄 서비스가 이뤄져야 하는 것이다. 돌봄 대상 각 개인의 건강, 생활수준, 필요 등에 맞춘 맞춤형 서비스를 제공하는 것을 말한다. 이렇게 맞춤형 돌봄 서비스가 증가하게 되면 당연히 단선적이지 않고 복합적인 평가 시스템을 도입하게 된다. 아울러 돌봄 필요도가 높은 사람들에게 보다 집중적인 서비스를 제공할 수 있게 된다. 나아가 돌봄 대상 개개인의 요구에 맞는 다양한 돌봄 모델을 통해 전문적인 차원의 개별화된 서비스가 이뤄져야 한다. 예를 들면 가족 돌봄, 전문 직업인 돌봄, 전문 자원봉사자 돌봄 등을 혁신적으로 도입하는 것을 들 수 있다.

넷째, 데이터 기반 돌봄 관리 시스템을 도입하여 효과적이며 효율적으로 운영해야 한다. 지역사회 중심 돌봄 서비스의 효율성을 높이기 위해서는 데이터 기반으로 자원과 서비스를 관리할 수 있는 시스템이 필요하다. 이를 통해 돌봄 자원의 배분과 서비스 제공 상황을 실시간으로 모니터링하고 조정할 수 있다. 특히 돌봄 서비스의 질과 효과성을 평가하고, 개선점을 반영할 수 있는 성과 평가 및 환류 체계를 구축하여 돌봄 서비스의 질을 지속적으로 향상시킬 수 있어야 한다.

다섯째, 취약 가구 돌봄 지원 내실화가 이뤄져야 한다. 복지 사각지대에 속한 1인 가구의 돌봄 문제를 실질적으로 지원하는 방안을 내실화해야 한다. 특히 돌봄의 대상이 되는 사람들의 연령별 특성과 욕구에 부합하는 1인 가구 돌봄 지원 방안을 구체화하여 실행해야 한다. 또한 공적 자원과 사적 자원을 활용한 돌봄 위기가구 발굴 및 돌봄 지원 시스템 구축도 이뤄져야 한다. 그런데 과도한 사적 돌봄 자원의 의존은 돌봄 위기 상황 발생 시 대응할 수 있는 체계적인 부분이 상대적으로 갖춰져 있지 않아 돌봄 필요에 효과적으로 대처하는 지원이 미흡할 수밖에 없는 한계를 노출할 수 있다. 이에 따라 가족이나 지인 등과 같은 사적인 돌봄 자원에 대한 의존을 공적 돌봄의 자원으로 전환하는 접근이 있어야 한다. 물론 공적 돌봄 자원이라 하더라도 국가 예산이 투입될 때, 요구되는 서비스 자격요건 사정과 개인정보 보호 강화 등의 요인으로 인해 돌봄 위기가구의 욕구를 충족하는 것에 어려움이 발생하기도 한다는 한계도 있다. 그러므로 공적인 시스템 속에서 사적인 돌봄 자원과의 연계를 활용한 돌봄 위기가구 지원 내실화가 이뤄져야 한다.

(2) 노인 일변도에서 전 세대 차원의 돌봄 서비스로 확대

아동과 노인, 장애인, 사회적 고립 상태에 처해 있는 사람 등 돌봄을 필요로 하는 모든 세대에게 돌봄이 사회적 서비스로 제공되어야 한다. 따라서 우선적으로 유의해야 할 사항은 「통합돌봄지원법」이 과도하게 노인 중심의 돌봄 정책으로 쏠리지 않게끔 해야 한다는 것이다. 아쉽게도 사업과 관련해서 이 법의 제11조는 퇴원환자 등의 연계에 관해 규정하고 있는데, 이는 법에 명시된 통합지원대상자에는 노쇠뿐만 아니라 장애, 질병, 사고까지도 포함하고 있음에도 실제 연계하는 기관은 주로 의료기관과 장기요양기관으로 하고 있다. 하여 이 법에서 말하는 장애, 질병, 사고의 대상이 노인에 한정하고 있는 것으로 오해되기 쉽다.

사실 노인의 신체적·정신적 건강을 유지하고, 독립적인 생활을 지원하는 것이 목표인 노인 돌봄 지원 정책은 비교적 다른 어떤 사회복지 정책보다도 잘 실행되고 있다.

무엇보다도 재가 돌봄 서비스가 활발하게 이뤄지고 있다. 독거노인, 조손가정 노인 등을 대상으로 생활지원사 방문 서비스를 제공하는 노인맞춤돌봄서비스와 건강 상태에 따라 요양보호사가 가정 방문하여 돌봄을 제공하는 방문요양 및 방문간호 서비스가 여기에 포함된다. 또한 시설 돌봄 서비스도 진행되고 있다. 이는 노인요양시설(요양원)에서 장기요양보험을 통해 신체활동이 어려운 노인에게 24시간 돌봄을 제공하는 것이다.

한편, 주·야간 보호 서비스도 있다. 이는 가정에서 생활하면서 낮 동안 요양시설에서 돌봄을 제공하는 것이다. 의료 및 건강 지원도 있다. 노인장기요양보험제도에 의해 신체 기능이 저하된 노인을 대상으로 요양비용을 지원하거나 치매 관리 서비스를 치매안심센터 운영과 치매 전담형 요양시설의 확대 등을 통해 활발하게 제공하는 것이다. 부가적으로 가족 돌봄 지원도 있다. 여기에는 가족이 직접 노인을 돌볼 경우 일정 요양비를 지급하는 가족요양비 지원과 가족 돌봄의 부담을 완화하기 위한 일시적 지원 서비스를 제공하는 노인 부양자 휴식 지원(가족돌봄휴가제) 사업이 포함된다.

이렇게 기존의 노인 대상의 돌봄 지원 정책으로서만이 아니라 통합돌봄은 경제적·사회적·문화적·정신적·신체적 영역에서 독립적·자립적인 일상생활을 영위하고자 하는 아동·노인·장애인·정신질환자 등 사회적 돌봄을 필요로 하는 모든 사람을 대상으로 한다. 그래서 보건·의료·복지 등 일상생활에 필요한 현금서비스, 시설서비스, 재가서비스 등 서비스를 통합·연계하여 제공한다. 그럼으로써 사각지대나 이중수급 등을 방지·해소함과 동시에 이들이 가정이나 지역사회 내에서 지속적으로 거주할 수 있도록 하여 주민의 인간다운 삶 보장과 권리 증진에 이바지할 수 있도록 해야 한다. 이것이 통합돌봄의 목적이자 목표가 된다.

결과적으로 「통합돌봄지원법」은 우선 '사회보장급여법'과 밀접한 관계를 가질 수밖에 없다. 이 법 제2조 제1호가 사회보장급여를 사회보장기본법에 따른 출산, 양육, 실업, 노령, 장애, 질병, 빈곤, 사망 등 사회적 위험으로부터 국민을 보호하고 국민의 삶을 향상시키기 위해 제공하는 현금, 현물, 서비스 및 그 이용권이라고 포괄적으로 정의하고 있기 때문이다. 또한 통합돌봄의 대상자는 이 법 시행 이후의 사람뿐만 아니라 지금의 서비스이용자나 서비스를 이용하고자 하는 누구라도 그 대상이 될 수 있어야 한다. 그러니까 돌봄을 필요로 하는 모든 사람이 대상이 되어야 한다.

가령 젊은 부부의 자녀 양육 시간의 부족함을 해소할 수 있는 아동돌봄 서비스를 확대함과 동시에 내실화해야 하는 것을 말할 수 있다. 즉 맞벌이 부부의 영유아 돌봄 서비스 공백을 해소할 수 있는 노력이 요구되는 것이다. 여기에서 주목해야 할 지점이 있다. 바로 현재, 초저출생 시대의 아동돌봄은 아동들의 성장과 관계를 기반으로 하기에 애정을 담아낸 매우 촘촘한 접근이어야 하며, 동시에 섬세해야 한다는 것이다.

아동 돌봄이 지금과 같이 어른들의 노동으로 인한 공백을 메꾸거나 저출생의 문제를 해결하는 간편한 정책의 대명사가 되어버린 현실 속에서 아동돌봄의 주체인 아동을 대상화하지 않아야 할 책임이 대두되었다. 아동을 돌봄의 수혜자로 대상화하지 않고, 오히려 아동의 의사와 참여를 바탕으로 아동돌봄을 위한 안전망을 구축해가려는 노력이 요구된다. 아동돌봄은 UN아동권리협약을 토대로 '아동 최우선의 원칙'을 기반에 두어야 한다.

그 결과, 아동은 발달 단계에 맞게 몸과 마음이 고루 성장하도록 필요한 교육과 돌봄을 지역사회 안에서 풍성하게 받을 수 있어야 한다. 동시에 아동들이 가정이라는 든든한 울타리 안에서 성장해야 하지만, 그렇지 못한 아동들을 위해서는 지역사회가 이들 아동의 돌봄을 보다 더 적극적으로 감당하는 돌봄체계를 마련해야 한다.

(3) 지역사회 통합돌봄 지원센터로서의 지역사회복지관 기능 확장

지역사회복지관은 그동안 다양한 취약계층을 대상으로 하는 돌봄서비슬 단위 사업의 하위 프로그램으로 운영해 왔다. 하지만 돌봄이 가족 중심에서 사회적 차원으로 전환되는 경향 가운데 지역사회복지관은 돌봄 대상의 확대가 현실이 된 사회적 변화에 대응해야 할 과제를 안게 되었다. 이에 지역사회복지관은 지역사회 안전망으로서 더욱 포괄적이고 통합적인 돌봄 서비스 제공과 함께 새로운 돌봄 수요에 대응할 수 있는 다각적인 노력과 역할 전환이 필요하다. 이를 구체적으로 정리하면 다음과 같다.

첫째, 지역사회 통합돌봄의 선도적·선구적 역할을 수행할 필요가 있다. 지역사회복지관은 다양한 주민들에게 돌봄 서비스를 제공해야 한다. 즉, 지역사회복지관은 노인, 장애인, 아동, 청소년, 정신건강 문제를 가진 사람 등 다양하고 복합적인 문제를 가진 주민들을 만나기 때문에 다각적인 차원에서 돌봄 서비스를 실행할 수 있어야 한다. 또한 돌봄의 사각지대에 있는 주민을 적극 발굴하여 복지 혜택에서 소외되지 않도록 지원해야 한다.

특히 지역사회복지관은 주민 중심 지역사회 통합돌봄을 선도적으로 감당해가야 한다. 이미 지역사회복지관은 주민봉사단을 양성하여 역동적으로 활동하게끔 지원함으로써 마을 공동체 조성 사업을 성공적으로 수행하고 있다. 이에 돌봄의 책임을 지역사회 전체로 확장시키는 통합돌봄 모델을 구현하는 데 선구적인 역할을 감당해야 한다.

둘째, 성공적 돌봄을 위한 뒷받침을 할 수 있다. 지역사회복지관은 가족 돌봄자를 위한 상담과 지원을 적극적으로 해야 한다. 가령 영케어러, 가족돌봄 청년에 대한 상담을 수행하는 것을 들 수 있다. 이들에 대한 심리 정서적 지원 서비스를 통해 궁극적으로 이들의 돌봄 스트레스와 심리적 부담을 경감시키는 것이다. 아울러 최근 돌봄의 대상이 확장되면서 심리적, 정서적 돌봄의 필요와 중요성도 커졌다. 지역사회복지관은 정신건강의 어려움을 겪는 주민들을 위한 상담, 심리치료 프로그램과 함께 지역 내 정신건강 관계기관들과 연계하여 정신적 건강 문제를 예방하고 관리하는 데 정성을 쏟아야 한다. 더욱이 돌봄 욕구에 대응하는 것에서 나아가 예방적 돌봄 프로그램을 운영하여 질병, 고립 등을 예방하는 역할의 수행도 적극 필요하다.

셋째, 아동, 청소년 복지와 연결된 문화 여가 공간의 확대를 도모할 수 있다. 지역사회복지관 내에 아동과 청소년의 문화 여가 공간을 확대함으로써 이와 같은 공간이 통합돌봄의 현장이 되도록 할 필요가 있다. 아동과 청소년의 특성에 맞는 여가 문화 프로그램이 늘어나야 하며 맘껏 뛰어놀 수 있는 공간 확대가 요구된다. 여기에는 공공적 자원을 투입하는 것도 필요하지만 지역사회복지관과 연계된 다양한 민간 공간을 활용한 문화 공간 확대 방안도 모색할 수 있다. 어쨌든 아동의 놀이터가 필요하고 청소년들이 문화와 여가를 즐길 수 있는 공간이 있어야 한다.

3) AI 기술을 적용한 스마트 통합돌봄 체계 구축

(1) AI 기반 스마트 통합돌봄 복지 환경 조성

AI 기술을 활용한 장애인 재활과 노인 건강증진 사업의 획기적 개발과 확대를 이뤄내야 한다. 이를 위해서는 헬스케어와 AI 기술의 인프라를 조성하는 것으로부터 출발해야 한다. 또한 AI를 돌봄 영역에 적용하기 위해서는 돌봄 서비스 제공기관과 사회복지시설뿐만 아니라 돌봄 서비스이용자와 디지털 취약계층에 대한 AI 돌봄 서비스 복지 환경 조성이 전제되어야 한다. 당연히 AI 기만 스마트 통합돌봄 지역사회복지 환경이 마련되어야 한다.

나아가 지역사회 내에 거주하는 사회취약계층을 대상으로 AI 기술 적용 지원 사업을 개발 운영하는 것도 고려해야 한다. 가령 사회취약 1인 가구 주택에 특화된 AI 기반 돌봄 서비스 지원 사업을 추진하는 것을 말할 수 있다. 실례로 저소득 노인 1인 가구가 거주하는 주택에 AI 기술을 적용하여 안전한 삶이 가능하도록 지원 체계의 기반을 마련하는 것이다. 긴급대응, 24시간 상시 돌봄 시스템에 AI 기술을 적용하는 것을 예시로 들 수 있다.

(2) AI 기술 연계와 적용의 돌봄 서비스 고도화 추진

지역사회 내, 돌봄 서비스 제공기관과 사회복지시설 간의 헬스케어 및

AI 기술의 연계와 적용을 통해 돌봄 서비스의 고도화를 적극 추진해야 한다. 지역사회 내에 있는 여러 형태의 돌봄 및 사회복지 시설들과 유관기관들을 적극 활용하여 AI 기술이 적용된 헬스케어 서비스를 돌봄 영역에서 상호 연계함으로 돌봄 서비스의 시너지 효과를 산출할 필요가 있다.

따라서 지역사회 자원과 AI 기술의 통합을 위해 지역사회의 자원(예: 복지 센터, 지역 병원, 돌봄 서비스 제공자)과 AI 기반 서비스(예: 헬스케어 플랫폼, 돌봄 로봇)를 유기적으로 연결하는 네트워크 구축이 필요하다. 이를 통해 더 효율적인 돌봄 서비스 제공이 가능해질 것이다. 아울러 AI 기술 도입을 위한 지역사회 교육 및 훈련이 중요하다. 지역사회 구성원이 AI 기술을 이해하고 활용할 수 있도록 교육 프로그램을 제공해야 한다. 특히 노인층을 위한 디지털 리터러시 교육을 통해 디지털 격차를 줄이는 노력이 필요하다.

(3) AI 기술 거점 플랫폼 기관 선정과 운영

지역사회 내에 있는 대형병원들과 대학 및 사회자본으로서 기능하는 다양한 시설들 및 기존 돌봄 및 사회복지 시설들을 AI 기술로 연결하여 이를 지자체가 선정한 거점기관에 의해 돌봄 서비스 및 돌봄 정보 등을 공유할 수 있게끔 해야 한다. 즉 거점기관이 플랫폼으로서의 역할을 수행하면서 AI 기반의 다양한 통합돌봄을 지역사회복지 차원에서 실천하게끔 활성화시키는 것이다. 이와 같은 플랫폼이 필요한 이유는 지역사회에서 AI를 활용하려면 정확하고 최신의 데이터를 지속적으로 수집하고 분석하는 체계가 마련되어야 하기 때문이다. 이를 통해 돌봄 서비스의 질을 향상시키고, 대상자의 필요에 맞는 맞춤형 지원이 가능해진다. 예를 들면 돌봄 서비스 제공기관이나 복지관 같은 사회복지 시설에서 돌봄 관련 빅데이터들을 효과적·효율적으로 수집하고 활용하기 위한 AI 기반 업무 환경을 조성하는 것이다. 이를 통해, 데이터들을 상시적으로 간편하게 기록, 저장, 유통

할 수 있다. 수집된 빅데이터를 바탕으로 AI 활용 기술을 활용해 분석하고 돌봄 서비스에 유용하게 적용할 수 있다.

(4) AI를 통한 돌봄 서비스 품질의 획기적 개선 도모

데이터에 기초한 예측 분석으로 개별화된 맞춤형 돌봄 서비스 제공이 가능하게 되었다. 예를 들면 SK에서 개발한 AI 서비스(careVia)는 중증 발달장애인의 도전적인 어려운 행동을 자동으로 인식하고, 즉시 기록해 행동 패턴을 분석하게끔 지원한다. 이를 통해 행동 중재 전문가가 문제행동 완화 방안을 마련하는 데에 큰 도움을 받는다. 현재 서울시, 경기도 등 10개 발달장애 돌봄센터에서 시범 사업을 실시하였고, 그 유용성과 가능성을 성과로 산출하였다.

또한 돌봄 로봇의 활용도 주목된다. 돌봄 로봇은 노인이나 장애인을 위한 신체적 도움을 제공할 수 있다. 식사 보조, 약물 관리, 응급 상황에서의 대처 등을 통해 돌봄 인력의 부담을 경감시킬 수 있다. 이미 일본은 요양기관에서 돌봄 서비스의 지원 도구로 활발하게 이용되고 있으며 한국도 돌봄 로봇을 본격 사용하려는 움직임들이 포착되고 있다. 나아가 AI 기반 상담 및 정서적 지원도 현실이 되고 있다. AI 기반의 데이터 분석을 통해 인공지능 챗봇이나 상담 프로그램을 통해 정서적 지지가 필요한 사람들에게 24시간 상담 서비스를 제공할 수 있게 되었다. 이는 특히 고립된 노인이나 정신건강에 어려움을 겪는 사람들에게 유용할 것이다.

3. 결론

한국의 지역사회복지는 발전을 거듭해 왔다. 그럼에도 세상이 급변해서, 이제는 지역사회 중심의 통합돌봄을 사회복지 차원에서 실행하고 있다. 사회복지 영역 속에 돌봄이 주요 사항으로 편입된 것이다. 해야 할 과제는 여전히 많다. 열심히 하는데, 더디고, 막상 그 성과는 기대만큼 나타나지 않는다. 그래도 해야 한다.

사회는 삭막하고 사람 간의 돌봄은 쉽지 않아 보인다. 따스한 인정이 그립다. 이럴 때, 격의 없이 편안하게 대화하며 애정을 느낄 수 있는 친구가 있었으면 좋겠다. 항상 곁에서 지켜 주고, 사심 없이 호의를 베풀며, 다만 행복하기를 기원해 주는 친구 말이다. 이런 친구 하나 있으면 정말 외롭지 않을 것 같다. 그런데 이 세상에서 그런 친구를 찾기란 참으로 쉽지 않다. 그래서 함석헌 선생은 '그 사람을 가졌는가'라는 제목의 시를 통해 진정한 친구 없는 삭막한 인생을 역설적으로 되묻는다.

> 만 리 길 나서는 길 / 처자를 내맡기며 / 맘 놓고 갈 만한 사람 / 그 사람을 그대는 가졌는가 // 온 세상 다 나를 버려 / 마음이 외로울 때에도 / '저 맘이야' 하고 믿어지는 / 그 사람을 그대는 가졌는가 // 탔던 배 꺼지는 시간 / 구명대 서로 사양하며 / "너만은 제발 살아다오" 할 / 그 사람을 그대는 가졌는가 // 불의의 사형장에서 / "다 죽어도 너희 세상 빛을 위해 / 저만은 살려 두거라" 일러 줄 / 그 사람을 그대는 가졌는가 // 잊지 못할 이 세상을 놓고 떠나려 할 때 / "저 하나 있으니" 하며 / 빙긋이 웃고 눈을 감을 / 그 사람을 그대는 가졌는가 // 온 세상의 찬성보다도 / '아니' 하고 가만히 머리 흔들 그 한 얼굴 생각에 / 알뜰한 유혹을 물리치게 되는 / 그 사람을 그대는 가졌는가.

이 시를 통해 한국의 지역사회복지 체계가 사회적 돌봄을 통해 국민의 친구가 되면 좋겠다는 생각이 든다. 정치가 국민을 배반해도, 경제가 국민을 이용해도, 지역사회복지 체계만큼은 국민의 친구가 되었으면 한다. 물론 완전하지는 못하겠지만 그래도 든든한 친구가 되면 참 좋겠다.

| 제3장 |

통합돌봄 시대의 한국교회의 역할과 과제: '통합돌봄지원법'을 중심으로

민건동
(마을학연구소 소장)

1. 서론

대한민국은 전례 없는 시대적 도전의 교차점에 서 있다. 이미 65세 이상 인구 비중이 20.6%에 달하는 초고령사회로의 진입한 것이다. 이러한 급격한 인구구조의 변화는 기존의 시설 중심 돌봄 체계의 지속가능성에 대한 근본적인 질문을 제기한다. 요양병원이나 시설에서의 "사회적 입원"[1]이 증가하고, 돌봄 비용 부담이 가중되면서, 국가는 더 이상 기존의 방식으로 돌봄 수요를 감당할 수 없는 한계에 봉착했다. 이에 대한 국가적 해법으로 제시된 것이 바로 "지역사회 통합돌봄(Community Care)" 정책[2]

---

1) 의학적 치료보다는 생활이나 돌봄을 목적으로 병원에 입원하는 현상을 말한다. 특히 요양병원에서 많이 발생하며, 고령화와 가족 구조 변화 등 사회적 요인에 의해 증가하고 있다. / 최인덕, "사회적 입원 개념 고찰과 비용추계", 「비판사회정책」75호(2022), 330-331
2) 돌봄이 필요한 주민(어르신, 장애인 등)이 살던 곳에서 개개인의 욕구에 맞는 서비스를 누리고 지역사회와 함께 어울려 살아갈 수 있도록 주거, 보건의료, 요양, 독립생활 등을 통합적으로 지원하는 지역주도형 정책(보건복지부, 2020)을 의미한다. 핵심은 돌봄이 필요한 주민이 자기가 살던 곳에서 지낼 수 있도록, 다양한 서비스를 욕구에 맞추어 제공한다는 점이다.

이다.

이 정책의 핵심은 돌봄이 필요한 국민이 자신이 살던 곳에서 존엄한 노후를 보낼 수 있도록(Aging in Place) 주거, 보건의료, 요양, 돌봄 서비스를 통합적으로 제공하는 지역 주도형 생태계를 구축하는 것이다. 이를 위해서 2026년 3월 본격 시행을 앞둔 「의료·요양 등 지역 돌봄의 통합지원에 관한 법률」(이하 통합돌봄지원법)에 관한 이해는 매우 중요하다.

오늘날 한국교회는 사회적 신뢰도 하락, 교인 수 감소, 성장 정체라는 심각한 위기에 직면해 있다. 특히, 통합돌봄지원법과 같은 외부 환경의 변화는 이러한 위기를 더욱 심화시키거나 새로운 차원의 도전으로 다가올 수 있다. 이러한 상황 속에서 교회의 본질을 회복하고 공공성을 강화해야 한다는 신학적 성찰이 그 어느 때보다 절실하게 요구되고 있다.

이러한 배경 아래, 교회의 울타리를 넘어 지역사회 전체를 목회의 대상으로 삼는 마을목회(Maeul Ministry)가 새로운 대안적 패러다임으로 떠오르고 있다. 마을목회는 교회가 단순히 지역사회 '안에 존재하는(church in the community)' 것을 넘어, 지역사회의 필요를 채우고 아픔을 보듬는 '하나님 나라 공동체(church for the community)'가 되어야 한다는 중요한 메시지를 담고 있다.

국가의 통합돌봄 정책과 교회의 마을목회 운동은 단순한 시대적 우연의 일치가 아니라, 파편화된 사회 속에서 공동체성 회복이라는 공통의 지향점을 가진 필연적 만남이다. 정부는 지역주민 참여를 바탕으로 하는 생활권 단위의 충분하고 지속가능한 통합지원 생태계 조성을 법적 책무로 명시하며 '민관협력'의 중요성을 강조하고 있다. 마을목회는 바로 이 '민(民)'의 영역에서 가장 중요한 파트너가 될 잠재력을 지니고 있다. 국가의 정책적 지향과 교회의 신학적 지향이 만나는 이 지점에서 한국교회의 새로운 선교적 기회와 사회적 책임이 발생한다. 따라서 이 두 흐름의 연계 가능성과 구체적인 실천 방안을 신학적, 정책적으로 규명하는 작업은 통합돌봄 시대에 교회가 나아갈 길을 제시하는 데 있어 매우 중요한 과제라 할 수 있다.

이러한 통합돌봄 시대에 한국교회가 응답해야 할 선교적 과제를 마을목회의 관점에서 구체적인 실천 전략을 제시하는 데 있어서는 다음과 같은 세 가지 핵심 내용으로 접근해야 한다.

첫째, 국가 정책으로서의 통합돌봄과 신학적 운동으로서의 마을목회 간의 연계가 왜 중요한지를 신학적, 실천적 차원에서 다각적으로 살펴볼 필요가 있다. 통합돌봄 정책의 비전과 핵심 과제를 분석하고, 그 내재적 한계를 지적함으로써 교회가 채워야 할 돌봄의 공백이 무엇인지 명확히 해야 한다. 이와 함께 마을목회의 신학적 기반과 실천 모델을 제시하여, 교회가 어떻게 이 공백을 메우고 지역사회 돌봄 생태계의 구심점이 되어야 하는지 고민할 필요가 있다.

둘째, 교회가 통합돌봄의 주체로 적극적으로 나서야 하는 신학적 당위성을 기독교의 핵심 정체성인 디아코니아(Diakonia) 개념을 통해 정립할 필요가 있다. 디아코니아의 성서적, 역사적 의미를 고찰하고, 이를 사회적 책임과 연결하여 통합돌봄 참여가 교회의 본질적 사명임을 밝혀야 한다. 특히 독일 디아코니아의 민관협력 사례를 참고하여 한국교회가 지향해야 할 역할과 전략적 방향을 모색할 필요가 있다.

셋째, 통합돌봄지원법의 주요 내용을 면밀히 분석하고, 교회의 관점에서 법률이 지닌 가능성과 구조적 한계를 비판적으로 고찰해야 한다. 이를 통해 법률 개정 요구, 조례 제정 참여, 대안적 돌봄 모델 제시 등 교회가 수행해야 할 예언자적 역할과 실질적인 정책 참여 방안을 구체적으로 제시할 필요가 있다.

2. 한국 통합돌봄지원법의 제정 취지, 의의 및 전면 개정 논리에 대한 분석

2024년 3월 제정된 통합돌봄지원법은 대한민국 돌봄 정책의 패러다임 전환을 예고하는 중요한 입법적 성과로 평가된다. 급격한 고령화와 가족 구조의 변화 속에서 돌봄 수요는 폭발적으로 증가하고 있으나, 기존의 서비스는 의료, 요양, 복지 등 각 영역별로 분절되어 있어 통합적인 지원에 한계를 보여왔다. 통합돌봄지원법은 이러한 문제의식에서 출발하여, 돌봄이 필요한 국민이 살던 곳에서(Aging in Place) 존엄한 삶을 유지할 수 있도록 지역사회 중심의 통합적 돌봄 체계를 구축하는 것을 목표로 한다.

돌봄이 사회적으로 정당한 위상을 확보하게 되면, 단순히 누가 돌봄을 책임질 것인가와 같은 실질적인 질문을 넘어, 그동안 돌봄이 저평가된 채 구축되어 온 사회 질서의 정당성(正當性) 자체가 중요한 도덕적 논의의 중심으로 떠오르게 될 것이다. 이러한 맥락에서, 우리 사회는 돌봄의 문제를 '돌봄 정의'의 관점에서 접근하고 심도 있게 다룰 필요가 있다. 이는 돌봄의 가치를 올바로 평가하고, 이를 기반으로 더 공정하고 정의로운 사회를 구현하는 것이 얼마나 중요한지 강조하는 것이라고 이해할 수 있겠다.[3]

아울러 통합돌봄지원법의 제정 취지와 법이 갖는 의의를 심도 있게 분석하고, 동시에 법의 전면 개정을 주장하는 측의 핵심 논리를 체계적으로 제시함으로써 해당 법안을 둘러싼 다각적인 시선도 조명해 보고자 한다.

1) 통합돌봄지원법의 제정 취지

통합돌봄지원법의 제정은 기존 돌봄 시스템의 구조적 한계를 극복하

---

3) 석재은, "돌봄정의(Caring Justice) 개념구성과 한국 장기요양정책의 평가", 「한국사회정책」25권 2호(2018), 59

고, 새로운 사회적 위험에 대응하기 위한 국가적 차원의 정책적 결단으로 이해할 수 있다. 그 핵심 취지는 다음 세 가지로 요약된다.

첫째, 지역사회 중심의 돌봄 체계로의 전환이다. 기존의 돌봄 서비스는 병원이나 시설 입소를 중심으로 설계되어, 개인의 선택권과 삶의 연속성을 보장하기 어려웠다. 통합돌봄지원법은 제1조(목적)에서 명시하듯 "노쇠, 장애, 질병, 사고 등으로 일상생활 수행에 어려움을 겪는 사람이 살던 곳에서 계속하여 건강한 생활을 영위할 수 있도록" 지원하는 것을 최우선 목표로 삼는다. 이는 돌봄의 장소를 시설에서 지역사회와 개인의 가정으로 전환하고, 지방자치단체가 책임성을 갖고 지역 실정에 맞는 돌봄 서비스를 기획·제공하는 주체가 되도록 하는 패러다임의 변화를 의미한다.

둘째, 서비스의 통합과 연계를 통한 수요자 중심성 강화이다. 기존에는 의료, 요양, 주거, 일상생활 지원 등 각기 다른 법률과 전달체계에 따라 서비스가 분절적으로 제공되었다. 이로 인해 복합적인 욕구를 가진 대상자는 여러 기관을 전전해야 하는 불편을 겪었고, 서비스의 중복이나 누락이 발생하는 문제가 심각했다. 통합돌봄지원법은 시군구에 설치되는 통합지원 전담조직을 통해 개인의 욕구를 종합적으로 평가하고, 필요한 서비스를 맞춤형으로 연계·제공하는 체계를 구축하고자 한다. 이는 공급자 중심의 획일적 서비스에서 벗어나, 개인의 자기결정권을 존중하는 수요자 중심의 서비스로 나아가는 것을 지향한다.

셋째, 돌봄의 사회적 책임 강화 및 사각지대 해소이다. 돌봄은 더 이상 개별 가족의 책임이 아닌, 국가와 사회가 공동으로 책임져야 할 사회적 과제라는 인식이 법 제정의 중요한 배경이 되었다. 특히 노인, 장애인뿐만 아니라 질병이나 사고로 일시적 돌봄이 필요한 중장년 등 그동안 정책의 사각지대에 놓여 있던 다양한 계층을 지원 대상에 포함시키려는 노력을 담고 있다. 이를 통해 보편적 돌봄권을 향한 제도적 기반을 마련하고, 국민의 건강하고 인간다운 생활을 증진하는 데 이바지하고자 하는 취지를 갖는다.

2) 법의 의의 및 의미

토머스 아드리앤센즈(Thomas C. Adriaenssens)의 주장을 중심으로 통합돌봄지원법 제정의 의의와 의미를 보면 다음과 같다.

첫째, 한국형 지역사회 통합돌봄의 법적 근거를 최초로 마련했다는 점이다. 과거 문재인 정부의 커뮤니티 케어 선도사업 등 정책적 시도는 있었으나, 이를 뒷받침할 법적 기반이 부재하여 전국적 확산과 지속가능성 확보에 한계가 있었다. 이 법은 지방자치단체가 지역의 돌봄 자원을 총괄하고 연계할 수 있는 법적 권한과 책임을 부여함으로써, 지역사회 통합돌봄을 안정적이고 체계적으로 추진할 수 있는 제도적 토대를 구축했다는 점에서 그 의의가 매우 크다.

둘째, 지방자치단체의 역할을 돌봄 정책의 핵심 주체로 격상시켰다는 의미가 있다. 법은 시·도 및 시·군·구가 지역계획을 수립하고, 통합지원 전담조직을 설치·운영하도록 규정하고 있다. 이는 중앙정부가 주도하던 복지 정책의 집행을 넘어, 지자체가 지역주민의 삶과 가장 가까운 곳에서 자율성과 책임성을 가지고 돌봄 정책을 설계하고 실행하는 '로컬 거버넌스(Local Governance)'의 실질적 구현을 촉진한다.

셋째, 돌봄 서비스의 패러다임을 '신청주의'에서 '권리'로 전환하는 출발점을 제시했다. 법에 따라 설치될 돌봄통합창구는 단순히 서비스를 신청받는 수동적 역할에서 나아가, 잠재적 대상자를 발굴하고 개인의 욕구를 먼저 파악하는 능동적 기능을 수행하게 된다. 이는 돌봄이 시혜적 복지가 아닌, 국민 누구나 필요할 때 누릴 수 있는 보편적 권리라는 인식을 제도적으로 뒷받침하는 중요한 진전으로 평가할 수 있다.[4]

---

4) Thomas C. Adriaenssens에 따르면 네델란드의 「2015년 사회지원법」이 한국의 통합돌봄 제도 개선에 중요한 시사점을 제공하며, 특히 지자체의 자율성과 수급자의 권리 간 균형을 유지하고 양질의 돌봄을 보장하기 위한 감독 체계의 필요성을 강조하였다. / Thomas C. Adriaenssens, "네델란드 지역 통합돌봄지원법제: 2015년 사회지원법을 중심으로", 「사회보장법연구」14권 1호(2025), 68-72.

3) 통합돌봄지원법의 법적 기반 마련과 공공성 강화의 가능성

통합돌봄지원법은 한국 사회복지 역사에 중요한 이정표라 할 수 있다. 이 법은 2019년부터 16개 지자체에서 시작된 지역사회 통합돌봄 선도사업의 성과를 바탕으로, 이를 전국적으로 확대하고 안정적으로 추진하기 위한 최초의 법적 근거를 마련했다는 점에서 가장 큰 의의를 가진다.

법 제1조는 그 목적을 "노쇠, 장애, 질병, 사고 등으로 일상생활 수행에 어려움을 겪는 사람이 살던 곳에서 계속 건강한 생활을 영위할 수 있도록 의료·요양 등 돌봄 지원을 통합·연계하여 제공"함으로써 "국민의 건강하고 인간다운 생활을 유지하고 증진하는 데에 이바지함"이라고 명시하고 있다. 이는 돌봄을 더 이상 개인이나 가족이 감당해야 할 사적 영역의 문제가 아니라, 국가와 사회가 함께 책임져야 할 공적 과제로 명확히 규정한 것이다.

특히 법 제4조는 국가와 지방자치단체의 책무를 구체적으로 명시함으로써 돌봄의 공공성을 강화할 가능성을 열었다. 이 조항에 따르면, 지자체는 ① 예방적 건강 관리부터 생애 말기 돌봄까지 포괄적으로 제공하는 지원체계, ② 병원이나 시설 퇴원 후에도 끊김 없이 서비스를 이용할 수 있는 재가 완결형'연계체계, ③ 지역주민 참여를 바탕으로 하는 지속가능한 통합지원 생태계를 구축할 책무를 진다. 이는 교회를 포함한 지역사회 내 다양한 비영리 주체들이 돌봄 생태계의 파트너로 참여할 수 있는 법적 명분을 제공한다.

또한, 이 법은 공급자 중심에서 수요자 중심으로 복지 패러다임을 전환하려는 의지를 분명히 했다는 점에서 긍정적으로 평가할 수 있다. 법 제4조는 통합지원 대상자가 서비스의 내용, 범위, 방식 등을 충분한 설명을 들은 후 스스로 결정할 수 있도록 자기결정권을 보장해야 한다고 규정하고 있다. 또한, 시군구는 대상자의 욕구를 파악하여 개인별 지원계획을 수립하고 이에 따라 서비스를 연계하도록 하고 있어, 획일적인 서비스 제공에서 벗어나 개인의 복합적인 필요에 맞춘 맞춤형 지원이 가능하도록 제도적 장치를 마련했다. 이러한 법적 기반은 교회가 지역사회에서 돌봄 사역을 펼칠 때, 정부 및 지자체와 협력할 수 있는 공식적인 틀을 제공한다는 점에서 중요한 기회가 될 수 있다.

4) 전면 개정을 주장하는 측의 논리와 개선점

이러한 긍정적 평가에도 불구하고, 시민사회단체와 장애인 단체, 일부 현장 전문가들은 법의 실효성에 의문을 제기하며 전면적인 개정을 강력히 촉구하고 있다. 그들의 주장은 다음과 같다.

첫째, 대상자의 모호성과 새로운 복지 사각지대 발생 가능성이다. 비판 측은 법률이 지원 대상을 "노쇠, 장애, 질병, 사고 등으로 일상생활 수행에 어려움을 겪는 사람"으로 규정하고 있으나, 실제 시행령 및 시행규칙 제정 과정에서 그 범위가 노인과 중증 장애인 중심으로 협소하게 해석될 수 있다고 우려한다. 이는 "누구나 필요한 돌봄"이라는 보편적 원칙에 부합하지 않으며, 지원이 절실함에도 법적 기준에 맞지 않아 배제되는 새로운 사각지대를 양산할 수 있다는 비판이다.

둘째, '탈시설-자립생활' 원칙의 훼손 가능성이다. 특히 관련 영역에서는 이 법이 장애인의 지역사회 자립생활을 온전히 보장하기보다는, 의료와 요양 중심의 접근을 강화하여 자칫 새로운 형태의 시설화로 이어질 수 있다고 경고한다. 즉, 개인의 선택권에 기반한 자립생활 지원체계 구축보다는, '돌봄 필요도'에 따른 서비스 판정이 개인의 삶을 획일적으로 결정하고 통제하는 도구로 전락할 수 있다는 것이다. 이들은 법률에 탈시설 원칙과 장애인의 권리 기반 접근을 명확히 명시할 것을 요구한다.

셋째, 공공성 약화 및 전달 체계의 불확실성이다. 비판론자들은 법안이 지자체의 책임을 강조하면서도, 서비스 제공을 위한 공공인프라 확충이나 재정 확보 방안에 대해서는 구체적인 내용을 담고 있지 않다고 지적한다. 특히 민간 위탁 조항은 서비스의 질 저하와 영리화를 초래할 수 있으며, 지자체의 책임이 민간 기관으로 전가될 위험이 크다고 본다. 또한, 사회연대경제 조직 등 다양한 지역사회 주체들의 역할이 법적으로 명시되지 않아, 관 주도의 획일적 전달체계로 귀결될 수 있다는 점을 한계로 꼽는다.

넷째, 중앙정부 및 공단의 과도한 개입 우려와 지방자치 원칙의 역행이다. 국민건강보험공단이 통합판정 도구를 통해 대상자의 서비스 자격을 결정하는 방식은, 지역의 특성과 개인의 구체적 상황을 고려하기보다는 중앙의 획일적 기준을 강요하는 결과를 낳을 수 있다. 이는 지역사회와 지자체의 자율성 및 책임성을 강화하려는 법의 본래 취지와 상충되며, 사실상 중앙 통제형 돌봄 체계로 회귀하는 것이라는 비판이 제기된다.

통합돌봄지원법은 분절된 돌봄 체계를 통합하고 지역사회 중심의 새로운 패러다임을 열고자 하는 중요한 입법적 진전이다. 살던 곳에서 건강한 노후를 보내고 싶은 국민적 열망에 부응하고, 돌봄의 사회적 책임을 강화하는 제도적 기반을 마련했다는 점에서 그 의의를 결코 낮게 평가할 수 없다.

그러나 법의 성공적인 안착을 위해서는 전면 개정을 요구하는 비판의 목소리에 진지하게 귀를 기울여야 한다. 대상자 범위의 보편성 확보, 탈시설-자립생활 원칙의 명문화, 공공 중심의 전달체계 강화, 그리고 지방자치의 실질적 구현은 법의 실효성을 담보하기 위해 반드시 보완되어야 할 과제이다.

돌봄통합지원법의 실효성 및 효율성 확보를 위한 개선점은 다음과 같다.

첫째, 하위법령의 마련이 지연됨으로써 법의 실효성을 저해할 위험은 법률의 세부적 적용 기준 및 절차를 규정하는 하위법령의 부재가 현장 실행에 있어 불확실성을 야기할 수 있음을 의미한다. 따라서 해외 입법 사례 분석을 통해 한국적 맥락에 부합하는 하위법령을 신속히 제정함으로써, 법적 완결성을 확보하고 통합돌봄 제도의 안정적 운영 기반을 마련하는 것이 필수적이다.

둘째, 돌봄 서비스 제공 단계에 중점을 두는 것은, 양질의 돌봄 서비스가 지속적으로 제공되는지에 대한 감독 및 집행 기능이 상대적으로 취약한 모습을 보인다. 구체적으로, 통합적인 돌봄 서비스가 최소한의 질적 기준 이상으로 제공되었는지 여부를 효과적으로 검증하고 관리할 수 있는 체계가 미흡하다. 이에 따라 돌봄 서비스의 품질을 담보하고 이용자의 권익을 보호하기 위한 명확하고 강도 높은 감독 및 집행 메커니즘을 구축할 필요가 있다.

셋째, 전문 인력의 양성 및 유지에 대한 정부의 책임이 명시되어 있지만, 해당 조항을 실질적으로 이행하기 위한 구체적인 방안과 로드맵이 부족한 실정이다. 전문 인력의 역량 강화 및 지속적 공급은 통합돌봄 시스템의 성공적 운영에 있어 핵심 요소이므로, 이를 위한 체계적인 교육 프로그램 개발, 자격 관리 시스템 강화, 그리고 안정적인 고용 환경 조성 등 정부의 적극적이고 구체적인 역할이 뒷받침되어야 할 것이다.

통합돌봄지원법이 단순한 선언을 넘어 국민의 삶을 실질적으로 변화시키는 제도로 뿌리내리기 위해서는, 향후 시행령 및 시행규칙을 구체화하는 과정에서 현장과의 긴밀한 소통을 통해 법의 미비점을 보완하고, 지역 중심의 지속가능한 돌봄 생태계를 구축하기 위한 재정과 인력 확보에 국가적 역량을 집중해야 할 것이다.

3. 마을목회와 통합돌봄의 연계 - 신학적·실천적 중요성

1) 국가 정책으로서의 통합돌봄: '살던 곳에서 건강한 노후'의 비전과 한계

정부가 추진하는 지역사회 통합돌봄 정책은 한국 사회가 직면한 인구구조적 위기와 기존 복지 체계의 한계에 대한 국가적 응전이다. 그 핵심 비전은 어르신이 살던 곳에서 건강한 노후를 보낼수 있는 포용국가[5]의 실현에 있다. 이는 돌봄이 필요한 주민, 특히 노인과 장애인이 병원이나 시설이 아닌 자신의 집이나 그룹홈[6] 등 익숙한 환경에서 개개인의 욕구에 맞는 서비스를 누리며 지역사회와 함께 어울려 살아갈 수 있도록 지원하는 것을 목표로 한다. 이러한 비전은 단순히 복지 서비스의 전달 방식을 바꾸는 것을 넘어, 탈시설화와 개인의 자기결정권 존중이라는 인권적 가치를 정책의 중심에 두었다는 점에서 중요한 의미를 지닌다.

이 비전을 구현하기 위해 정부는 4대 핵심 과제를 설정했다. 첫째, 주거 지원 인프라 확충으로, 어르신 맞춤형 케어안심주택을 공급하고 낙상 예방 등을 위한 주택 개조 사업을 실시한다. 둘째, 찾아가는 방문의료 확대로, 의사, 간호사 등이 거동이 불편한 어르신의 집으로 직접 찾아가 진료, 간호, 건강관리를 제공한다. 셋째, 병원/시설의 지역 연계 강화로, 병원에 지역연계실을 설치하여 퇴원 환자가 지역사회로 원활히 복귀할 수 있도록 지원한다. 넷째, 재가 장기요양 및 돌봄서비스 확충으로, 방문요양, 주야간보호 등 다양한 재가 서비스를 수요자 중심으로 통합 제공한다. 이 과제들의 공통된 목표는 보건과 복지, 주거 등 여러 영역에 걸쳐 분절적으로 제

---

[5] 허영식, "포용국가 형성을 위한 포용적 민주시민교육의 과제" 「융합사회와 공공정책」13권 4호(2020), 162-163.
[6] '공동생활가정'이라는 형태의 소규모 복지시설로, 가정의 보호를 받기 어려운 아동·청소년에게 가정과 유사한 환경에서 돌봄과 양육을 제공하는 제도다. 특히 빈곤, 방임, 학대, 부모 사망, 가정 해체 등으로 인해 보호가 필요한 청소년들에게 자립과 사회 적응을 돕는 역할을 한다.

공되던 서비스의 칸막이를 허물고, 민관 협력을 통해 수요자 중심의 통합 제공 모델을 구축하는 것이다.

그러나 이러한 국가 주도의 통합돌봄 정책은 그 구조상 내재적 한계를 가질 수밖에 없다. 정부 정책은 본질적으로 측정 능하고 표준화된 서비스 제공에 집중하는 경향이 있다. 케어안심주택 공급, 방문진료 횟수, 서비스 연계 건수 등은 정책 성과로 쉽게 계량화되지만, 돌봄의 과정에서 필수적인 비공식적이고 관계적인 차원은 정책의 우선순위에서 밀려나기 쉽다. 예를 들어, 정책은 식사 배달 서비스(가사활동 지원)를 제공할 수는 있지만, 함께 식사하며 대화를 나눌 말벗을 제공하기는 어렵다.

또한, 행정 효율성을 중시하는 관료적 시스템은 개인의 복합적이고 시시각각 변화하는 정서적, 영적 욕구에 유연하고 신속하게 대응하는 데 어려움을 겪는다. 정부는 지역케어회의와 같은 민관협력 모델을 통해 서비스 연계를 강조하지만, 이는 행정적 연결에 그칠 뿐, 신뢰에 기반한 자발적 '관계 형성'과 진정한 공동체 구축까지 나아가기에는 역부족이다. 바로 이 지점에서 국가 정책의 '돌봄 공백'이 발생하며, 이는 마을목회를 통해 교회가 채워야 할 핵심적인 영역이 된다.

2) 공공신학과 선교적 교회 관점의 마을목회

마을목회는 사회적 신뢰를 잃고 성장이 정체된 한국교회의 위기 속에서 등장한 대안적 목회 패러다임이다. 그 핵심은 교회의 시선을 교회 내부에서 외부로, 즉 교회가 속한 '마을'로 돌리는 데 있다. 마을목회의 핵심은 지역사회 전체를 목회의 대상으로 삼아 그곳을 하나님 나라 공동체로 만들어가는 역동적인 활동으로 정의된다. 이는 교회가 지역을 품는 공동체가 되어야 한다는 선언이며, 교회의 모든 사역이 지역사회의 필요와 연결되어야 함을 의미한다.

이러한 마을목회의 신학적 기반의 한 축이 공공신학(Public Theology)이다. 공공신학은 신앙의 영역을 사적인 경건 생활에 국한하지 않고, 교회가 정치, 경제, 사회, 문화, 교육 등 공적 영역의 문제에 대해 책임 있는 목소리를 내고 적극적으로 참여해야 한다고 주장한다.[7] 이런 관점에서 마을목회는 복음의 공공성을 회복하고, 하나님의 사랑으로 마을을 품고 세상을 살리는 구체적인 실천 운동이다.

더 나아가 마을목회는 선교적 교회(Missional Church)의 관점에서 볼 때 선택이 아닌 필연이다. 선교적 교회론은 선교가 교회의 여러 활동 중 하나가 아니라, 교회의 존재 이유 그 자체라고 본다. 교회는 스스로를 위해 존재하는 것이 아니라, 세상 속으로 보냄 받은 하나님의 백성으로서 하나님의 선교(Missio Dei)에 참여하기 위해 존재한다. 따라서 마을목회는 교회가 자신의 본질인 선교적 공동체로 변화하기 위해 반드시 수행해야 할 활동이다. 마을목회 사례의 공통점은 교회가 자신의 필요가 아닌, 마을의 필요를 먼저 살피고, 교회의 자원을 지역사회와 공유하며, 주민들과의 관계 속에서 하나님 나라를 이루어 간다는 점이다.

3) 연계의 필연성: 돌봄의 공백을 채우는 지역사회 생태계의 구심점으로서의 교회

국가의 통합돌봄 정책과 교회의 마을목회 운동은 서로의 한계를 보완하고 시너지를 창출할 수 있는 필연적 연계 지점을 가진다. 정부 정책이 제공하는 공식적이고 제도적인 돌봄의 '틈새'와 '공백'을 교회가 비공식적이고 관계적인 돌봄으로 채울 때, 다음과 같은 진정한 의미의 지역사회 돌봄 생태계가 완성될 수 있다.

---

[7] 이창호, "맥그래스의 스택하우스 공공신학 비판에 대한 비평적 탐구", 「기독교사회윤리」 58호(2024), 90.

첫째, 교회는 공적 돌봄의 틈새를 메우는 핵심적인 역할을 수행할 수 있다. 통합돌봄지원법은 지역주민 참여를 바탕으로 하는 생활권 단위의 통합지원 생태계 조성을 국가의 책무로 규정하고 있다. 그러나 행정력만으로는 이 생태계를 활성화하기 어렵다. 바로 이 지점에서 마을목회를 실천하는 교회가 나설 수 있다. 교회는 공식적인 서비스 시간을 넘어선 긴급 돌봄, 정기적인 안부 확인, 외로운 이들을 위한 말벗 봉사, 거동이 불편한 이들을 위한 동행 지원 등 제도권 밖의 비공식적 돌봄을 제공할 수 있다. 이러한 활동은 정부 정책이 미처 포괄하지 못하는 돌봄의 사각지대를 발견하고 지원하는 촘촘한 사회적 안전망 역할을 한다. 법 시행에 발맞춰 교회가 읍면동 단위의 돌봄 공동체 구축에 적극적으로 나서야 한다는 주장은 바로 이러한 교회의 보완적 역할에 대한 기대 때문이다.

둘째, 교회는 통합돌봄에 필요한 인적·물적 자원을 결합하는 플랫폼이 될 수 있다. 대부분의 교회는 지역사회 중심부에 위치한 건물이라는 중요한 물적 자원을 보유하고 있다. 이 공간을 주중에는 어르신들을 위한 쉼터, 지역 아동들을 위한 공부방, 주민들을 위한 '마을사랑방'으로 개방할 수 있다. 또한, 교회에는 헌신적인 자원봉사자, 다양한 분야의 전문가 등 풍부한 인적 자원이 존재한다. 이들의 자발적 참여를 조직하고 지역의 필요와 연결할 때, 교회는 정부가 재정적 한계로 충분히 공급하지 못하는 돌봄 서비스를 보완하는 강력한 파트너가 될 수 있다.

셋째, 그리고 가장 중요하게, 교회는 행정적 연결을 넘어선 신뢰 기반의 공동체를 형성할 수 있다. 통합돌봄의 성공은 단순히 다양한 서비스를 기계적으로 연결하는 것에 있지 않다. 그것은 파편화된 개인들이 서로에게 관심을 갖고 돌보는 관계망, 즉 공동체가 회복될 때 가능하다. 마을목회를 통해 지역 주민들과 꾸준히 관계를 맺어온 교회는 이러한 신뢰 공동체를 형성하는 데 가장 유리한 위치에 있다. 교회는 서비스 수혜자와 제공자라는 이분법적 구도를 넘어, 모든 주민이 서로를 돌보는 주체로 서는 진정한 돌봄 공동체를 실현하는 구심점이 될 수 있다. 이는 국가의 "서비스 네트워크"를 교회의 "관계 네트워크"가 보완함으로써, 차가운 복지 시스템에 따뜻한 온기를 불어넣는 과정이다.

4. 통합돌봄 실천은 교회의 본질과 사회적 책임

1) 디아코니아(Diakonia)적 정체성: 교회의 본질로서의 섬김과 돌봄

교회가 통합돌봄에 참여해야 하는 당위성은 선택적 사회봉사 활동을 넘어 교회의 존재론적 정체성에서 비롯된다. 그 핵심에는 디아코니아(Diakonia)개념이 자리 잡고 있다. 디아코니아는 헬라어로 '섬김'을 의미하며, 신약성경에서 예수 그리스도의 사역과 초대교회 공동체의 본질을 설명하는 핵심 용어다. 예수께서는 "인자가 온 것은 섬김을 받으려 함이 아니라 도리어 섬기려 하고 자기 목숨을 많은 사람의 대속물로 주려 함이니라"(막 10:45)라고 말씀하시며, 자신의 삶 전체가 디아코니아임을 선언하셨다. 또한 누가복음 4장 18-19절의 나사렛 선언을 통해 "가난한 자, 포로 된 자, 눈 먼 자, 눌린 자를 해방"시키는 것이 자신의 사명임을 분명히 하셨다. 이는 디아코니아가 단순한 시혜적 자선이 아니라, 억압받는 이들의 편에 서서 그들의 삶을 온전히 회복시키는 해방의 사역임을 보여준다.

따라서 교회의 디아코니아는 그리스도의 아가페적 사랑을 세상 속에서 구체적으로 실천하는 행위이며, 교회의 본질 그 자체다. 교회가 디아코니아를 실천할 때, 비로소 교회는 세상의 빛과 소금으로서 자신의 정체성을 드러낼 수 있다. 이러한 관점에서 '통합돌봄'의 참여는 현대 사회의 가장 큰 구조적 문제 중 하나인 돌봄의 위기에 교회가 응답하는 가장 구체적이고 시대적인 디아코니아 실천이다. 고령화, 질병, 장애, 빈곤으로 고통받는 이웃은 오늘날 교회가 섬겨야 할 가난한 자요 눌린 자이다. 그들의 필요를 채우고, 그들이 존엄한 삶을 살도록 돕는 것은 교회의 선택 사항이 아니라, 그리스도의 몸 된 교회가 마땅히 감당해야 할 본질적 사명이다.

나아가 디아코니아는 개인 구제를 넘어 사회적 책임과 구조적 변혁까지 포괄한다. 로잔 언약 등 복음주의권의 논의에서도 사회봉사와 사회참여는 복음전도와 마찬가지로 성서의 명령으로 받아들여진다. 통합돌봄 시스템에 참여하는 것은 단순히 개별적인 불우이웃을 돕는 구호적 사회봉사를 넘어, 지역사회의 돌봄 체계를 구축하고 사회안전망을 강화하는 구조적 사회봉사에 해당한다. 교회가 이러한 사회적 책임을 다할 때, 복음은 추상적인 교리에 머무르지 않고 사람들의 삶을 변화시키는 살아있는 능력이 되며, 이는 믿음에 따른 사랑의 실천이 주님의 복음을 더욱 왕성하게 할 것이라는 기대로 이어진다.

2) 독일 디아코니아 모델의 교훈: 국가-교회 협력과 보충성의 원리

교회가 국가의 복지 시스템에 어떻게 효과적으로 참여할 수 있는지에 대한 중요한 통찰은 독일의 사례에서 발견할 수 있다. 독일 개신교는 19세기 산업화 시기부터 교회가 사회적 약자를 돌보는 일을 조직적으로 수행해왔으며, 이는 오늘날 독일 사회복지 시스템의 한 축을 담당하는 거대한 민관협력 모델로 발전했다. 종교개혁가 마르틴 루터가 교회와 시 당국, 시민 대표가 함께 가난한 이들을 돕는 공동금고를 만들었던 전통은, 국가의 복지 과제를 교회를 포함한 비영리 민간단체가 자율성을 가지고 수행하는 현대적 디아코니아 시스템의 뿌리가 되었다.[8]

독일 모델의 핵심 작동 원리는 "보충성의 원리(Principle of Subsidiarity)"

---

8) 홍주민, "개신교와 연대정신: 독일 디아코니아운동의 역사," 「역사비평」102호(2013), 107-108.

다. 이는 국가가 모든 복지 서비스를 직접 제공하는 대신, 개인이나 가정, 교회와 같은 더 작은 공동체가 스스로 할 수 있는 일은 그들에게 맡기고, 국가는 이들이 그 역할을 잘 감당할 수 있도록 재정적으로나 법적으로 지원하는 데 초점을 맞추는 원칙이다. 이 원리에 따라 독일 정부는 사회 서비스 제공을 시장 경제에 맡기지 않고, 디아코니아를 포함한 6대 비영리 단체에 위탁하여 질 높은 복지 서비스를 제공한다. 여기서 중요한 점은 교회가 단순히 정부의 지시를 따르는 하위 계약자가 아니라, 고유한 신앙적 정체성과 전문성을 인정받는 대등한 파트너로서 협력한다는 것이다.[9]

이러한 독일의 경험은 한국교회에 중요한 전략적 방향을 제시한다. 현재 한국의 복지 시스템은 정부 주도형으로, 교회가 참여하더라도 단순 위탁기관으로 전락하여 정체성을 잃거나 저수가 구조 속에서 어려움을 겪을 위험이 있다. 독일 모델은 교회가 이러한 딜레마를 극복할 길을 보여준다. 한국교회는 정부에 재정 지원만을 요구하는 데 그쳐서는 안 된다. 오히려 독일의 보충성의 원리를 적극적으로 주장하며, 교회가 제공하는 돌봄의 고유한 가치를 인정하고, 교회의 자율성을 보장하는 법적·제도적 틀을 마련하도록 요구해야 한다.

이는 교회가 정부의 부족한 부분을 단순히 보충하는 수동적 역할을 넘어, 복지의 다양성을 증진하고 국가와 함께 사회를 책임지는 능동적 주체로 서는 길이다. 교회가 신앙적 정체성을 유지하면서 전문성을 강화하고, 연대를 통해 정부와의 협상력을 높일 때, 비로소 지속가능하고 의미 있는 민관협력이 가능해질 것이다.

---

9) 홍주민, "개신교와 연대정신: 독일 디아코니아운동의 역사," 109-110.

3) 교회의 역할 재정의: 단순 서비스 제공자를 넘어선 전인적 '돌봄 공동체' 구축

교회가 통합돌봄에 참여하는 궁극적인 목표는 정부의 위탁 사업을 수행하는 또 하나의 사회복지기관이 되는 것이 아니다. 만약 교회의 역할이 단순 서비스 제공자에 머무른다면, 그것은 디아코니아의 본질을 실현하기보다는 교회의 세속화와 정체성 상실로 이어질 위험이 크다. 따라서 교회는 자신의 역할을 서비스 제공자에서 관계 형성자로, 나아가 전인적 돌봄 공동체 구축자로 다음과 같이 재정의해야 한다.

첫째, 교회는 서비스 제공을 넘어 '관계 형성의 주체'가 되어야 한다. 통합돌봄 시스템은 교회가 지역주민들과 만날 수 있는 중요한 접점을 제공한다. 교회가 제공하는 식사, 청소, 동행 서비스는 그 자체로 목적이 아니라, 지역의 이웃들과 인격적인 관계를 맺고 그들의 삶에 동참하기 위한 통로가 되어야 한다. 돌봄은 전도보다 빠르게 마음을 움직이고 섬김은 교회를 다시 살리는 길이 될 것이다. 진정성 있는 섬김을 통해 형성된 신뢰 관계는 그 어떤 전도 프로그램보다 강력하게 사람들의 마음을 열고, 그들을 궁극적으로 하나님 나라의 잔치로 초대하는 다리가 될 수 있다.

둘째, 교회는 '전인적 돌봄(Holistic Care)'을 실현하는 중심이 되어야 한다. 국가의 통합돌봄이 주로 수혜자의 신체적, 의료적, 기능적 필요에 집중한다면, 교회는 여기에 정서적, 관계적, 그리고 영적인 차원의 돌봄을 더하여 전인적 돌봄을 완성할 수 있다. 이는 단순한 복지 차원을 넘어선 돌봄으로, 예배(케리그마), 마을 돌봄 사역(디아코니아), 소그룹 활동과 교제(코이노니아) 등을 통해 다차원적인 돌봄을 제공하는 것을 의미한다. 외로움과 소외감, 죽음에 대한 두려움 등 인간의 근원적인 고통은 물질적 지원만으로는 해결될 수 없다. 교회는 이러한 영적 필요에 응답함으로써 통합돌봄 시스템 안에서 대체 불가능한 고유한 역할을 감당할 수 있다.

셋째, 교회는 '돌봄 민주주의'를 실현하는 핵심 주체가 되어야 한다. 돌봄 민주주란 돌봄을 일부 전문가나 기관이 제공하는 시혜적 서비스가 아니라, 모든 시민의 권리로 인정하고, 돌봄의 전 과정에 당사자와 지역 공동체가 주체적으로 참여하는 것을 의미한다. 교회가 읍면동 단위에서 주민들의 자발적 참여를 기반으로 하는 돌봄 생태계를 구축할 때, 이는 중앙집권적이고 관료적인 복지 시스템에서 벗어나 지역 기반의 돌봄 민주주를 실현하는 중요한 걸음이 된다. 이는 돌봄을 받는 사람을 수동적인 수혜자로 남겨두지 않고, 그들 역시 누군가를 돌볼 수 있는 주체로 세우는 상호돌봄(mutual care) 공동체를 지향하는 것이며, 이는 모든 사람이 하나님의 형상대로 지음받은 존엄한 존재라는 기독교적 인간 이해와도 깊이 부합한다.[10]

5. 교회의 예언자적 역할과 과제

통합돌봄지원법을 기반으로 효과적인 돌봄 사역을 수행하기 위해서 교회는 사회연대경제[11] 조직들과 함께 가장 활발하게 참여할 수 있는 식사, 이동, 가사 지원 등 일상돌봄 영역에 대한 대응을 준비해야 한다. 준비된 영리 기업들만이 시장을 선점하게 만들어 돌봄의 질 저하와 공공성 약화를 초래할 수 있는 여지를 방지해야 한다. 명확한 공공성 원칙과 관리·

---

[10] 정치학자 Joan C. Tronto가 제안한 개념으로, 민주주의의 핵심을 돌봄의 관점에서 재구성하자는 철학적·정치적 이론이다. 이는 단순히 선거와 투표, 참여로 이해되는 기존 민주주의를 넘어, 사회적 약자와 돌봄의 책임을 중심으로 한 포용적 민주주의를 지향한다. / 조안 C. 트론토 저, 김희강, 나상원 역, 『돌봄민주주의』(박영사:서울, 2024) 참고.

[11] 한국에서는 '사회적경제'와 '사회연대경제'라는 용어가 혼용되어 사용되고 있지만, 국제사회에서는 '사회연대경제'라는 용어가 더욱 보편적으로 사용되고 있다. 2013년 유엔기구간 사회연대경제 태스크포스(UNTFSSE) 발족 이후 유엔은 공식적으로 사회연대경제(Social and Solidarity Economy)라는 용어를 채택했다. 2025년 이재명 정부도 '사회연대경제'라는 용어로 정리했다.

감독 기준 없이 민간 위탁이 남용될 경우, 이는 사실상 돌봄의 민영화로 이어져 서비스가 이윤 창출의 수단으로 전락할 위험이 예상되기에 교회도 이러한 구조 속에서 무비판적으로 위탁 사업에 참여할 경우, 스스로도 돌봄을 상품화하는 주체가 되거나, 비현실적인 수가 체계 속에서 재정적 어려움과 정체성 혼란을 겪게 될 수도 있다.

통합돌봄지원법의 가능성과 한계 앞에서 교회는 수동적인 참여자가 아니라, 법의 정신이 올바르게 구현되도록 이끄는 능동적인 주체가 되어야 한다. 이를 위해 교회는 비판적 감시자로서의 예언자적 역할과 대안을 제시하는 다음과 같은 실천적 역할을 동시에 감당해야 하는 과제를 가진다.

첫째, 교회는 예언자적 비판과 감시의 목소리를 내야 한다. 통합돌봄지원법이 본래의 취지대로 사람 중심의 공공적 가치를 실현하는지, 아니면 돌봄의 상품화와 민영화를 가속화하는 방향으로 나아가는지를 날카롭게 감시해야 한다. 특히 이윤 극대화를 추구하는 시장 논리가 돌봄 영역을 지배하여 가장 가난하고 소외된 이들이 배제되지 않도록, 사회적 약자의 편에 서서 지속적으로 문제를 제기하고 공공성 강화를 요구해야 한다.

둘째, 교회는 법률 개정 및 조례 제정 과정에 적극적으로 참여해야 한다. 개인의 목소리는 미약하지만, 시민사회 및 지역의 다른 비영리 단체들과 연대하여 목소리를 낼 때 정책에 영향을 미칠 수 있다. 또한, 각 지자체가 법 시행에 맞춰 제정할 관련 조례에 주민참여형 돌봄 생태계 지원, 비영리 돌봄 주체 우선 위탁, 돌봄 종사자 처우 개선 등의 내용이 포함되도록 지역사회 공론장을 형성하고 적극적으로 의견을 개진해야 한다.

셋째, 가장 강력한 정책 제언은 비판을 넘어선 대안적 돌봄 모델을 실제로 제시하고 확산시키는 것이다. 교회는 마을목회를 통해 비영리성, 관계성, 전인성을 핵심 가치로 하는 'K-돌봄교회' 모델을 지역사회에 구현해야 한다.

6. 맺는 글

오랫동안 한국교회는 외부와 단절된 채 교인들만의 안위를 추구하는 높은 성벽을 쌓아왔다. 그러나 이제는 그 성벽을 허물고, 지역사회와 소통하며 세상 속으로 나아가는 길이 되어야 한다. 통합돌봄 정책은 교회가 세상으로 나아갈 수 있도록 국가가 열어준 구체적인 통로이다. 이 길을 통해 이웃의 아픔에 동참하고, 그들의 필요를 채우는 교회가 될 때, 세상은 교회를 통해 하나님의 사랑을 경험하게 될 것이다.

한국교회는 개별 사역에서 네트워크로 연대해야 한다. 통합돌봄이라는 거대한 시스템에 개별 교회의 역량만으로 대응하기에는 한계가 명확하다. 독일의 디아코니아가 개신교 전체의 역량을 결집하여 정부와 대등한 파트너십을 구축했듯이, 한국교회도 교단과 지역 단위의 연대와 협력을 통해 전문성을 강화하고 정책적 협상력을 높여야 한다. 각 지역의 교회들이 연합하여 '한국형 디아코니아 네트워크'를 조직하고, 공동으로 인력을 양성하며, 정보를 공유하고, 정부 및 지자체와 소통하는 창구를 단일화하는 전략적 준비가 시급하다.

이를 위해서 성공적으로 돌봄교회 모델을 구현하고 있는 교회들에 대한 심층 사례 연구가 필요하다. 이를 통해 구체적인 운영 노하우, 갈등 해결 과정, 지속가능성 확보 전략 등을 발굴하고 공유하는 작업이 이루어져야 할 것이다. 또한, 교회의 돌봄 사역에 참여하는 성도들과 서비스를 받는 지역주민들을 대상으로 그 효과성과 만족도를 평가하는 실증적 연구가 병행될 때, 교회의 통합돌봄 참여에 대한 사회적 설득력과 신학적 타당성을 더욱 높일 수 있을 것이다.

한국교회는 '돌봄교회(Care Church)'로의 전면적 변화를 추구해야 한다. 통합돌봄 참여는 새로운 프로그램을 하나 추가하는 차원의 문제가 아니다. 이는 교회의 모든 사역을 '돌봄'의 관점에서 재구성하는 목회 철학의 근본적인 전환을 요구한다. 모든 교회가 각자의 상황과 은사에 맞게 지역의 돌봄 필요에 응답하는 돌봄교회가 되어야 한다. 예배는 지친 이들을 위로하고 돌보는 예배가 되어야 하고, 교육은 섬김의 일꾼을 키우는 돌봄의 교육이 되어야 하며, 친교는 소외된 이웃을 환대하는 돌봄의 코이노니아가 되어야 한다. 이러한 전인격적이고 전교회적인 헌신을 통해 교회는 통합돌봄 시대의 진정한 빛과 소금이 될 수 있을 것이다.

| 제4장 |

선교적 교회론에 근거한 돌봄통합의 이해

이선이
(호남신학대학교 선교신학 교수)

1. 서론

한국은 빠르게 초고령사회로 진입하고 있다. 통계청에 따르면, 장래인구추계(2023년 12월 공표) 65세 이상 고령 인구는 2022년 17.4%에서 2025년 20.3%로 늘어나, 총 1,012만 명에 이르고 있다.[1] 또한 앞으로 노령인구 비율이 2036년은 30.9% 그리고 2050년은 40%를 초과할 것으로 예측한다.[2] 이는 기대수명 연장 및 출산율 감소 등의 영향으로 한국교회에도 영향을 미치고 있다. 대한예수교장로회총회(통합)의 통계자료에 의하면, 세대(연령대)별 교인 분포(2023년 12월 21일 기준)는 60대 이상의 교인 비율은 38.9%를 차지한다.[3] 따라서 한국 사회와 한국교회의 노령화에 따

---

1) 통계청 https://www.kostat.go.kr (2025년 9월 12일 접속).
2) 통계청 https://www.kostat.go.kr (2025년 9월 12일 접속).
3) https://new.pck.or.kr/division.php?part=statistics (2025년 6월 20일 접속) 대한예수교장로회총회 통계위원회(2023년 말 기준)에 의하면, 0-6세 3.39%/7-12세, 5.46%/13-15세, 3.20%/ 16-18세 3.47%/20대, 9.99%/30대 10.26%/40대, 14.87%/50대, 17.56%/ 60대, 15.34%/ 70대, 15.34%/ 80대, 5.80%/90대, 1.31%이다.

른 변화에 대하여 어떻게 다각적으로 대응하느냐는 과제가 요청되고 있다.

우리나라는 이러한 초고령사회로의 변화에 대하여 지역사회 통합돌봄 정책을 법적으로 뒷받침하기 위한 제도적 장치로 2024년 3월 26일 '의료·요양 등 지역 돌봄의 통합지원에 관한 법률(돌봄통합지원법)'이 제정되었다. 그리고 2026년 3월부터 지역사회 돌봄통합지원법의 전국 시행을 앞두고 있다. '돌봄통합지원법'은 노인, 장애인, 정신질환자 등 대상별로 나뉘었던 돌봄정책을 지역 단위로 통합하여, 의료와 돌봄의 연속적인 서비스를 제공해 살던 곳에서 계속 거주하며 삶의 질을 향상하고자 하는 데 의의가 있다.[4] 그동안 지방자치제와 국민건강보험공단으로 이원화되어있었는데, 보건복지부는 지자체에 권한을 부여하여 전담 조직을 구성하게 하는 등의 역할을 강화하고자 한 것이다.

따라서, 초고령사회로 진입한 한국 사회에서 최근 제정된 「돌봄통합지원법」을 배경으로, 교회가 돌봄통합[5] 체계 안에서 어떠한 선교적 의미와 공적 역할을 감당할 수 있는지 탐구해야 할 필요가 있다. 한국교회는 전통적으로 영적 돌봄과 공동체적 돌봄을 수행해 왔으나, 현대 사회에서 돌봄은 국가와 지방자치단체, 의료·복지기관 등 다양한 주체들이 함께 참여하는 공적 과제가 되었다. 따라서 21세기에 부상한 선교적 교회론(Missional Ecclesiology)의 틀 안에서 교회의 정체성과 사명을 재조명하며, 돌봄통합과의 접점을 분석하고자 한다. 한국교회가 돌봄을 통해 사회 속에서 공적 책임을 수행하고, 복음적 증언을 새롭게 실현할 가능성을 제시하고자 하는 것이다.

본 연구는 첫째, 이론적 배경으로서 선교적 교회론의 이해를 위한 등장

---

[4] "지역사회 돌봄 통합지원법의 성공적 정착을 위한 과제" 「기호일보」 (2025년 9월 4일 자)
[5] 이 논문에서 돌봄통합은 영적, 정서적인 면뿐만 아니라 신체적인 면까지 포함하는 전인적 개념으로 사용한다. 하지만, 돌봄통합지원법은 국가에서 시행하는 정책을 뜻한다.

배경과 한국 상황에서의 선교적 교회의 의의를 살펴보고자 한다. 둘째, 선교적 교회론과 돌봄통합의 연결성 방향을 탐구하여, 교회는 더 이상 물리적 공간에 머물지 않고, 지역사회와 협력하는 공적 주체로서의 정체성을 재발견한다. 마지막으로, 돌봄통합지원법의 선교적 의의와 적용을 통해 한국교회가 지역사회에 기여할 점을 알아보고자 한다. 이것은 한국교회가 선교적 정체성을 새롭게 강화하여 사회적 약자와 함께하는 돌봄을 통해 하나님 나라를 공적으로 증언하며, 복음의 사회적·공동체적 차원을 회복할 수 있다. 또한 교회가 지역사회와 협력하고 전문 인력을 양성하며, 돌봄을 신학적·선교학적 언어로 새롭게 정립할 때, 돌봄통합은 단순한 복지 차원을 넘어 하나님 나라 운동으로 확장될 수 있다.

2. 선교적 교회론과 한국 상황

1) 선교적 교회론의 이해

선교적 교회론(missional ecclesiology)은 서구와 특히, 북미 상황에 대한 선교학자들의 반성적 성찰로, 교회의 본질에 관한 질문으로부터 출발하였다. 이러한 통찰의 영향력을 끼친 선구자는 영국 선교학자 레슬리 뉴비긴(Lesslie Newbigin)이었다. 그는 1974년 인도에서 약 35년의 선교사역을 마치고 고향인 영국으로 돌아왔는데, 세속화된 영국 사회의 모습을 보고 충격을 받게 되었다. 그리고 선교사의 관점으로 바로 영국과 유럽이 선교 현장으로 인식하고, 교회가 선교적 본질을 회복해야 함을 주장하게 되었다. 따라서 교회와 선교의 관계를 사회변화에 따라 새롭게 이해하면서, 교회의 선교적 본질이 하나님 자신의 삼위일체적 존재에 근거한다고 보았다.

북미학자들 역시 북미교회 상황에 대한 위기를 느끼며 뉴비긴의 선교적 교회론을 공동으로 연구하기 시작했다. 그중 조지 헌스버거(George R. Hunsberger)는 뉴비긴의 선교적 교회론을 복음, 문화, 교회의 삼중 모델로 설명하였다.

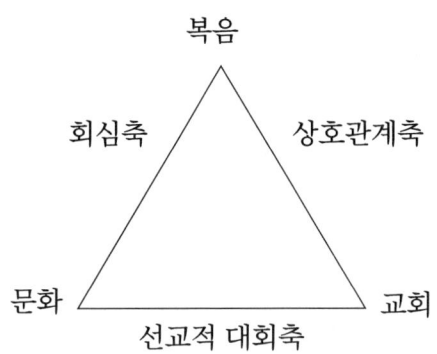

【그림1】 복음과 문화의 삼중 모델[6]

위의 모델에서 뉴비긴의 선교적 교회론 핵심은 교회의 선교적 행위가 세속화되어 가는 문화에 대해 확실한 복음의 도전이 되는 것이다. 따라서 복음은 모든 문화 안에서의 도전적 상관성을 갖고 있으므로 서구 문화의 세속화와 이교화를 비판하며 복음을 재발견할 것을 주장한다. 교회는 처한 문화적 상황에서 복음을 이해하기 위해서 상호보완적인 해석학적 순환을 해야 한다. 교회는 문화와의 선교적 대화를 통하여 주어진 전통을 고수하면서, 다양한 문화들과의 개방적인 자세가 필요하다.

뉴비긴의 영향으로 1980년대 영국에서 '복음과 문화와의 대화'(Gospel and Our Culture) 운동이 일어났다. GOC는 유럽 사회의 변화에 대응하는 새로운 모색으로서 서구교회의 회복과 갱신을 위하여 하나님의 선교(missio Dei)의 관점에서 교회의 문제를 재고한 것이다. 그러므로 교회는 하

---

6) George R. Hunsberger, *Bearing the Witness of the Spirit: Lesslie Newbegin's Theology of Cultural Plurality* (Grand Rapids, MI: Eerdmans, 1998), 238.

나님께서 파송하고 하나님의 부름을 받은 성령공동체로서, 삼위일체 하나님의 완전한 본성으로부터 출발하는 것을 의미한다. 1990년대 북미의 '복음과 문화 네트워크'(The Gospel and Our Culture Network)는 GOC에서 다루었던 하나님의 선교 관점에서 교회의 본질을 다루는 이해를 바탕으로 교회가 선교적 사명을 현재의 문화 상황 속에서 어떤 존재가 되라고 부르시는가의 물음을 갖고 어떻게 자기 모습을 변화시켜 가야 할지 고민하였다.

크레이그 밴 겔더(Craig Van Gelder)는 선교적 교회 담론이 뉴비긴의 영향을 받았지만, 20세기에 등장한 다양한 신학적, 선교적 주제가 접목 점이 되어 이루어진 것으로 본다. 그래서 그는 선교적 교회를 고정화된 개념으로 보지 않고, 열려있으면서 항상 발전 가능성이 있는 것으로 본다. 그는 선교적 교회를 핵심적으로 세 가지 요약한다. 즉, 선교를 위하여 삼위일체의 신학적 토대를 세우는 것, 선교에서 지역교회의 선교적 본질과 역할, 지역교회가 각 교회가 처한 상황과 문화에 선교적으로 응답하는 것이다.[7] 그는 특별히 선교적 리더십을 다루면서 선교와 리더십은 서로 연결되어 있다고 본다. 선교적 리더십은 "교회 안의 어떤 특정한 사람의 능력이나 교회의 조직이나 프로그램의 어떤 효율이나 효과로 보지 않고 교회가 하나님의 선교에 동참하기 위해서 취하는 모든 과정"[8]이라고 본다.

선교적 교회론에 관한 다양한 이론이 있으나, 서구 학자들의 선교적 교회론에 관한 특징을 살펴보면 다음과 같은 공통점이 있다.

---

[7] Craig Van Gelder(ed). *The Missional Church in Context, Helping Congregations Develop Contextual Ministry* (Grands Rapids, Michigan: W.B. Eerdmanns,2007), 9-10.
[8] 한국선교신학회 엮음, 『선교적 교회론과 한국교회』(서울:대한기독교서회, 2018), 112.

특 징	내 용
교회론의 전환	지역교회의 선교적 정체성 발견
선교 패러다임의 전환	교회 중심의 선교에서 하나님의 선교
선교의 목표 전환	개인 구원과 교회 개척으로부터 하나님 나라의 구현
선교 현장의 인식 전환	서구사회를 선교 현장으로 인식
선교적 회중	평신도 이해의 전환

【도표1】서구학자들의 선교적 교회론의 특징[9]

요약하면, 서구의 선교적 교회론은 서구교회에 대한 선교학적 반성으로부터 출발하여 교회론에 대한 선교적 본질이 재발견된 것이다. 서구교회가 위기를 맞이하면서 서구사회를 선교 현장으로 보고 지역교회를 선교적 교회로 하여, 모든 하나님의 백성이 참여하는 하나님의 나라를 회복하도록 협력을 촉구하는 운동이다.

2) 한국 상황에서 선교적 교회론의 의의

선교적 교회론은 한국에서 2000년대부터 학자들의 학문적 소개로부터 시작이 되었다. 서구에서의 선교적 교회론이 유럽과 북미교회의 침체에 대한 반성에서 출발하였는데, 우리나라 또한 정체기를 거치면서 적극적인 논의와 실천이 이루어지고 있다. 서구교회와 한국교회가 교회의 위기를 거치면서 교회론을 선교적으로는 재발견하는 공통점이 있지만, 한국교회는 서구교회와 매우 다른 특성을 보인다. 따라서 한국교회의 특성을 파악하면서 서구의 선교적 교회론을 그대로 이론적으로 적용하기보다는 한국적 상황에 적절하게 맞추어서 주체적인 적용이 필요하다.

한국일은 그의 저서 『선교적 교회의 이론과 실제』에서 한국교회의 상황을 분석하면서 선교적 교회론 적용을 위한 의미 있는 몇 가지 방향을 제

---

9) 한국일, 『선교적 교회의 이론과 실제』(서울: 장로회신학대학교출판부, 2019), 80-85.

시하였다. 그 방향성 제안은 다음과 같다.

첫째, 전 세계적으로 교회가 약화되는 현상에 대해서 경각심을 가져야 한다. 다시 말하면 교회 지상주의와 개교회주의를 극복하되 지역교회를 건강하고 바르게 세우는 선교관, 정책을 세워야 한다. 한국교회는 지역교회의 바탕에 서 있기 때문에 든든한 공교회 구조체계를 지닌 서구교회와 달리 지역교회를 건강하고 선교적 교회가 되도록 인도하는 신학적, 선교적 지원이 필요하다.

둘째, 한국교회는 서구교회에 대하여 건강한 지역교회의 활성화를 유지하며, 동시에 교회 연합과 대사회적 책임을 실현하기 위해 공교회 체제를 강화하는 정책이 총회 차원에서 있어야 한다. 한국교회의 개교회 역량은 독특하지만, 개교회 차원에서 전체 사회를 향한 복음의 능력을 드러내는 데는 한계가 있다. 앞으로 총회 차원에서 개교회들이 대사회적 목회 방향을 인도해야 하며, 지역교회들이 연합하여 지역사회를 건전하게 이끌어 갈 수 있도록 연합운동으로 협력체계를 강화해야 한다.

셋째, 한국교회 안에서의 신앙훈련의 가장 큰 약점은 평신도들이 훈련받은 내용이 사회적 영향력을 키우지 못하고 지나치게 영적이며 교회 중심적이라는 것이다. 교회에서의 훈련은 교인으로 양육하는 것에 목적으로 두고 있기에 세상 속에서 성도들이 직면하고 있는 구체적인 문제들에 대하여 취약하다. 평신도 신앙 운동에 사회적 차원이 회복되어야 한다. 실제적으로 교회 안에 그리스도인들이 가진 은사와 역량은 지역사회를 변화시키는 데 가장 중요한 자원이다.

넷째, 한국을 비롯한 전 세계가 다종교, 다문화 사회로 전환되어 간다. 점증하는 다종교, 다문화 사회현상에 적합한 그리스도인의 신앙과 삶에 대한 바른 신학적, 선교학적 이해가 요청된다. 기존의 개신교의 이미지는 교회 밖의 사람들에게 일방적이며 공격적으로 비추어졌다. 타종교와 평화로운 공존을 모색하는 선교관을 수립하며 개신교의 공격적 배타적 특성과 이미지를 바꾸어야 한다.

다섯째, 한국교회는 서구교회에 비하여 아직도 목회자의 영향력이 크게 작용한다. 이것은 선교적 관점에서 볼 때, 좋은 기회이다. 건전한 목회관은 교인들에게 좋은 영향력

을 미치며 그들을 통해 지역사회와 세상을 하나님 나라로 변화시키는데 중요한 계기가 된다.[10]

위의 내용을 요약하면, 한국교회가 지역사회와의 소통과 지역교회와의 연합을 통하여, 공공성을 회복해야 하고, 목회자는 건전한 목회관으로 지역사회와 세상에 좋은 영향력을 미쳐야 한다는 것이다. 더불어 평신도는 교회 중심성을 넘어 대사회적으로 영향력을 끼치는 자원으로써 사회적 차원이 회복되어야 한다는 것이다.

3. 선교적 교회와 돌봄통합의 연계성

1) 선교적 교회 구조

한국교회의 선교 이해는 일반적으로 타문화권 해외중심의 선교를 의미하였다. 그런데 하나님의 선교 개념을 기반으로 한 선교적 교회론의 등장으로 지역사회를 선교 현장으로 인식하면서 새롭게 지역사회를 선교적 관점에서 바라보게 되었다. 한국교회는 약 140년이라는 개신교 전래 역사 속에서 초기에 지역사회와 연관을 맺고 선교적 교회로 존재했었다. 그러나 서구 선교사들의 영향으로 해외선교만을 선교라고 하는 개념이 상당히 뿌리 깊게 남아있다. 그러므로 한국교회는 이를 선교적 교회론에 근거한 관점을 바탕으로 하여 지역사회에 함께 하는 선교관을 새롭게 정립할 필요가 있다.

1974년 로잔 세계 복음화대회(Lausanne Congress on World Evangelization)는 빌리 그레이엄(Billy Graham)과 존 스토트(John Stott) 등이 주도했으며, 전 세계 복음주의자들이 모여 세계 선교 전략을 논의한 역사적인 자리였

---

10) 한국일, 『선교적 교회의 이론과 실제』, 94-95.

다, 그런데 이때 주제는 "모든 곳에서 모든 곳으로"(From Everywhere to Everywhere)로써, 이전까지는 서구교회가 비서구 세계로 복음을 전한다는 "서구에서 비서구로"(From the West to the Rest)의 개념이 강했지만, 이제는 모든 나라의 교회가 선교의 주체가 되어 전 세계에 복음을 전해야 한다는 선교적 전환을 강조하였다. 이제는 세계 선교의 흐름도 선교의 영역을 지리적으로 따로 분리하지 않는다는 의미이다.

선교적 교회론은 전통적인 한국교회가 지역사회를 새롭게 선교 현장으로 인식하도록 도전하고 있다. 한국교회는 세상과 교회를 구분하면서 이분법적 구도에서 이해하는 경향이 있다. 즉 교회 안은 거룩하고, 교회 밖은 세속적이라는 것이다. 그래서 지역주민을 전도 대상으로만 여기고 소통해야 할 대상으로 보지 않는 경향이 있다. 교회의 부흥은 전도 프로그램으로만 접근하고자 한다. 하지만, 진정한 선교적 교회는 지역주민을 전도의 대상으로 보기보다는 먼저 함께 살아가는 이웃으로 인식하면서 관계를 맺는 것이다.[11] 이것은 교회 중심적으로 교회 안으로 지역주민을 인도하기 위해 의도적인 목적을 앞세우기보다는 교회가 먼저 지역주민의 필요에 반응하며 그들에게 다가가는 방식이다.

한국교회는 그동안 교회 성장의 전성기를 누리다가 2000년대 들어서면서 정체기에 이르러 선교적 교회론에 관심을 기울이게 되었다. 교회의 대사회 신뢰성의 상실은 기존의 한국교회에 대해 재고하게 한다. 비개신교인의 한국교회 호감도는 14.3%로, 불교 52.9%, 천주교 48.5%, 원불교 17.9%에 이어 네 번째로 나타났는데, 비개신교인이 꼽는 좋은 교회의 특성으로 사회 약자를 향한 봉사와 구제를 42.5%로 선택하였다.[12] 한국 사회가 교회에 바라는 바는 사회를 위한 공공성에 기반한 역할을 기대하고

---

11) 한국일, 『선교적 교회의 이론과 실제』, 176.
12) 천수연, 비개신교인 "한국교회 호감도 낮고, 신뢰도 낮은 이유는?" 「노컷뉴스」(2025년 1월 7일 자)

있는 것으로 나타났다. 따라서 초기 한국교회의 사회적 영향력처럼 그 신뢰도를 회복하기 위해서는 한국교회가 지역사회에 먼저 다가가서 그들의 필요에 관심사에 함께 하는 것이 핵심적 단계임을 확인하게 된다.

2) 목회자 리더십

한국교회가 선교적 교회로 그 본질을 회복하기 위해서는 목회자의 리더십이 중요하다. 선교적 교회론에서 찰스 밴 엥겐(Charles Van Engen)의 선교적 교회의 리더십을 다음과 언급한다.

> 리더십은 하나님의 연합적 사건이다. 하나님의 백성들이 하나님의 소명과 뜻에 따라 비전을 가지고 세상을 향하여 나가 선교하는 삶을 살아가며, 세상과 그들이 선교하는 삶의 현장에서 행하시는 하나님의 사역에 성령으로 감동되어 동참하도록 그들을 독려하는 지도자들이 영향력을 행사하여 가는 연합된 사건이다.[13]

선교적 리더십은 지도자가 잘 세워지고, 교회 안의 하나님의 백성이 가진 은사들을 잘 발휘하도록 하여 공동체의 변화를 추구한다. 기존의 계층적, 관료적 구조에서 리더십의 역량을 지칭하지 않고, 선교적 교회의 리더십은 "성육신적 리더십, 섬김의 리더십, 사도의 리더십. 변혁적인 리더십"[14]으로 일컬어진다.

따라서 목회자 중심의 한국교회 구조에서 지역교회의 목회자 리더십이 어떠한 영향력을 발휘하는지가 중요하다. 목회자가 자신을 개교회를 책임지는 자로 인식하는 데 그치지 않고, 교회가 속한 지역사회를 포괄하는 리더자로서의 정체성을 갖는 것이다. 이러한 인식의 전환이 바로 선교

---

13) 찰스 반 엥겐/ 임윤택 역, 『하나님의 선교적 교회』 (서울: CLC, 2014), 278-279.
14) 한국선교신학회 엮음, 『선교적 교회론과 한국교회』, 219.

적 목회 리더십을 갖추는 것이다. 선교적 목회 리더십을 따르는 목회자는 교회에서 이루어지는 일뿐만 아니라 교회의 성도들이 지역사회 속에서 적극적으로 선교적 삶을 살아가면서 활동하도록 격려한다. 목회자의 지역사회에 대한 포용적인 자세는 교회 안에서와 지역사회에서 선한 영향력을 끼칠 수 있는 지도자로 쓰임을 받게 된다.

선교적 리더십을 발휘하는 자는 변화하는 사회 속에서 하나님의 목표를 향하여 하나님의 백성들을 이끌어 가는 것이다. 크레이그 밴 겔더(Craig Van Gelder)는 리더십이 하나님의 삼위일체적 선교의 본질과 밀접한 관련을 맺는다고 주장하며, 하나님의 삼위일체적 리더십의 결과로 교회가 태동하였기에 선교와 리더십이 서로 밀접하게 연결되어 있다는 것이다.[15] 그래서 그는 선교적 교회의 리더십이 상황을 바라보며 성령의 인도하심 속에서 분별해야 하고, 섬기기 위한 구체적 방안을 찾아야 한다고 본다. 그래서 '하나님께서 무엇을 하고 계시는가?'와 '하나님께서 무엇을 하기를 원하시는가?'를 물으면서 선교적 교회의 리더십을 이루어 가야 한다.[16] 따라서 선교적 목회 리더십은 지속적으로 하나님께서 교회와 우리에게 어떻게 응답해야 하는가를 찾아서 실제적인 실천으로 나아가기를 지향한다.

한국교회의 선교적 목회 리더십을 발굴하여 쓴 『마을목회 유형별 사례와 신학적 성찰』은 선교적 교회의 실천 사례와 선교학적 평가를 한 책이다. 여기에서 다양한 선교적 목회 리더십을 발견하게 되는데, 그 중 도심리교회의 목사 홍동완은 그의 선교적 리더십을 발휘하여 지역공동체가 하나님 나라 공동체로 가는 네 계단을 제시하며, '알아가는 계단, 반응하는 계단, 서로 신뢰하는 계단, 그리고 함께 꿈꾸는 계단'을 언급한다.[17] 홍동완

---

15) 한국선교신학회 엮음, 『선교적 교회론과 한국교회』, 111.
16) Craig Van Gelder, *The Ministry of the Missional Church: A Community Led by the Spirit* (Grand Rapids, MI;Baker, 2007), 59-60.
17) 조은하, 한국일 편집, 『마을목회 유형별 사례와 신학적 성찰』(서울: 대한기독교서회, 2024), 496- 513.

은 처음에는 마을 주민으로부터 배척당하였으나, 지역주민들과의 소통에 노력하였다. 지역주민들과의 삶의 필요에 반응하며 실질적인 도움을 줌으로써 지역사회를 섬김으로써 선교적 목회 리더십을 실천하였다.

3) 평신도의 선교적 사명

선교적 교회에서 가장 실제로 활성화해야 할 부분은 평신도의 책임과 역할이다. 선교적 목회 리더십을 가진 목회자가 해야 할 일은 성도가 지역사회와 사회를 연결하는 다리 역할을 할 수 있도록 준비시켜 세상으로 파송하는 것이다.[18] 지역사회를 바라보는 관점이 교회와 세상을 나누는 이분법적 시각을 가지고 교회의 성장에 초점을 맞추었던 전통적인 방식으로부터 선교적 교회의 성도는 지역사회가 선교 현장으로 여기고 일상적인 삶의 모든 부분에서 선교적 역량을 나타내도록 격려되는 것이다. 따라서 평신도의 가정, 일터, 이웃 등 모든 곳이 선교 현장이 되므로 평신도 자신이 속한 자리에서 하나님의 부르신 소명이 무엇인지를 깨닫고 하나님의 선교에 동참하는 것이다.

한국교회는 역사적으로 초기 복음을 받아들이는 때부터 평신도들이 교회 성장과 사회변혁에 열정적인 헌신을 하였다. 한국교회 초기 서구 여선교사들은 전도 부인들을 잘 훈련하여 자신이 다가갈 수 없는 다양한 계층의 여성들에게 파송하였다. 잔다리의 고부인(박산라미), 선천의 김기반, 재령의 송부인(송영생) 등의 여성들이 기독교 문서를 팔며, 전도하며, 교회를 세운 것으로 기록되어 있다.[19] 남장로교 선교사 유진 벨(Eugene Bell)은 1904년 광주 선교부를 개척하는 책임자로 파송되었는데, 2년 만에 4배의 성장을 보이며 비약적으로 발전하였다. 이러한 급속한 부흥은 광주 선교

---

18) 한국일, 『선교적 교회의 이론과 실제』, 182-183.
19) 김은정, 『미국 북장로교회 한국교회와 전도부인』 (서울: 도서출판 케노시스, 2023), 351.

부의 연례보고서에서 한국 교인들의 신실한 전도와 헌신에 의한 것이라고 하였다.[20] 이것은 광주지역뿐만 아니라 당시 전반적으로 한국교회의 역사에서 평신도들의 활약은 두드러졌다.

한국교회는 평신도들의 헌신과 봉사가 교회 성장의 밑거름이 되었다. 그동안 교회 중심적으로 헌신과 봉사가 이어져 왔다면, 더불어 이를 확대하여 지역사회 속에서 평신도가 하나님의 나라를 실현하는 일에 동참하여야 한다. 하나님의 백성으로서 자신 삶의 현장에 파송되었다는 인식을 하고, 개인적 차원과 교회의 차원, 사회적 차원에서 지역사회의 필요에 귀를 기울이고 무엇을 해야 할 것인가를 궁구하고 응답해야 할 것이다. 따라서 평신도는 교회와 세상을 이어주는 역할을 깨닫고 세상 속에서 역동적인 변화를 시키는 주체로서 지역사회에 영향력을 끼치는 자로 서야 온전한 선교적 리더십이 구현될 수 있다.

4. 돌봄통합지원법의 선교적 의의와 적용

1) 지역사회와 협력하는 선교적 교회

한국 사회가 초고령사회에 진입함에 따라 요양병원, 요양원 등에서 돌보는 것에서 벗어나 지역사회 중심의 돌봄을 구현하기 위해 돌봄통합지원법이 제정되었다. 그래서 돌봄통합지원법이 시행되면 병원 또는 시설 중심이 아니라 지역사회 중심으로의 돌봄으로 전환되는 것이다. 시설과 병원에서 노인들의 돌봄 서비스는 삶의 질 저하, 비용의 증가, 사회적 고립을 초래해 왔다. 그래서 노인들이 자신이 살던 집고 마을에서 마지막까지 살

---

20) Eugene Bell, "Personal Reports of Kwangju Station," *Annual Reports: 15th Annual Meeting*, 1906, 27.

수 있도록 지원 시스템을 만들어 노인들과 장애인들의 삶의 질을 향상하고자 한다. 이것을 제대로 시행되기 위해서는 교회, NGO, 사회적 기업 등과의 연계가 절실히 필요하다고 본다.

선교적 교회의 한 예시로서 전남 무안군 해제면 해제리에 위치한 용학교회가 있다. 이 교회는 83년의 역사를 지닌 전형적인 농촌교회로 전체 세례교인 160명 가운데 70%가 70세 이상의 고령자이다. 담임목사 박석종은 교회가 세상으로부터 비난받는 이유는 세상을 섬기지 못한 것이라고, 지역사회 속에서 선교활동을 잘 할 수 있도록 교회를 개편하였다.[21] 용학교회는 친환경 먹거리 생산, 지역사회의 문화 활동 개발 등의 지역사회를 위한 노력을 하고 있다. 특히, 지역의 고령화 문제에 대하여, 용학교회는 노인복지와 관련하여, 노인대학, 독거노인을 위한 밑반찬 배달, 무안 노인복지센터,[22] 노인건강증진서비스로 봉사하고 있다. 그러므로 용학교회의 실천적인 모델은 돌봄통합법의 시행 시에 지자체와 지역교회의 참여 모델로서 협력의 가능성을 보여주고 있다.

2) 지역사회를 섬기는 평신도

선교적 교회는 그리스도인 모두 세상으로 즉, 자신의 가정, 직장, 지역사회의 삶의 자리에 파송 받았다는 것을 기초로 한다. 그리고 교회의 직분뿐만 아니라 그리스도인의 모든 상황과 일상적인 삶이 선교 현장으로 간주한다. 따라서 돌봄통합지원법을 단순한 사회복지 정책이 아니라 교회가 지역사회를 위하여 공적영역에서 예수 그리스도의 사랑을 실천할 수 있는 선교적 기회로 삼을 수 있다. 돌봄통합지원법을 실행하고자 할 때, 요양

---

21) 한국일, 『선교적 교회의 이론과 실제』, 170-172. 용학교회는 교회의 구조를 선교적 교회로 전환하여 지역사회와 함께하는 교회로 한국교회 가운데 선교적 교회의 실천적 모델로 제시되어 여기에서 간략히 소개한다.
22) 박상수, "무안군 노인복지센터 개원," 「뉴시스」 (2008년 10월 1일 자)

보호사 및 방문 간호사와 같은 돌봄 인력의 필요에 대비하여 교회 내 전문 인력을 양성할 수 있는 자원이 있다. 훈련되고 자격증을 가진 평신도들이 노인과 장애인 등을 대면할 수 있는 접촉점이 되어 지역사회를 섬길 수 있다.

해남 새롬교회는 해남읍에 있는 작은 농촌교회로, 이호근 목사가 2004년에 부임했을 때는 10명의 교인이 있었다.[23] 이호근은 처음에는 인적, 물적, 공간이 부족하다고 여겼으나 새로운 시각을 가지고 12년 동안 폐지 모으기 운동을 하여 재정을 만들어 지역사회를 섬기는 일에 사용하였다. 이 일을 계기로 교인뿐 아니라 지역주민들을 참여하는 일들을 하기 시작하였다. 현재는 새롭사회봉사단, 해남새롬가정봉사원파견센터, 꿈바라기지역아동센터, ㈜콩세알/해남초록가게, 해남푸드뱅크, 새롬경로식당, 해남재능기부센터, 해남공고 스쿨 처치, 해남나눔냉장고, 해남청소년휴카페, 사회적협동조합 레드로프 등 다양한 지역사회의 필요에 응답하는 교회가 되었다.[24] 또한, 해남새롬교회는 교인 수는 50명이지만, 3만 명의 해남읍민을 목회 대상으로 바라보며 재능기부는 크고 작은 교회가 어느 지역에서나 할 수 있다고 강조하였다.[25] 이것은 교회가 지역사회를 섬길 수 있는 중요 인력자원이 되며, 지역사회 리더자로서의 가능성을 알려준다.

3) 목회자의 통합적 돌봄

하나님의 선교는 성부하나님, 성자하나님, 그리고 성령하나님께서 선교의 주체이며, 하나님 자신의 행위 속에 근거하고 있다는 것이다. 따라서

---

23) 조은하, 한국일 편집, 『마을목회 유형별 사례와 신학적 성찰』, 777-797. 해남새롬교회는 지역사회의 부름에 응답하여 다양한 복지 활동 및 지역 운동을 실행하는 선교적 교회의 모델로써 여기에서 간략히 소개한다.
24) 조은하, 한국일 편집, 『마을목회 유형별 사례와 신학적 성찰』, 779.
25) 천수연, "교인 수는 50명, 목회 대상은 지역주민" 작은교회 박람회 열려," 「노컷뉴스」 (2016년 10월 3일 자)

선교란 온전한 복음을 인간 전체의 삶 속에 전하려는 하나님의 의지에 대한 성서적이고 역사적인 재발견이며 개인과 전체 역사를 선교의 영역으로 본다.[26] 하나님의 선교의 신학은 통전적 신학이기 때문에, 그 관점에서 하나님은 인간의 전인적 삶을 돌아보시는 분이시다. 따라서 교회는 단지 영적 구원뿐만이 아니라 삶의 통전성을 돌보는 사명을 가지고 있다. 예수 그리스도의 공생애 사역 또한 영혼 구원과 더불어 병자 치유 사역, 굶주린 자를 먹이시는 구제 사역, 사회적 약자들에 관한 관심을 보이심으로써 총체적인 돌봄 사역을 감당하였음을 발견할 수 있다.

목사는 지역사회에 필요한 목회적 돌봄을 지역 돌봄과 연계하고, 기도, 상담, 영적 돌봄과 더불어 사회복지 서비스의 통합이 이루어지도록 하는 통합적 돌봄의 자세를 가져야 한다. 강원도 홍천에 있는 도심리교회를 섬기는 홍동완 목사의 통합적 돌봄의 목회관을 소개하고자 한다.[27] 도심리교회가 세워지기 전에 도심리는 미전도 무교회 지역이었다. 그가 처음 도심리에 왔을 때는 마을 반상회에서 몇 가지 요구 조건을 내세우며 정착하기가 어려웠다. 요구 조건 중에는 마을 주민에게 전도하지 말라는 것이 있었다. 그는 8년 만에 마을을 대표하는 반장으로 선출되며 리더십을 인정받았다. 그의 선교적 목회관은 마을 주민들의 삶의 필요를 채우면서 통합적인 돌봄을 이루고자 한 것이다. 홍동완은 지역주민의 다양한 돌봄을 통해 선교적 접촉점을 형성하고 말씀과 삶으로 증언하는 복음적 행위를 한 것이다.

---

26) 김은수, 『현대 선교의 흐름과 주제』 (서울: 대한기독교서회, 2018), 141.
27) 조은하, 한국일 편집, 『마을목회 유형별 사례와 신학적 성찰』, 527-548.

5. 나가는 말

한국교회는 선교적 교회론의 관점에서 그동안 교회 성장과 부흥에만 몰두하여 지역사회와 함께하지 못하고 공적 역할을 하지 못했다는 문제를 제기하고 있다. 선교적 교회론의 등장은 바로 교회의 선교적 본질의 회복이다. 한국교회가 선교적 본질을 회복하기 위해서는 교회의 내향적인 자기 중심성을 버리고, 하나님의 선교를 위해 세상 가운데서 말씀으로 선포하고 삶으로 증언해야 한다. 한국 사회가 급격한 고령화와 만성질환의 증가로 인해 돌봄 체계의 필요성이 커져서 국가 차원에서 추진되는 돌봄통합지원법은 한국교회가 국가정책과 협력하여 지역사회에 선한 영향력을 미칠 기회가 될 수 있다.

본 논문은 돌봄통합의 주제를 선교적 교회론의 관점에서 연구하여 돌봄통합지원법이 갖는 선교적 의미를 신학적으로 조명하고 교회와 기독교 공동체가 어떻게 이 제도에 참여 또는 적용 가능성에 관해 탐구하였다. 먼저, 한국교회가 정체되는 시기의 대안으로써 등장한 선교적 교회론의 이해를 위해 영국과 미국의 서구 학자들의 이론을 살펴보았다. 선교적 교회론은 서구교회의 위기에 대하여 선교학적 반성으로써 교회에 대한 선교적 본질을 재발견하는 것이었다. 이러한 선교적 교회론은 한국 상황에서 전통적인 교회를 재고하고 지역사회를 선교 현장으로 보아 교회의 공공성을 회복에 의의가 있다. 둘째, 선교적 교회와 돌봄통합의 연계성 방향을 살펴보았다. 한국교회가 선교적 교회 구조로 전환, 목회자 리더십의 확대, 평신도의 선교적 사명 회복으로 그 가능성을 모색하였다. 셋째, 돌봄통합법의 선교적 의의를 살펴보고 적용의 예시가 될 만한 교회를 제시하였다. 선교적 교회론에 근거한 지자체와 교회와 협력, 지역사회를 섬기는 평신도 인력, 그리고 목회자의 통합적 돌봄이 적용된다면, 돌봄통합법 시행할 때 한국교회가 선교적으로 지역사회에 하나님의 사랑을 실천하는 기회가 될 수 있다.

돌봄통합지원법은 초고령사회에 진입한 우리나라가 직면한 돌봄 위기를 해결하는 제도적 장치이다. 한국교회는 이러한 사회적 변화에 따라 선교적 교회론에 근거한 실천적 과제를 인식하고 대안을 마련해야 한다. 그리고 한국교회는 돌봄통합지원법을 단순한 국가정책으로 바라보는 것이 아니라, 하나님의 선교에 참여하는 통로로 인식해야 한다. 목회자의 선교적 목회관을 통해 지역사회의 필요에 자각하고, 평신도는 지역사회를 섬기는 헌신적인 자세로 선교적 사명으로 준비가 요청된다. 이를 통해 한국교회는 지역사회 속에서 신뢰받는 공동체로 자리매김하고, 복음의 전인적 성격을 드러낼 수 있을 것을 기대한다.

제2부
마을목회와 통합돌봄

| 제5장 |

마을목회와 통합돌봄의 디아코니아 신학적 기초

이범성
(실천신학대학원대학교 선교와 디아코니아 교수)

감리교의 창시자 존 웨슬리는 "세계는 나의 교구"라고 했다. 덕수교회 손인웅 목사 역시 "우리 교회의 종탑이 보이는 모든 곳은 나의 목회 영역"이라고 말했다. 농촌에서 목회하면서 교회만이 아니라 마을 전체가 자신의 목회 영역이라고 규정한 목회자들이 있었다. 이들 중 상당수는 양돈, 양계, 과수 재배 등을 통해 지역 경제를 회복하는 데 앞장섰다. 그러나 오늘날 논의되는 마을목회는 단순히 경제적 차원을 넘어, 문화 영역과 가정 돌봄에 이르기까지 다차원적으로 전개되고 있으며, 특정한 마을의 특수한 형편에만 국한되지 않고 보편적으로 모든 지역사회에서 확산되는 교회 운동의 흐름이라는 점에서 과거의 마을목회와 구별된다.

사회-서비스망이 촘촘해지는 과정에서 확산된 '웰빙 경향(Well-being Trend)'은 교회의 디아코니아에 통합돌봄에 대한 관심을 불러일으켰고, 이는 필연적으로 신학적 성찰과 논의를 요구하게 되었다. 교회의 디아코니아는 모든 사람을 대상으로 확장될 수 있지만, 무엇보다도 사회적 약자— 곧 예수께서 말씀하신 '소자'—에 대한 관심에 집중해야 한다는 성서적·역사적 근거를 지닌다.

통합돌봄은 서비스의 영역과 주체, 그리고 대상이 확대되는 발전 현상이며, 동시에 기독교회의 구체적 참여와 기여가 요구되는 이중적 차원에서 관찰된다. 통합돌봄에 포함되는 돌봄의 범주는 다양하다. 노인, 결핵 환자, 장애인, 아동, 위기 성년(미혼모, 가정폭력 피해자), 노숙인 등 여러 대상 집단이 있으며, 이들을 향한 중앙정부, 지방자치단체, 주민 모임, 종교단체 등 다양한 주체들의 돌봄 서비스가 통합된다. 즉 돌봄의 대상 집단을 통합하고, 수행 주체들을 통합하여 효율적인 돌봄 체계를 구축하고 운영하려는 데 그 목적이 있다.

1. 교회의 사회복지 경험

1) 한국교회와 유럽교회의 다른 경험

기독교의 사회복지 사업은 초대 예루살렘교회 이후 2천 년의 역사를 지니고 있다. 교회가 수행하던 복지는 기독교 제국에서 국가에 위탁되는 과정을 거치면서 유럽 교회의 경우 국가가 교회의 봉사를 인수하는 방식으로 전개되었다. 그러나 다종교 사회의 한국교회 사회복지사업은 초기의 독보적인 수고에도 불구하고 결국 국가에 의해 그 주도권을 빼앗기는 결과를 맞게 되었다. 그 주요 이유는 교회의 사회복지 수행 능력이 저평가되었기 때문이다. 저평가의 원인으로는 포교 목적의 종교성, 영세성, 불투명성, 비전문성, 생계 수단화 등을 열거할 수 있다. 반면 오랜 사회복지 역사를 가진 기독교 세계의 교회들은 이러한 경험을 인정받아 국가 복지사업의 안내자이자 조력자의 역할을 감당하였으며, 국가가 정치적·재정적으로 어려운 시기에 처했을 때 교회가 다시 사회복지 업무를 인계받아 막대한 재정을 활용하였다. 그 결과 일반 사회복지 이론이 기독교 신학의 테두리 안에서 발전할 수 있는 기독교 사회복지의 역사를 형성하였다.

2) 독일교회의 경험 – 복지의 신학화, 신학의 복지화

독일교회의 디아코니아국(Diakonie)은 사회민주주의 국가인 독일의 공공사회복지를 수행하는 6대 기구 중 가장 큰 조직이다. 2023년 12월 기준으로 62만 7,349명의 정규직 직원과 약 70만 명의 전문성을 갖춘 자원봉사자를 통해 전국적 사회복지 사업을 수행하고 있으며, 이용자는 약 1천만 명에 달한다. 이는 기독교 국가의 저력을 보여주는 사례라 할 수 있다. 개신교가 운영하는 디아코니에 이어 가톨릭교회의 카리타스(Karitas)가 두 번째로 큰 사회복지 기구이며, 나머지 4개 기구는 규모 면에서 현저히 작다. 최근에는 이들 6개 기구 외에도 사설 재단이 복지사업에 참여할 수 있는 기회가 확대되고 있다.

개신교 디아코니아와 가톨릭 카리타스 사이에는 자발성의 기원에서 본질적 차이가 존재한다. 현 디아코니아국은 1949년 당시 전국에 산재해 있던 독립적·자립적 협회들을 독일 개신교회가 '내적선교중앙위원회(Central Committee for the Inner Mission of the German Evangelical Church)'라는 이름으로 조직한 연합체이다. 독일 개신교 협의회 산하에 속해 있으나 재산권을 포함한 제도적 독립성을 확보하고 있으며, 규모와 활동 면에서 조직교회보다 우세하다. 따라서 독일 개신교를 교회와 디아코니아라는 두 축으로 이루어진 공동체로 표현해도 무방하다. 반면 가톨릭의 카리타스는 자발적 협회들의 연합체가 아니라 중앙통제식 구조에 의해 형성된 하향식 복지수행 기구이다.

신학적 관점에서 개신교의 디아코니아는 모든 신자의 보편적 사제직을 실제로 구현한 종교개혁의 완성작으로 평가되며, '현대 디아코니아의 아버지'로 불리는 요한 히네리히 비셔른(J. H. Wichern)을 '제2의 종교개혁자'라 부르는 이유가 여기에 있다.

'모든 신자의 사제직'이라는 신학적 특성은 단순히 이론적·역사적 논의에 머무르지 않는다. 오히려 사회가 어려움에 직면했을 때 들불처럼 확산되고 잡초 같은 생명력을 보여주며 사회복지 수행에 필수적인 자질을 드러낸다. 제3제국 시기 나치에 제대로 저항하지 못했던 개신교 디아코니아는 이러한 자발성을 강화하고자 '보충성의 원리' 혹은 '하부구조 우선의 원칙'을 복지 민주화를 위한 핵심 개념으로 강조하였다. 그러나 한국에서 이와 같은 디아코니아의 특징을 구현하는 일은 쉽지 않다. 한국 개신교회는 전도 중심의 성장에 집중하여 개교회 중심적 사고를 지속함으로써 일반 사회와의 친밀성을 확보하지 못하였고, 전국적 네트워크를 구성할 수 있는 기독교 사회복지 단체의 수가 적으며, 이를 포괄적으로 묶어낼 연합체를 마련하기 어려운 교파적 특성을 지니고 있다.

3) 국가(정부)와의 관계

독일과 한국은 모두 국가 전체예산의 약 36%를 복지예산으로 책정한다. 그러나 독일에서는 교회(디아코니아)가 복지예산의 가장 큰 집행자인 반면, 한국에서 교회는 공공 복지예산 집행에 있어 매우 제한적인 역할만을 수행한다. 한국 기독교가 집행하는 사회복지 예산은 대체로 수탁을 받은 지역교회, 기독교 법인, 복지재단이 지방자치단체의 하부구조에서 관청의 감독을 받으며 개별적 돌봄을 수행하는 수준에 머문다. 정부 예산의 일정 부분을 교회 사회복지 기구가 직접 관리하는 경우는 드물다.

특히 이명박 정부(2008-2013) 시기 국가주도형 사회복지가 도입되면서, 오랜 역사를 가진 기독교 사회복지는 오히려 크게 위축되었다. 기독교 재단이나 교회가 운영하던 사회복지시설은 정부 지원금에 의존하게 되었으며, 그 과정에서 종교 편향성, 비전문성, 포교 목적성, 재정 운영의 불투명성 등의 문제가 지적되었다. 또한 정부 지원을 받지 않고 자체 비용으로 운영하는 경우에는 정부 지원 시설과 비교해 재정적으로 열악할 수밖에 없었고, 정부 지원을 받고자 할 경우 종교성과 기존 운영 관습을 포기해야 했다. 이로 인해 기존의 역동성을 상실하고 기독교적 사명감을 실현하지 못하는 정체성 상실을 경험하게 되었다.

4) 독일 사회복지에서 '보충성(subsidiarity)의 원리'

비스마르크가 독일 통일 이후 복지국가의 이상을 세울 때, 그는 개신교회의 전문 지식과 디아코니아 학자들의 정책안을 적극 활용했다. 가톨릭 세력에 적대적이었던 비스마르크였으나, 가톨릭으로부터 기원한 '보충성의 원리'(Subsidiarität) 혹은 '하부구조 우선의 원칙'을 수용하였다. 그 결과 4대 보험을 비롯한 주요 사회복지 법안이 제정·시행되었다.

이는 국가 주도의 복지 행정임에도 불구하고, 큰 기구가 중심이 되어 작은 기관을 흡수하는 것이 아니라, 오히려 소규모 시설들이 원활하게 활동할 수 있도록 거대한 국가 자본이 하부 구조의 필요를 보완하는 방식으로 정부의 태도를 정립한 것이다. 이를 '보충성의 원리'라고 한다. 보충성은 개인의 책임을 국가의 개입보다 우선시하며, 개인과 가족, 공동체(예: 지방자치단체)의 기여와 자기결정권을 증진시키는 민주적·현대적 제도를 의미한다. 따라서 국가의 개입과 공공서비스는 하부구조가 스스로 서비스를 제공할 수 없는 경우에만 이루어져야 한다.

2. 디아코니아 현장의 구분, 교회 안과 밖

흔히 디아코니아는 교회의 대사회적 봉사활동으로 인식된다. 그러나 디아코니아는 교회의 외부적 활동에 앞서 교회 내부적 사안으로서 우선적 중요성을 가진다. 이러한 인식을 강조한 신학자는 1970-80년대의 파울 필립피이다. 그는 "모든 선한 활동이 다 디아코니아라면 디아코니아는 사실상 디아코니아라고 볼 수 없다"고 주장하며, 디아코니아가 신학적 본질을 상실하고 사회복지와의 구분을 명확히 하지 못하는 여러 사례를 지적하였다. 사회복지에 기독교적 의미를 부여하는 것이 기독교 사회복지학이라면, 디아코니아학은 본질적으로 신학에 속하며, 실천신학 이전에 조직신학에 위치한다. 조직신학 내에서 디아코니아는 신론, 그리스도론, 성령론, 교회론, 종말론, 인간론을 망라하여 기독교 신학의 독자적 핵심을 형성한다. 따라서 '기독교 사회복지'라는 개념은 사회학적 학문 영역에 포함되지만, 디아코니아는 신학의 주제로서 사회적 영역으로 확장되는 신학적 학문이다.

1) 교회 내적, 외적 디아코니아 구분

교회론의 중심에는 디아코니아학이 있다. 교회의 머리는 디아코노스이시다(마26:31-35; 막14:27-31; 눅22:27; 요13:36-38). 그러므로 그리스도의 몸인 교회와 그 구성원은 디아코노스일 수밖에 없다. 하나의 유기체로서 세상에 현존하는 교회는 머리 되신 그리스도가 디아코노스이시기에, 교회의 몸과 지체 역시 디아코노스로 존재한다.

종교개혁자들이 교회의 표지로 동의한 두 가지는 '말씀이 바르게 선포되는 것'과 '성례가 바르게 집행되는 것'이다. 교회란 이 두 가지가 지켜지는 곳을 의미한다. 여기서 '바르게 집행된다'는 것은 무엇을 뜻하는가? 그것은 디아코니아가 선포되고 디아코니아로 실현되는 것을 의미한다.

하나님이 아들을 보내신 구원의 사건은 세상을 사랑하사 독생자를 주셨다는 요한복음의 증언(요3), 하나님의 자리를 버리고 인간의 낮은 자리에 임하신 그리스도의 겸비(빌2), 크고자 하는 자는 섬기는 자가 되라는 교육, 소자들과의 공생애, 그리고 "남은 구원하였으되 자신은 구원하지 못한다"는 조롱 속에 십자가 죽음을 맞이한 사건으로 나타났다. 이 모든 복음의 내용 자체가 디아코니아이다. 이를 받아들이고 따르는 것이 곧 하나님의 백성, 성도의 공동체이다.

디아코니아를 선포하는 것이 설교이며, 디아코니아를 상연하여 기억하게 하는 것이 성찬이다. 설교는 성찬의 언어이고, 성찬은 설교의 표지이다. 교회는 그리스도께서 마련하신 디아코니아를 하나님 나라 질서의 핵심으로 인식하고 이를 실천한다. 디아코니아는 이미 시작된 종말론적 가치관이자 세계관이다. 교회론의 중심은 디아코니아이며, 이는 동시에 구원론의 핵심이고, 종말론의 중심이며, 기독교 신학의 신론·기독론·성령론의 주요 주제이다.

따라서 교회는 디아코니아라는 새로운 가치 질서 속에서 약한 지체가 요긴하게 인식되고, 부족한 지체는 귀중함을 더하며, 아름답지 못한 지체는 오히려 더 아름다운 것을 얻는 공동체로 존재한다. 교회의 내적 성격을 인식하지 못한 채 외적 디아코니아를 실천한다면, 그것은 기독교 사회복지가 기독교적 본질을 상실하는 행위가 되며, 디아코니아와 사회복지를 구분하지 못하고 혼동하는 출발점이 될 것이다.

2) 필립피와 밴틀란트의 차이

예수의 공동체는 "섬김을 받으려 함이 아니라 도리어 섬기려 하고 많은 사람의 대속물로 내어주려 함이라"(마20:28, 막10:45)는 말씀에서 드러나듯이 섬김의 정체성을 지니고 사회 속으로 나아갔다. 이는 세상사에 관여하기 이전에 공동체 내부에서 자기 정체성을 정립한 결과이다. 칼 바르트는 교회가 세상 속에 깊이 참여하되 세속 사회에 동화되지 않는 독자적 성격을 지닌다고 보았다. 그는 『교회교의학』(Kirchliche Dogmatik)에서 교회를 "성령의 보냄 받은 공동체"로 규정하면서, 교회가 사회와 단절하거나 자기 울타리를 고수하는 것이 아니라 세상 속으로 깊이 들어가는 성격을 갖는다고 강조하였다. 이는 곧 교회의 본질이 디아코니아적임을 의미한다. 따라서 교회의 디아코니아 활동은 일반 복지기구들과 단순히 사회복지 활동을 분담하는 차원 이전에, 세상과 구별되는 가치관인 디아코니아적 정체성을 확인하는 행위여야 한다.

하이델베르크대학교 디아코니아연구소 소장을 역임한 파울 필립피(Paul Philippi, 1971-1986)는 디아코니아 실천 현장에서 그리스도의 형상이 충분히 강조되지 않는 점을 우려하였다. 그는 "디아코노스, 섬기는 인자는 믿는 자들을 공동체로 이끌어 그의 삶과 행동의 모습에 참여하게 하시는 하나님의 종말론적 계시자"라고 규정하며, 이를 '그리스도 중심 디아코니아(Christo-zentrische Diakonia)'라 명명하였다. 모든 공관복음서가 성찬을 보도하는 자리에서 요한복음은 새 계명(요13:34f)을 삽입하고 있는데, 필립피는 이를 성찬의 해석으로 이해하며, 성찬이 디아코니아 실천의 명령임을 강조하였다. 그는 또한 "하나님은 자기를 위해 헌금을 필요로 하지 않는다. 만일 그렇게 생각한다면 하나님의 신성을 모독하는 것이다"라고 말하며, 하나님은 인간이 선한 행위를 하기를 원하시되 그것은 하나님을 위한 것이 아니라 동일한 피조물인 이웃을 위한 것이라고 설명하였다(호6, 마9:13, 눅6:36). 따라서 디아코니아는 하나님을 목적으로 삼는 것도, 하나님을 배제하는 것도 아니라, 하나님에게서 비롯되고 하나님의 디아코니아로부터 파생되며, 세상에 오신 하나님 안에 편입되는 행위이다. 그리스도인의 디아코니아는 개인적 사안이 아니라 그리스도 안에 속한 공동체의 지체로서 참여하는 사안이다. 필립피는 1941년 헤어포르트 교회 총회의 성명서를 인용하며 "누군가 디아코니아를 훼손한다면 그것은 곧 그리스도 존재의 중심을 훼손하는 것"이라고 하였다. 그는 디아코니아 활동 자체가 중요한 것이 아니라, 복음이 본질적으로 디아코니아를 내포하고 있기에 공동체를 세우는 원리임을 강조하였다. 따라서 그는 현대 사회복지를 지향하는 국가들이 그리스도인의 협력을 배제할 수 없다고 인정하면서도, 디아코니아의 그리스도 중심적 성격을 개인적 기능으로 환원하거나 교회 밖 영역으로 제한하려는 시도는 그리스도의 성육신과 십자가 죽음을 부인한 고대 이단 도케티즘(Docetismus)과 유사하다고 비판하였다.

반면 하인츠 디트리히 벤틀란트(Heinz Dietrich Wendland)는 "디아코니아는 단지 교회 안에서만 발생하는 활동이 아니라 역사적·사회적 조건 속 인간의 일상적 삶 가운데 현존하는 사랑의 행위"라고 주장하며 사회적 디아코니아 논쟁을 촉발하였다. 필립피의 스승인 헬버트 크림(Hellmut Gollwitzer)은 디아코니아는 본질적으로 사회와 직접 연결될 수 없으며, 곤경에 처한 개인에게만 관련된다고 보았다. 크림에게 디아코니아의 올바른 자리는 교회공동체뿐이었다. 필립피는 이러한 견해를 계승하면서, 사회적 디아코니아를 무시하는 것이 아니라 디아코니아가 교회의 본질이자 교회의 사명에 속하므로 교회론적 기초 진술에서 출발해야 한다고 보았다. 따라서 교회공동체는 사회 구성체로 존재하지만, 단순히 도움의 필요로 발생한 사회복지적 활동을 모두 디아코니아로 동일시할 수는 없다는 입장을 분명히 하였다.

3) 비셔른

1848년에 발표된 『공산당 선언』은 "유령이 유럽을 배회하고 있다—공산주의의 유령이다"라는 문장으로 시작하며, 산업혁명의 후발주자로 등장한 독일 사회의 기독교에 치명적인 도전을 제기하였다. 콘스탄티누스와 테오도시우스 이래 '국가와 결합한 교회'는 정부와 기득권자의 이해를 대변하며 사회변화를 수용해 왔으나, 무산계급의 강력한 도전에 직면했을 때 제도교회는 사실상 무력하였다.

이해 9월에 개최된 제1회 교회의 날(개신교 대표자 회의)에 초청된 요한 히네리히 비셔른(J. H. Wichern)은 지난 13년간 등록협회(e.V.) 자격으로 추진해온 고아원 사업 '라우에스 하우스(Rauhes Haus)'를 소개하였다. 그는 전국적으로 유사한 사회복지 사업이 우후죽순처럼 산재해 있음을 설명하였고, 이를 통해 교회는 사회주의자들로부터 제기된 '민중의 아편'이라는 비판을 일정 부분 회피할 수 있었다. 나아가 참석자 전원이 이러한 자발적 협회들을 하나의 네트워크로 묶는 데 동의함으로써, 이듬해 '내적 선교(Innere Mission) 중앙위원회'가 조직될 수 있었다.

이 내적 선교 중앙위원회는 제2차 세계대전 이후 개신교원조국(Evangelisches Hilfswerk)의 가동을 이끌어낸 추진력이 되었으며, 두 전국 규모의 개신교 사회복지 재단인 내적선교와 개신교원조국은 1970년대에 현재의 디아코니아국(Diakonie)으로 재편되어 오늘에 이르고 있다.

4) 바흐

사회복지의 여러 영역 가운데 특히 장애인 복지 분야에서 실천신학적 영향을 끼친 인물로 울리히 바흐(Ulrich Bach)를 들 수 있다. 신학 수학 시절 소아마비로 중도장애를 경험한 바흐는 손상된 피조물의 존재 의미에 대해 깊이 고민하였다. 그는 창조주의 전능성을 부정할 수 없다면, 장애인 역시 비장애인과 마찬가지로 100% 완전한 피조물이라는 결론에 이르게 되었다.

이 통찰을 출발점으로 바흐는 인간이 되심으로 스스로 장애를 입으신 하나님, 곧 예수 그리스도를 묵상하게 되었다. 그는 그리스도의 낮아지심이 단지 클라이맥스를 위한 일시적 겸비가 아니라, 하나님이 인간을 만나기 위해 택하신 본질적 자리임을 강조하였다. 이러한 낮아지신 하나님으로 인해 신앙은 남보다 높아지거나 강해지려는 방식으로 추구되는 것이 아니라, 오히려 나보다 남을 낮게 여기며 섬기는 삶으로 드러난다. 곧 인간은 서로를 위하는 상호의존적 존재이며, 누구를 '위하여(for)' 존재하는 것이 아니라 '함께(with)' 존재하는 자리에서 관계 맺는 존재라는 점을 디아코니아적으로 새롭게 인식하게 되었다.

3. 디아코니아 실천의 원리와 방법

이러한 디아코니아 신학적 배경 속에서 디아코니아의 실천은 사회학이 아니라 신학의 원리와 방법에서 출발한다.

1) 독일 디아코니아의 고민: 전문성과 정체성 사이에서

현대 독일의 디아코니아와 한국의 디아코니아를 비교하면 현격한 차이가 드러난다. 독일의 디아코니아는 전문성이 앞서지만 정체성이 희석되었다는 평가를 받는다. 반면 한국의 디아코니아는 정체성은 분명하였으나 정부 주도형 사회복지가 시행되면서 정부 보조금을 선택하는 대신 정체성을 상실한 경우가 많았다. 또한 전문성에 있어서도 미흡함이 지적되었다. 한국의 경우 기독교 사회복지를 총괄하는 디아코니아국이 부재한 상태에서, 지역교회와 사회복지시설은 기독교 정체성을 강조하며 심방·구제 활동을 중심으로 디아코니아를 실천하였으나, 영세성과 불투명한 재정운영으로 인해 전문성의 취약함을 드러냈다. 반면 독일의 디아코니아국은 전문성을 확보하였으나 공공기관으로서 기독교 정체성을 전면에 드러내지 않았고, 지역교회는 디아코니아국에 디아코니아 활동을 위임함으로써 오히려 디아코니아성을 상실하게 되었다는 비판을 받는다. 이와 같은 상황에서 독일 디아코니아의 딜레마는 '교회의 디아코니아화'와 '디아코니아의 교회화'라는 문제로 요약될 수 있다. 이는 디아코니아가 전문성과 정체성 사이에서 겪는 긴장이라 할 수 있다.

2) 디아코니아 경영

독일 사회복지에는 막대한 예산이 투입되며, 이는 복지시장에서 투자자들의 주목을 끄는 영역이 되었다. 국가는 경제적 효율성을 제고하기 위해 기존에 공공기관처럼 활동하던 교회와 역사적 수행자들과 더불어 자유시장의 사회복지 기업들을 경쟁자로 참여시키는 정책을 취하고 있다.

그라이프스발트대학교의 공중보건학자이자 경영학자인 스테펜 플레샤(Steffen Pleß)는 디아코니아 경영을 논하면서, 디아코니아 기관도 일반기업과 마찬가지로 운영되지만 성과 측정 기준은 이윤 결산이 아니라는 점을 강조하였다. 성과는 이용자들에게서 확인되는 디아코니아적 프로필에 의해 판단된다. 또한 재정적 손실이 예상되더라도 반드시 필요한 사업이라면 시작해야 하며, 설령 이윤이 발생한다 하더라도 그 사업을 디아코니아가 아닌 다른 기관이 담당할 수 있도록 이양하고 새로운 영역을 개척해야 한다는 것이 디아코니아 경영의 특징이라 설명한다.

종교의 자유가 보장된 민주사회에서 공적 업무를 담당하는 디아코니아는 특정 종교적 편향으로 운영될 수 없다. 따라서 이용자뿐 아니라 종사자 역시 비기독교인을 포함한다. 이 경우 비기독교인을 통한 디아코니아 실천이 가능한가라는 문제가 제기된다. 이에 대해 플레샤는 운영위원들이 철저한 디아코니아적 동기를 지녀야 하며, 종사자들 또한 이용자와 동일하게 디아코니아의 대상임을 잊지 말아야 한다고 강조한다.

3) 디아코니아의 USP(Unique Sales Point)

오늘날 독일과 한국 모두에서 교회의 쇠퇴 현상이 심각하게 인식되고 있다. 독일에서는 이에 대한 자구책으로, 다수의 국민이 디아코니아 서비스를 이용할 때 신앙적 만남이 일어나도록 유도하자는 방안이 제안되고 있다. 한국에서도 교회의 사회적 신뢰도를 디아코니아 활동을 통해 제고해야 한다는 목소리가 높다.

그러나 만일 디아코니아가 단순히 기독교 배경을 지닌 사회복지 정도로 이해된다면, 기독교적 차별성을 확보하지 못한 복지사업을 운영하느라 교회의 사회적 신뢰를 더욱 실추시키는 부작용을 피할 수 없을 것이다. 따라서 기독교 디아코니아의 부흥을 기획하려면, 무엇보다 교회 내부에서 디아코니아적 본질을 확립하고 이를 외부에 표출하는 방식으로 사회적 디아코니아 사업을 전개해야 한다. 또한 이러한 노력이 지속되기 위해서는 디아코니아 신학 교육이 체계적으로, 꾸준히 제공되어야 한다.

4) 돌봄 마을, 돌봄 교회를 하려는 이유?

돌봄 마을과 돌봄 교회를 추진하려는 목적은 무엇인가? 그것은 하나님 나라 선교를 위한 것인가, 교회의 생존을 위한 경제적 자구책인가, 혹은 또 한 차례의 교회 세력화를 위한 것인가? 교회는 세상의 소금이자 빛이며, 세상 한가운데가 곧 교회의 자리이다. 교회는 산 위의 동네로서 세상 사람들이 보고 믿을 수 있는 증거의 자리를 차지해야 한다.

교회가 디아코니아적 본질을 상실한 상태에서 수행하는 사회사업은 결코 디아코니아적일 수 없다. 따라서 교회가 통합돌봄을 준비한다는 것은 무엇보다 먼저 교회가 스스로 디아코니아적 존재로 서려는 결단을 의미한다. 나아가 교회가 디아코니아 신앙을 교회 밖으로 확장할 때, 그것이 퇴색하거나 변질되지 않도록 디아코니아 신학을 깊이 익히고 적용하는 과정이 반드시 선행되어야 한다.

| 제6장 |

사회적 목회로서 마을교회와 통합돌봄의 만남

박홍래
(실천신학대학원대학교 특임교수)

1. 서론

21세기 한국 사회는 전례 없는 돌봄 위기를 맞이하고 있다. 통계청 발표에 따르면 2025년이면 한국은 전체 인구의 20.3%가 65세 이상인 초고령 사회에 진입하게 된다.[1] 가족구조의 해체와 1인 가구의 증가, 공동체적 연대의 약화는 전통적인 가족 중심 돌봄 체계를 붕괴시켰다. 그 결과 고령자, 장애인, 저소득층은 사회적 안전망의 사각지대에 놓이게 되었고, 돌봄의 공백은 심각한 사회 문제로 대두되었다.

국가와 시장은 이러한 위기에 대응하기 위해 다양한 돌봄 정책과 제도를 시행해 왔으나, 그 한계 또한 분명히 드러난다. 공공 돌봄은 제도적 한계와 재정적 제약으로 인해 전 국민을 포괄하기 어렵고, 시장 중심의 돌봄 서비스는 비용 부담과 양극화 문제를 심화시킨다.[2] 따라서 돌봄의 위기는

---

1) 통계청. 2024 고령자 통계. 서울: 통계청, 2024.
2) 김진호. 『시민사회와 한국교회』. 서울: 새물결플러스, 2019.

단순히 복지정책의 문제가 아니라 공동체적 삶의 위기이며, 새로운 연대와 사회적 상상력이 필요한 시점이다.

이러한 상황 속에서 교회의 역할은 새롭게 조명될 필요가 있다. 교회는 역사적으로 사회적 약자를 돌보고 지역 공동체를 형성하는 중심이 되어 왔다. 그러나 현대 한국 교회는 성장주의와 제도화 속에서 돌봄 사역이 약화되었고, 사회적 신뢰 또한 크게 손상되었다.[3] 이제 교회는 돌봄을 신학적·목회적 사명으로 다시 회복해야 한다.

이러한 문제의식 속에서, 통합돌봄을 사회적 목회의 중요한 방법과 도구로 해석하고자 한다. 특히 '마을교회'라는 공간과 정체성을 통해 통합돌봄을 구현함으로써, 교회의 공공성과 선교적 본질을 회복할 수 있는 가능성을 탐구하는 것이 목적이다.

다음과 같은 질문들에 답하고자 한다.

성서와 교회 역사 속에서 돌봄은 어떻게 이해되고 실천되었는가?

현대 사회에서 통합돌봄은 어떤 개념적·정책적 의미를 갖는가?

마을교회는 통합돌봄을 통해 사회적 목회를 어떻게 구체화할 수 있는가?

돌봄 위기 시대에 교회는 어떤 공적 역할을 감당해야 하는가?

이 글의 구성은 첫째, 성서신학적 고찰을 통해 돌봄의 신학적 기초를 확인한다. 둘째, 교회사적 분석을 통해 돌봄 사역이 교회의 역사 속에서 어떻게 전개되었는지를 검토한다. 셋째, 사회학적·정책학적 분석을 통해 한국 사회에서 통합돌봄의 개념과 의의를 파악한다. 넷째, 목회신학적 적용으로서 마을교회의 실행 모델과 역할을 제시한다.

---

[3] Brueggemann, Walter. The Prophetic Imagination. Minneapolis: Fortress Press, 2001.

2. 사회적 목회의 성서적 역사적 배경

구약성경은 공동체적 돌봄을 하나님의 언약 백성의 정체성에 깊이 연결시킨다. 신명기 10:18은 하나님을 "고아와 과부를 위하여 정의를 행하시며 나그네를 사랑하여 그에게 떡과 옷을 주시는 이"라고 묘사하며, 이는 이스라엘 백성에게도 동일한 윤리를 요구한다. 또한 레위기 19:9-10은 농부가 밭 모퉁이를 남겨 가난한 자와 나그네가 거두게 하라고 명령한다. 돌봄은 선택적 윤리가 아니라 언약 공동체의 본질적 정체성이었다. 신약성경 역시 돌봄을 교회의 본질적 사명으로 제시한다. 사도행전 2:44-45은 "믿는 사람이 다 함께 있어 모든 물건을 서로 통용"하며 필요에 따라 나누었다고 기록한다. 이는 경제적 연대를 통한 돌봄 공동체의 모습을 보여준다. 바울은 고린도 교회에 예루살렘 교회를 위한 연보를 요청하면서, 이를 단순한 구제가 아니라 '성도의 교제'(κοινωνία)로 이해하였다(고후 8:4)

신학적으로도 돌봄은 하나님 나라의 가치와 직결된다. 본회퍼(Dietrich Bonhoeffer)는 교회를 "타인을 위하여 존재하는 공동체"(Kirche für andere)라고 정의하며, 교회의 본질은 자기 자신을 위한 집단이 아니라 이웃을 향한 실천에 있다고 강조하였다.[4] 구티에레즈(Gustavo Gutiérrez)는 해방신학에서 "구원은 전인적이며 역사 속에서 구체화된다"고 주장하며, 돌봄과 사회적 정의를 신학의 중심에 위치시켰다.[5]

따라서 성서와 신학 전통에서 돌봄은 단순한 자선적 행위가 아니라 하나님 나라를 구현하는 신앙의 핵심 사명으로 이해될 수 있다.

초기 교회는 '디아코니아'(diakonia)를 통해 공동체 돌봄을 제도화하였다. 사도행전 6장은 헬라파 과부들이 구제에서 소외되는 문제를 해결하기 위해 집사를 세운 사건을 기록하는데, 이는 교회가 돌봄 사역을 제도적으

---

4) Bonhoeffer, Dietrich. Sanctorum Communio. Minneapolis: Fortress Press, 1998.
5) Gutiérrez, Gustavo. A Theology of Liberation. Maryknoll: Orbis, 1988.

로 보장하려는 의지의 표현이었다.

　2~3세기 교회는 전염병이나 기근의 상황에서 적극적인 돌봄을 제공하며 사회적 신뢰를 얻었다. 로드니 스타크(Rodney Stark)는 기독교가 급속히 성장한 중요한 이유 중 하나로, 교회의 돌봄과 구제 사역을 지적한다.[6]

　중세 수도원 운동은 돌봄을 제도화한 대표적 사례이다. 베네딕트 수도회는 병원과 고아원을 운영하며 사회적 약자를 위한 돌봄을 실천하였다. 12세기 이후 수도원은 유럽 사회의 의료·교육·복지의 중심이 되었으며, 이는 교회의 돌봄이 단순한 구호를 넘어 사회 제도의 기반으로 확장되었음을 보여준다.

　근대 이후 산업혁명은 새로운 빈곤 문제를 야기하였고, 이에 교회는 새로운 방식의 돌봄을 모색했다. 구세군(Salvation Army, 1865)은 도시 빈민을 위한 구호와 영적 돌봄을 동시에 추구하였다. 이는 돌봄이 단순한 사회봉사가 아니라 복음 전파와 긴밀히 연결될 수 있음을 보여주는 사례였다.

　한국 초기 선교사들도 교육과 의료를 통해 돌봄 사역을 실천하였다. 알렌(Horace N. Allen)이 설립한 제중원(1885)은 한국 최초의 근대식 병원으로, 의료 선교의 상징적 사례였다. 언더우드와 아펜젤러 역시 학교와 교회를 세우며 교육과 돌봄을 동시에 실천하였다. 산업화 시대(1960~80년대)에는 도시 빈민, 노동자, 농민을 위한 교회의 사회봉사가 확장되었다. 그러나 1990년대 이후 한국 교회는 대형화와 제도화 속에서 돌봄 사역이 점차 약화되었고, 교회의 사회적 신뢰도 하락하였다. 최근 교회는 청년층의 이탈, 세속화, 사회적 신뢰 추락이라는 삼중의 위기를 겪고 있으며, 돌봄 사역의 회복은 교회가 다시금 사회적 신뢰를 회복할 수 있는 중요한 과제가 되었다.

---

6)　로드니 스타크. 기독교의 발흥.(서울. 좋은씨앗) 2016.

3. 통합돌봄의 개념과 사회적 의미

통합돌봄(Integrated Care, Community Care)은 단순히 특정 계층의 복지를 지원하는 것을 넘어, 개인의 신체적·정서적·정신적·사회적 영역을 통합적으로 지원하는 체계를 의미한다. 통합돌봄은 기존의 분절적 서비스가 가진 한계를 극복하고, 지역사회에서 누구나 인간다운 삶을 누릴 수 있도록 하는 새로운 복지 패러다임으로 주목받고 있다. 한국 보건복지부는 통합돌봄을 "노인·장애인 등이 살던 곳에서 지역사회의 다양한 지원을 연계하여 자립적인 생활을 가능하게 하는 서비스 체계"로 정의한다.[7] 여기에는 △ 의료·돌봄 연계, △ 주거 지원, △ 일상생활 지원, △ 사회적 관계 회복 등이 포함된다.

신학적 차원에서 통합돌봄은 인간을 전인적으로 이해하는 기독교 인간관과 긴밀히 연결된다. 성경은 인간을 영·혼·육의 통합체로 이해하며(살전 5:23), 따라서 돌봄 또한 전인적이어야 한다. 통합돌봄은 이러한 성경적 인간 이해와 조응하며, 교회의 사회적 목회를 위한 신학적 기반을 제공한다.

통합돌봄의 사상적 뿌리는 20세기 중반 유럽 복지국가에서 찾을 수 있다. 영국은 1990년대 '커뮤니티 케어(Community Care)' 정책을 통해 시설 중심 돌봄에서 지역사회 중심 돌봄으로 전환을 시도하였다.[8] 일본은 2000년 '개호보험제도(介護保險制度)'를 도입하여 고령자 돌봄을 사회보험 형태로 제도화하였다.[9] 이는 가족 중심 돌봄이 무너지는 상황에서 사회 전체가 돌봄을 책임지는 시스템을 구축한 중요한 사례이다. 한국은 2018년부터 '지역사회 통합돌봄 선도사업'을 추진하며, 2026년까지 전국적으

---

7) 보건복지부, 『지역사회 통합돌봄 기본계획』(세종: 보건복지부, 2018).
8) 김용득, 『영국의 커뮤니티 케어의 동향과 함의.』 https://repository.kihasa.re.kr/bitstream/201002/5263/1/5277.pdf
9) 일본 후생노동성. https://www.mhlw.go.jp/content/12300000/000614774.pdf

로 제도를 확대할 계획을 세웠다.[10] 한국형 통합돌봄의 특징은 국가, 지자체, 민간, 종교기관이 협력하여 돌봄 생태계를 구축하는 데 있다. 그러나 제도적 한계와 재정 부족으로 인해 아직 초기 단계에 머물러 있으며, 공동체 기반의 참여가 부족하다는 비판이 제기된다.[11]

통합돌봄은 단순히 복지 제도의 확장이 아니라 사회적 연대의 회복을 지향한다. 울리히 벡(Ulrich Beck)은 후기 근대 사회를 "위험 사회"라 규정하며, 국가와 시장이 개인을 완전히 보호할 수 없는 상황에서 공동체적 연대가 필수적이라고 보았다.[12] 돌봄은 바로 이러한 연대를 구체화하는 실천이다. 그러나 한국 사회에서 공공 돌봄(국가)과 사적 돌봄(가족·시장)은 모두 한계를 지닌다. 국가 제도는 행정적·재정적 한계로 인해 모든 사각지대를 포괄하지 못하고, 가족 중심 돌봄은 핵가족화와 개인주의로 인해 약화되었으며, 시장 중심 돌봄은 비용 부담으로 양극화를 심화시킨다. 따라서 공동체 기반 돌봄이 필요하며, 교회는 그 중심에서 중요한 역할을 감당할 수 있다.

교회는 지역사회 속에서 오랫동안 신뢰를 구축해 온 공동체이며, 성도들의 자발적 참여와 봉사를 통해 돌봄 네트워크의 핵심 허브가 될 수 있다. 사회학적으로는 이것을 사회적 자본(social capital)이라 부르며, 신뢰와 네트워크, 상호 호혜성의 자원이 교회를 통해 형성될 수 있다. 따라서 통합돌봄은 교회의 사회적 목회와 결합할 때 더욱 효과적으로 실현될 수 있다.

---

10) 보건복지부, 『지역사회 통합돌봄 선도사업 추진계획』 (세종: 보건복지부, 2018).
11) 김영미, 「한국 사회 돌봄 위기의 현황과 과제」, 『한국사회복지학』 73 (2021): 22-25.
12) Ulrich Beck, *Risk Society: Towards a New Modernity* (London: Sage, 1992).

4. 마을교회와 사회적 목회의 접목

'마을교회'는 단순히 특정 지역에 위치한 교회를 지칭하는 것이 아니라, 지역사회와 상호작용하며 공공성을 실천하는 교회를 의미한다.[13] 이러한 개념은 영국에서 등장 'Mission-shaped Church' 담론과 맞닿아 있다. 영국 성공회 보고서 *Mission-shaped Church*(2004)는 교회를 "사회적·문화적 맥락 속에서 선교적으로 형성되는 공동체"로 규정하면서, 교회가 더 이상 성도만을 위한 종교기관이 아니라 지역사회 전체를 위한 존재여야 함을 강조하였다.[14]

한국적 상황에서 마을교회는 지역 공동체의 삶의 현장 속에서 돌봄, 연대, 참여를 통해 신앙을 사회적으로 구현하는 교회로 정의될 수 있다. 곽현주가 지적하듯이, 마을교회는 "마을이라는 일상의 공간 속에서 주민과 함께하며, 예배와 돌봄, 생활과 선교가 분리되지 않는 교회"이다.[15] 따라서 마을교회는 신학적으로는 '공적 신앙'(public faith)을 구현하는 장소이며, 사회적으로는 지역사회의 사회적 자본을 형성하는 매개체이다.

사회적 목회란 개인의 구원만을 강조하는 목회가 아니라, 사회적 약자와 공동체 전체를 섬기는 목회적 실천을 의미한다.[16] 이는 구약의 '샬롬'(평화·번영·안녕) 개념과, 신약에서의 하나님 나라 실현과도 연결된다. 통합돌봄은 사회적 목회를 구체화할 수 있는 효과적인 도구이다. 첫째, 돌봄은 단순한 사회봉사가 아니라 선교적 행위이다. 교회가 지역사회의 돌봄 필요를 채울 때, 복음은 말로만이 아니라 삶으로 증거된다. 둘째, 돌봄은 교회의 공공성 회복에 기여한다. 한국 교회는 최근 사회적 신뢰가 급격

---

13) 이상철, 「마을교회론의 신학적 가능성」, 『신학과 사회』 34 (2020): 102-105.
14) Cray, G. Mission-Shaped Church: Church Planting and Fresh Expressions of Church in a Changing Context. London: Church House Publishing, 2004.
15) 곽현주, 「마을교회의 정의와 가능성」, 『목회와 신학』 357 (2019): 87-90.
16) Hessel, D.T, Social Ministry(John Knox Press:Westerminister, 1988), 49.

히 추락했는데, 돌봄을 통해 교회는 다시금 '이웃을 위한 공동체'로 자리매김할 수 있다. 셋째, 돌봄은 교회의 존재 이유와 직결된다. 본회퍼의 말처럼 교회는 "타인을 위하여 존재할 때만 교회"이며,[17] 따라서 돌봄은 교회의 본질적 정체성을 드러내는 실천이다.

마을교회가 통합돌봄을 실현할 수 있는 구체적 실행 모델은 다음과 같다.

1) 교회 기반 돌봄 센터 설립

교회 공간을 활용하여 무료급식, 방문 건강검진, 상담 서비스를 제공한다.
이는 교회가 단순한 예배당을 넘어 지역사회의 돌봄 허브(hub)로 기능하도록 한다.

2) 자원봉사·협동조합·사회적 경제 연계

성도들이 자원봉사자로 참여하고, 마을 주민과 함께 돌봄 협동조합을 조직할 수 있다.
이를 통해 교회는 돌봄 서비스를 지속가능하게 운영할 수 있으며, 사회적 경제와도 연결된다.

3) 교회 공간의 플랫폼화

교회 건물을 '마을 공유공간'으로 개방하여 작은 도서관, 마을 카페, 아이 돌봄 교실을 운영한다.
이를 통해 교회는 돌봄뿐 아니라 주민들의 일상적 삶과 접점을 형성한다.

---

17) Dietrich Bonhoeffer, *Sanctorum Communio* (Minneapolis: Fortress Press, 1998).

4) 지역 네트워크 구축

지자체, 복지기관, NGO와 협력하여 돌봄 네트워크를 형성한다.

교회는 단독으로 모든 돌봄을 감당할 수 없기 때문에, 연대와 협력이 필수적이다.

실제 사례로, 서울의 일부 작은 교회들은 주일학교 교실을 평일에는 지역 아동 돌봄 교실로 개방하여 학부모들의 큰 호응을 얻고 있다. 또 다른 사례로, 경기도의 한 농촌 교회는 노인들의 생활 돌봄을 위해 마을버스 운영과 무료 도시락 나눔을 진행하며 지역 주민과 신뢰를 쌓았다.[18] 이러한 시도들은 마을교회가 통합돌봄을 통해 사회적 목회를 실현할 수 있음을 보여준다.

5. 현 사회에서 교회의 역할과 제안

오늘날 한국 사회는 '돌봄 공백'이라는 구조적 위기를 경험하고 있다. 첫째, 고령화이다. 2025년 초고령 사회 진입을 앞두고, 노인 돌봄 수요는 급증하는 반면 돌봄 인력과 시설은 부족하다.[19] 둘째, 가족 구조의 해체이다. 전통적으로 가족이 담당하던 돌봄 기능은 핵가족화와 1인 가구 증가로 급격히 약화되었다. 셋째, 사회적 신뢰의 약화이다. 돌봄이 공적 제도와 시장 서비스에 의존하게 되면서 공동체적 연대가 약화되고, 사회적 고립 문제가 심화되고 있다.[20]

교회는 이러한 위기 속에서 과거와 달리 지역사회의 중심적 돌봄 기관

---

18) 한국기독교사회문제연구원, 『마을교회와 사회적 돌봄 사례집』(서울: 한들출판사, 2021).
19) 보건복지부, 『지역사회 통합돌봄 기본계획』(세종: 보건복지부, 2018).
20) 김영미, 「한국 사회 돌봄 위기의 현황과 과제」, 『한국사회복지학』 73 (2021): 22-25.

으로 기능하지 못하고 있다. 최근 조사에 따르면, 한국인의 교회 신뢰도는 18%에 불과하며, 이는 주요 사회기관 중 가장 낮은 수준이다.[21] 따라서 교회의 사회적 신뢰 회복은 돌봄을 통한 구체적 실천에서 출발해야 한다.

교회의 사회적 책임은 설교나 전도의 차원에 머무르지 않고, 돌봄을 선교의 핵심 영역으로 포함해야 한다. 교회의 새로운 사회적 책임은 돌봄을 통해 하나님 나라를 구현하고, 지역사회와의 관계를 재구성하는 것이다.

돌봄 선교는 세 가지 차원에서 실현될 수 있다.
- 구호적 차원: 긴급한 필요(식사, 주거, 의료)를 지원.
- 예방적 차원: 건강관리, 교육, 사회적 고립 예방 활동.
- 구조적 차원: 제도적 연계와 사회적 경제 활동을 통한 지속 가능한 돌봄 체계 구축.

1) 목회자의 역할 재정립: 돌봄 리더십

돌봄 선교를 위해 목회자의 역할 또한 재정립되어야 한다. 목회자는 더 이상 단순히 설교자나 교회 행정 관리자가 아니라, 돌봄 리더로서의 사명을 감당해야 한다. 이는 세 가지로 구체화될 수 있다.
- 연결자(connector): 지역 주민, 지자체, NGO, 복지기관을 연결하는 네트워크 빌더.
- 촉진자(facilitator): 성도와 주민이 돌봄 활동에 참여하도록 동기를 부여하고 훈련시키는 지도자.
- 예언자(prophetic voice): 사회적 불평등과 돌봄 사각지대를 지적하고, 공공정책에 대한 대안을 제시하는 사회적 선지자.

---

21) 지용근 외, 『한국 교회 트렌드 2023』 (서울:규장, 2022), 223.

2) 정책적·실천적 제언

교회가 사회적 목회로서 통합돌봄을 실현하기 위해서는 다음과 같은 정책적·실천적 과제가 필요하다.

(1) 정부·지자체와의 협력
교회는 돌봄을 단독으로 감당하기 어렵다. 따라서 지자체와 협약을 맺어 공적 돌봄 체계의 보완적 역할을 담당해야 한다. 서울시의 '찾아가는 동주민센터'와 교회의 협력 모델 구축하는 것이 중요한 사례이다.

(2) 지역 NGO 및 시민단체와의 연대
교회는 지역 복지관, 학교, 비영리단체와 네트워크를 형성하여 돌봄 서비스를 공동 기획·운영할 수 있다. 이는 교회가 '단독 수행자'가 아니라 '협력 파트너'로서 기능하도록 한다.

(3) 사회적 경제와의 결합
교회는 돌봄 협동조합, 사회적 기업을 통한 지속 가능한 돌봄 모델을 추진할 수 있다. 교회 주도의 노인 돌봄 협동조합, 마을 도시락 배달 사회적 기업등이 모델이 있다.

(4) 신학 교육과 목회 훈련 과정의 개편
신학교 과정에 '돌봄 목회학'을 신설하여 목회자 후보생이 사회적 돌봄 역량을 훈련받도록 한다. 평신도 대상의 돌봄 교육과정(간병, 상담, 공동체 리더십)을 개발하여 교회 전체가 돌봄에 참여하도록 한다.

현대 한국 사회의 돌봄 위기는 교회가 다시금 사회적 목회로 전환해야 함을 보여준다. 교회의 새로운 사회적 책임은 돌봄 선교를 실천하는 것이며, 이를 위해 목회자는 돌봄 리더십을 재정립해야 한다. 또한 정부·지자체 협력, NGO 연대, 사회적 경제 결합, 신학 교육 개편 등의 정책적·실천적 제안이 필요하다. 교회는 이를 통해 돌봄 공동체로서의 사명을 수행하고, 사회적 신뢰를 회복할 수 있다.

6. 결론: 사회적 목회로서 통합돌봄을 향한 교회의 권고문

통합돌봄을 사회적 목회의 핵심 도구로 해석하면서, 마을교회가 이를 통해 교회의 공공성과 선교적 본질을 회복할 수 있음을 논증하였다. 성서와 교회 전통은 돌봄을 교회의 본질적 사명으로 제시하였으며, 현대 사회의 돌봄 위기는 교회가 다시금 이 소명을 감당할 것을 요청한다. 이에 다음과 같은 권고를 제시한다.

1) 한국교회 전체를 향한 권고

교회는 돌봄을 복음의 본질적 사명으로 인식해야 한다. 돌봄은 단순한 사회봉사가 아니라 하나님 나라를 구현하는 신앙의 핵심적 실천이다. 교회는 교세 확장 중심의 목회에서 벗어나, 지역사회와 함께하는 마을교회로 전환해야 한다. 이는 교회의 사회적 신뢰 회복을 위한 필수 조건이다. 교회는 돌봄 사역을 통해 사회적 약자와 주변부를 우선적으로 섬겨야 한다. 예수의 사역은 가장 작은 자, 가장 소외된 자를 향한 돌봄에서 시작되었다(마 25:40).

2) 목회자와 교회 리더십을 향한 권고

목회자는 돌봄 리더십을 회복해야 한다. 설교와 행정에 머무르지 않고, 지역사회 돌봄 네트워크의 연결자·촉진자·예언자의 역할을 감당해야 한다. 교회 리더십은 성도들을 돌봄 활동에 참여시키는 평신도 훈련 체계를 구축해야 한다. 교회는 모든 성도가 돌봄의 주체가 되도록 교육하고 실천의 장을 제공해야 한다. 교회의 리더십은 교회 재정을 성장주의적 시설 확장보다 돌봄과 사회적 선교에 우선적으로 배분해야 한다.

3) 신학 교육 기관을 향한 권고

신학교는 교과과정에 **'돌봄 목회학(Care Pastoral Theology)'**을 포함시켜야 한다. 미래의 목회자는 신학적 지식뿐 아니라 돌봄 역량을 갖춘 리더로 양성되어야 한다. 신학 교육은 사회복지학·지역사회학·공공정책학과의 학제적 연계를 강화하여, 교회가 지역사회 속에서 실질적 파트너십을 구축할 수 있도록 해야 한다. 신학생과 목회자 후보생은 필드 사역에서 돌봄 실습을 경험해야 한다. 이는 설교 실습만큼이나 중요한 목회 훈련이다.

4) 정부와 정책 당국을 향한 권고

정부와 지자체는 교회를 단순한 종교기관이 아니라, 지역 돌봄 네트워크의 핵심 파트너로 인정하고 제도적으로 협력 구조를 마련해야 한다. 정책 당국은 교회의 돌봄 활동을 지원하는 법적·재정적 인센티브를 제공해야 한다. 이는 종교 특혜가 아니라 공동체 기반 돌봄을 활성화하는 공공적 투자이다. 정부는 통합돌봄 정책 추진에서 종교기관과 시민사회의 자발적 참여를 제도적으로 포함시켜야 한다.

5) 미래 지향적 전망

돌봄은 교회가 사회와 다시 연결되는 통로이다. 교회가 통합돌봄을 사회적 목회의 중요한 방법으로 실천할 때, 한국교회는 상실한 사회적 신뢰를 회복하고, 복음의 공공성을 다시금 증언할 수 있다. 또한 교회는 지역사회의 핵심 연대망으로 자리매김하며, 하나님 나라의 정의와 사랑을 구체적으로 드러내는 사명을 감당할 수 있다.

6) 최종 선언

따라서 한국교회는 이제 더 이상 돌봄을 주변적 과제가 아닌, 복음 선포와 동등한 사명으로 받아들여야 한다. 교회가 사회적 목회로서 통합돌봄을 실천할 때, 교회는 이 땅의 마을과 사회 속에서 하나님 나라의 표지가 될 것이다.

| 제7장 |

통합돌봄에 있어 마을교회의 역할

정재영
(실천신학대학원대학교 교수)

1. 지역사회 통합돌봄의 필요성

최근 통합돌봄에 대한 관심이 높아지고 있다. 지역사회 통합돌봄이란 돌봄이 필요한 사람이 건강을 유지하며 살 수 있도록 다양한 돌봄 서비스를 지역사회에서 통합적으로 제공하는 것을 말한다. 우리나라에서는 의료·요양 등 지역 돌봄의 통합지원을 위한 법률인 통합돌봄지원법이 2026년 3월부터 시행될 예정이다. 그런데 이러한 통합돌봄이 주로 노인들을 주요 돌봄 대상으로 여기고 있는 한계가 있는 것도 사실이다. 최근에는 많은 사람들이 여러 가지 이유로 인해 결핍과 장애를 경험하고 있어서 보다 폭넓은 돌봄이 요구되고 있다. 따라서 현재 논의되고 있는 지역사회 돌봄은 더 넓은 차원의 마을 돌봄으로 확장될 필요가 있다. 그리고 이러한 활동은 마을 목회의 중요한 부분이 될 수 있다. 이러한 내용을 이해하기 위해 먼저 지역사회 통합돌봄이 중요한 이슈로 떠오르게 된 배경을 살펴보도록 하겠다.

현재 우리 사회는 급속도로 고령화되고 있다. 우리 사회는 2025년에 인구의 20%가 65세 이상 고령 인구에 해당하는 초고령사회에 진입하고 있다. 통계청의 장래인구 추계 자료에 의하면, 2050년에는 65세 이상 고령 인구가 40%를 넘어설 것으로 예상되고 있다. 이 가운데 70세 이상 고령 인구는 2033년에 1,000만 명을 넘고, 2070년에는 인구의 40% 수준으로 증가할 전망이다. 85세 이상의 초고령 인구는 2020년 1.5%에서 2070년엔 14.4%로 증가할 전망이다. 이렇게 고령 인구가 늘어나면서 돌봄에 대한 수요가 급증하고 있다. 이는 국민 대다수의 보편적 문제가 되고 있다. 거동이 불편하거나 건강이 좋지 않은 노인들은 요양 시설이나 병원에서 지내야 하는 경우가 많다. 이 경우는 가족들에게 재정적으로 큰 부담이 되고, 본인도 원하지 않는다.

지금까지 한국 사회에서 노인들에 대한 부양과 돌봄은 그저 가족의 일로만 여겨졌다. 우리나라는 전통적인 유교 문화 사상이 지배하고 있어서 국민 의식 속에 강한 의무감으로 자리하고 있는 것이다. 경제적으로나 심리적으로 가족에게 많은 부담감을 안겨주어 대안이 요구되는 상황이었다. 또한 최근엔 맞벌이 가구가 증가하면서 가사 노동과 가족부양에서 여성이 이전과 같은 돌보미의 역할을 수행할 수 없게 되었다. 이와 더불어 급격한 가족 해체와 관계성의 변화로 '돌봄의 위기'와 '돌봄의 공백' 문제가 대두되었다. 이제는 각 개인의 문제가 아니라 사회적으로 해결해야 하는 과제로 부상하였다.

한 노인 실태조사에서 노인들의 57.6%는 거동이 불편해도 살던 곳에서 여생을 마치고 싶다는 결과가 나온 적이 있다. 노인들은 자신을 요양 시설에 보내는 것에 대해 '고려장을 시킨다'고 생각할 정도로 거부감이 크다. 이런 상황에서 돌봄 서비스에 대한 관심이 증가하는 것은 자연스러운 결과이다. 복지선진국에서는 이미 수십 년 전부터 '커뮤니티 케어법'을 제정해 지방정부에 포괄적 돌봄 서비스 제공의 책임을 부여하기도 했다. 일본에서도 2013년에 병원 시설이 아닌 지역에서 재택으로 돌봄 서비스를 받을 수 있는 지역 포괄 돌봄 체계를 도입하였다. 지역사회 통합돌봄(또는 커뮤니티 케어)은 이처럼 초고령사회를 앞둔 시점에서 광범위한 돌봄 불안을 해소하고, 국민의 삶의 질을 높이기 위해 살던 곳에서 건강한 노후를 보낼 수 있도록 주거·의료·요양·돌봄 서비스를 개선하는 정책이라고 할 수 있다.

우리 정부는 2018년 11월 '지역사회 통합돌봄 기본계획'(1단계: 노인 커뮤니티케어)을 발표했다. 통합돌봄의 제공 기반을 구축하기 위한 추진 로드맵과 4대 중점과제를 제시했고, 2019년 6월부터 16개 시군구에서 선도적으로 지역자율형 통합돌봄 모형을 만들기 위한 사업을 추진하고 있다. 이제 곧 진입하는 초고령사회를 대비하여 정부가 현재 추진하고 있는 지역사회 통합돌봄이 우리 사회 구석구석에 뿌리내리고 정착되어야 할 것이다. 돌봄은 지역사회 단위로 전환되어야 하고 여러 돌봄 주체들이 통합되어야 한다. 이 글에서는 지역사회 중심의 통합돌봄의 의미에 대하여 살펴보고, 교회가 이에 어떻게 참여할 수 있는지 알아본다.

2. 지역사회 통합돌봄 개념의 변화

지역사회 통합돌봄이란 돌봄이 필요한 사람이 병원이나 외부 시설이 아니라 자신이 살던 곳에서 건강하게 살아갈 수 있도록 주거, 보건의료, 요양 등 다양한 돌봄 서비스를 통합적으로 연계·제공하는 정책이다. 여기에는 노령과 질병 등의 사유로 돌봄이 필요한 사람들이 평소 살던 집이나 지역사회에서 살기를 희망하는 경우, 요양병원 입원 환자나 장애인 거주 시설 입소자 중에서 지역사회에 복귀하기를 희망하는 경우, 현재 집에 거주하고 있으나 예방 차원의 선제 개입이 필요한 경우까지 포함한다. 핵심 서비스는 주거 지원, 방문형 보건의료, 방문 요양, 일상생활 지원 등으로, 지역사회에서 생활 자립 기반을 마련하도록 돕는 것이다. 그러나 우리나라에서는 지역사회 통합돌봄 또는 커뮤니티 케어라는 개념에 대해 일치된 견해가 없다. 이 개념은 오랫동안 의미가 고정되지 않은 상태로 표류하였다. 여기에 모델이 될 만한 나라인 영국이다. 영국은 지역사회 통합돌봄 제도의 기원이 되는 나라다. 1950년대 후반부터 커뮤니티케어를 공식적인 정책 목표로 삼아 지속적으로 추진해왔다. 그래서 영국의 사례는 한국에서 가장 많이 인용되고 관심을 가지는 것이다.

영국에서의 커뮤니티 케어는 다음과 같이 발전되었다. 1950년대에는 정신질환자 장기입원의 대안으로, 지방정부에 의해 제공되는 가정과 호스텔 수용을 포함하는 돌봄 서비스를 지칭하는 용어로 사용되었다. 정신질환자들에 대한 돌봄이 병원과 시설에 국한되지 않고 지역사회로 전환되어야 함을 환기시킨 것이다. 이는 병원에서부터 지역사회로의 전환을 권고한 셈이다. 이후 1959년에 정신보건법(Mental Health Act)이 제정되면서 지역사회 내 돌봄(care in the community)의 제도적 기반이 마련되어 형식적으로나마 지역사회에서의 돌봄이 전개되기 시작했다. 그러다 1980년대에 들어 돌봄 시스템 전반에 대한 개혁의 필요성이 대두되었다. 이때부터 통합돌봄(integrated care)이라는 개념이 등장했다. '탈시설'로 대표되는 커뮤니티 케어는 재정 부담 완화의 해결책이 되지 못한다는 다수의 연구에 따라, 행정 비용과 기타 중복 비용의 발생을 줄이기 위한 통합 관리 프로세스가 등장한 것이다. 뿐만 아니라, 신자유주의에 기반해 국가의 책임을 최소화하려는 마가렛 대처 정부의 정책 기조와 함께 의료와 사회 시스템 간 통합이 매우 적극적으로 진행되었다.

이후 1990년을 기점으로 커뮤니티 케어는 그 개념과 용어의 쓰임새가 현저하게 변화하였다. 커뮤니티 케어가 1990년 이전에는 사회서비스의 지향성을 지칭하는 용어였으나, 1990년에 국민보건서비스와 커뮤니티 케어법(National Health Service and Community Care Act)의 제정으로 사회서비스의 집행체계 및 내용 전반을 지칭하는 용어가 되었다. 이 커뮤니티 케어법은 그리피스의 권고를 일부 수용하였는데, 이에 따라 돌봄 서비스 제공의 책임이 중앙정부에서는 축소되고 지방정부에 전가되었다. 또한 서비스 구매자와 공급자 간의 분리로 말미암아 보건·복지 서비스 제공에서 시장 질서를 확대하려는 시도가 포착되었다.

2000년대 들어서는 유럽을 중심으로 통합돌봄의 중요성이 더욱 강조되었다. 이 역시 개념이 모호하여, 어디에 방점을 두느냐에 따라 다양한 해석이 가능했다. 하지만, 대개는 사회서비스와 의료서비스 제공 연계를 위하여 설계된 재원, 관리, 조직, 서비스 전달체계 등에 대해서 일관성 있는 모델 구축을 뜻했다. 그러나 통합돌봄을 돌봄서비스의 통합이나 전달체계의 집합으로 해석하는 기계론적인 정의는 돌봄 대상자로 하여금 적절한 돌봄이 제공되었는가에 대한 논의를 불가능하게 하였다. 이런 문제의식에 기반하여 대상자의 다차원적인 욕구에 맞춰 서비스가 설계되고 통합되는 단계별 서비스 제공 방식이 강조되었다. 쉽게 말해 사람이 중심이 되는 돌봄이 강조된 것이다.[1]

지역사회 통합돌봄은 우리나라에서도 지난 몇 년간 취약계층 돌봄과 관련된 정책적, 학술적 논의에서 핵심 이슈가 되어 왔다. 빠르게 진행되는 고령화와 인구구조 변동에 맞서 사회보장제도의 지속가능성 확보가 국가적 도전과제로 부상하였기 때문이다. 현재 지역사회 통합돌봄 사업은 핵심 인프라를 확충하고 통합돌봄 제공 기반을 구축하기 위해 선도사업을 진행해 왔다. 우리나라는 국가가 직접 돌봄 서비스를 제공하기보다 시설이나 민간 영역에 재정을 지원하고 관리하는 방식을 채택해왔다. 그러다 2007년부터 다양한 돌봄 제도를 발전시켜왔다. 이전에는 일반적으로 가

---

1) 정지원·김정석, "지역사회 통합돌봄의 개념적 이해와 실천적 함의," 「지역과 세계」, 46권 2호(2022), 4-9.

족 구성원 가운데 어린 자녀를 비롯해 질병과 장애와 노령 등의 이유로 다른 누군가의 보살핌을 필요로 하는 경우는 가족 구성원 중에서도 주로 여성이 감당해야 했지만, 여성의 사회진출이 활발해지고 저출산 고령화로 인해 가구 구조가 1인 또는 2인 중심으로 재편되기 시작하면서, 어느 정도 사회가 감당해야 하는 필요성이 높아졌기 때문이다.

현재 노인장기요양보험, 장애인 활동 지원 등의 제도들이 있는 것은 다행이라고 할 수 있지만, 이런 제도들이 시설화를 유도하는 구조로 설계되어 있다는 점은 한계라고 할 수 있다.[2] 고령화와 장애 등으로 인해 주위 가족에게 피해를 주지 않기 위해 어쩔 수 없이 시설을 선택하는 경우가 있겠지만, 대부분의 사람들은 기꺼이 시설 입주를 선택하지 않을 것이다. 인간인 이상 집단 속에 수용된 삶이 아닌 자기 스스로의 삶을 살고자 하는 것이 자연스러운 욕구이기 때문이다. 시설을 받아들이는 경우라 해도 상황상 불가피한 선택인 경우가 대부분이다. 그래서 복지국가들은 이미 70년대와 90년대를 거치면서 시설보다 지역에서의 삶을 보장하기 위한 커뮤니티 케어를 원칙적으로 채택하여 이를 위한 제도를 발전시켜왔다. 우리나라에서도 이제라도 지역사회 돌봄을 실현하고자 추진하고 있는 일이다.

지역사회 돌봄을 실현하기 위해서는 돌봄의 필요 정도에 따라 적절한 수준의 다양한 돌봄 서비스가 제공되어야 한다. 하지만 현재 우리나라의 경우 돌봄 제도는 매우 부족한 실정이다. 노인 장기요양 보험제도의 경우, 누워서 거동하지 못하는 1등급이어도 가족들과 함께 살면서 받을 수 있는 서비스 시간은 하루 최대 4시간에 불과하다. 그래서 24시간 돌봄이 가능한 시설 입소가 대안으로 여겨지고 있다. 현실적으로 시설 이외의 다른 방법을 선택할 여지가 없기 때문이다. 이에 따라 요양병원 이용자가 늘어나게 되었고, 요양병원의 폭증으로 인해 건강보험의 재정에도 부담을 주고

---

[2] 안정희·조창완, "지역사회 통합돌봄의 현황과 개선방안 연구," 「인문사회 21」, 13권 4호 (2022년), 777.

있는 상황이다.

　현재 우리나라 요양병원의 병상수는 다른 OECD 국가 평균의 10배가 넘는 기형적인 상태이다. 게다가 의료적으로 입원이 필요하지 않아도, 단지 돌봐줄 사람이 없어서 어쩔 수 없이 입원하는 이른바 '사회적 입원'도 크게 늘고 있다. 이 수는 전체 요양병원 입원자의 40% 정도로 추산되고 있다. 장애인의 경우도 마찬가지이다. 장애 정도가 높은 중증이거나, 발달장애가 있거나, 나이가 많아 더 돌봄이 필요할수록 시설 입소를 피하기 어렵다.

　이에 보건복지부는 2018년 11월 '지역사회 통합돌봄 기본계획'을 발표하면서 지역사회를 기반으로 한 돌봄 체계 개편을 선언했다. 보건복지부가 정의하는 지역사회 통합돌봄은 노인과 장애인 등 취약계층의 지역사회 정주를 보장하면서, 통합전달체계를 통해 연계된 의료와 사회서비스를 제공하는 대상자 중심의 돌봄 정책이다. 나아가 공공-민간의 비체계적 네트워크를 지역 중심의 네트워크로 정비함으로써, 지방분권과 복지분권의 기반을 조성하고 전달체계 전반의 혁신을 추동하는 과정이다.

　그러나 현재 추진하고 있는 한국의 커뮤니티 케어는 방향성을 상실한 상태라는 비판이 제기되고 있다. 이에 대한 원인으로, 우선 커뮤니티 케어에 대한 논리가 부족하다는 점이 지적된다. 제도의 필요성에 비해 충분한 논의가 이루어지지 않아 제도의 모호성과 불확실성을 키우면서, 지방정부, 공무원, 실무자, 사회복지사, 의사 등 관련 이해당사자들에게 혼란만 주고 있다는 평가를 받고 있다.[3] 또한 한국의 복지 풍토가 커뮤니티 케어의 취지와 달라 현실성을 반영할 수 없다는 지적도 있다. 기존의 사회서비스 제도가 시설 서비스 중심으로 정착되었으며, 재가 복지 인프라가 미흡한 상태에서 본연의 취지에 맞은 커뮤니티 케어는 제한적이라는 것이다.

---

3)　강태경, "지역사회 통합돌봄의 원칙," 「의료정책포럼」, 17권 1호(2019), 6-8.

의료 측면에서도 커뮤니티 케어가 정착하려면 주치의 제도나 1차 의료의 역할을 강화시켜야 하는데, 법적이고 제도적인 요소들로 인해 아직 준비되지 못했다. 더구나 의료와 돌봄체계의 연계가 부족한 상태여서 커뮤니티 케어에 대한 복지 분야와 의료 분야가 서로 상반된 입장을 내세우고 있다. 이들 사이의 자원의 협력과 연계성을 더욱 취약하게 만들고 있는 것이다. 그래서 우리나라의 복지제도를 근본적으로 재설계하지 않고서 커뮤니티 케어를 도입한다면 또 다른 비용이 지출되고, 서비스의 남용으로 이어질 수 있다는 우려가 제기되고 있다.

지방정부의 권한이 약하고 책임도 모호하다는 문제도 있다. 우리나라는 형식적이나마 지방자치제도를 실시하고 있지만, 현실상 중앙정부의 권한이 상대적으로 크다 보니 지방정부의 역량이 상당히 제한적이다. 커뮤니티 케어는 지역의 특수성을 반영하여 주민들에게 필요한 서비스를 제공하는 것으로 지방의 역량이 확보되어야 하는데, 과도한 복지 업무에 비해 열악한 재정 상황은 중앙정부를 의존하게 만들 수밖에 없다. 특히 재정 분권이 이루어지지 않은 상태에서 지역 특수성에 적합한 서비스 개발이 쉽지 않다는 지적도 나온다. 현재 한국의 커뮤니티 케어는 제도의 내용에만 관심이 있지, 구체적으로 누가 얼마나 부담하느냐에 대한 논의는 이루어지지 않았다. 실제로 정부가 공모한 커뮤니티 시범 사업에 100군데의 지자체가 관심을 보였으나, 예산의 사유로 29개의 지자체만 신청한 실정이다.[4]

---

4) 홍세영 "「지역사회통합돌봄법안」에 보충성의 원칙 적용에 관한 연구, 「사회법연구」 46호 (2022), 682-683.

3. 지역사회 통합돌봄에서 보충성의 원리

지역사회 통합돌봄에서 중요한 것이 보충성의 원리이다. 보충성의 원리는 하위 단위(개인, 지방정부 등)가 스스로 문제를 해결할 수 있을 때 국가나 상위 단위가 개입하지 않고, 하위 단위가 감당할 수 없을 때만 보충적으로 개입하는 원칙이다. 이것은 헌법, 행정학, 형법 등 다양한 분야에서 적용되는데, 국가 권력의 남용을 방지하고 시민 사회의 자율성을 보장하는 것이 핵심이다. 보충성(subsidiarity)의 어원은 라틴어 'subsidior'에 기원을 두고 있다. 이 단어는 '대체하다'라는 뜻으로, '무언가 제 기능을 할 수 없을 때 차선책이 그 역할에 책임을 진다'는 것을 의미한다. 특히 역할과 권한을 규정할 때 이 용어가 적용되며, 그 안에서 조직이나 단위들 사이의 권력을 견제하고, 1차적으로는 개인을 보호하는 데 목적이 있다. 이런 점에서 보충성의 원칙은 개인과 사회의 관계에서, 민간조직과 공공조직 조직들 사이에서, 하부조직과 상부조직들 사이에서 권력 관계를 정립할 때 사용된다. 무엇보다도 중요한 점은, 국가의 모든 권력으로부터 개인을 우선적으로 보호한다는 자유주의 사상이 내포되어 있는 것이다.[5]

보충성의 두 번째 의미는 '봉사한다'는 것으로, 여기에는 개입(intervention)의 성격을 가지고 있다. 즉, 보충성은 '어려운 상황을 개선하기 위해 관련된 행동을 할 수 있다'라는 의미로, 현 사회에서 다양한 행위자가 다양한 의무를 수행하기 위한 개념이다. 따라서 이것은 국가를 비롯한 지역사회나 제3의 영역에서 사회복지 활동을 정당화하는 원칙이기도 하다. 그래서 이른바 복지국가에서 국가 주도로 수행하고 활동한다는 의미의 개입과는 의미가 다르다. 보충성에서의 개입은 국가가 독점적으로 서비스를 제공하는 것이 아니라, 공식 조직들이 자율적으로 할 수 있도록 격려하는 차원에서

---

5) 홍세영 "「지역사회통합돌봄법안」에 보충성의 원칙 적용에 관한 연구, 685.

의 도움이다.[6]

우리나라에서 보충성의 원칙은 법률적 개념으로만 알려졌지만, 유럽이나 서구 국가에서는 지방행정의 개념에서 보편적으로 사용되는 개념이다. 우리나라 학계나 정부에서 추진하는 커뮤니티 케어의 논리에서도 명시적으로 보충성의 원칙을 제시하지 않지만, 간접적으로는 내포되어 있다. 많은 연구자들은 지역사회 통합돌봄이 돌봄 분권의 의미로 지방정부가 수행할 때 더욱 효율적이라는 점을 강조한다. 돌봄 분권이 이렇게 이뤄지기 위해서는 지방자치제도가 잘 정비되어 지방과 중앙 사이의 책임 구분이 분명해야 한다. 커뮤니티 케어의 핵심은 사회서비스인데, 사회서비스는 공공부조나 사회보험과 다르게 직접 서비스를 제공하기 때문에 휴먼 서비스라고도 한다. 휴먼 서비스는 국가가 독점적으로 제공할 수 없기 때문에, 지방정부와 민간기관과의 협력을 통한 복지 다원주의를 지향한다. 복지 다원주의란 복지의 공급주체를 다원화하고 책임을 분산하는 것을 의미한다.

보건복지부의 지역사회 통합돌봄 기본 계획안을 보면 4대 핵심요소로 주거, 건강, 요양 돌봄, 서비스의 연계가 있다. 여기서 서비스 연계는 지역사회의 민과 관의 서비스 연계와 협력을 도모하겠다는 것이다. 그러나 현재 제시된 법안에는 민간의 비공식적 역할이 드러나지 않고 있다. 지역사회 통합돌봄의 핵심은 서비스 연계와 협력인데, 현재 법안은 국가와 지방자치단체의 책임과 역할을 계속 언급하면서 민간과 비공식 자원의 역할을 간과하고 있다는 지적이 있다. 따라서 본 법안에는 지역사회의 자원이 발굴되고 효율적으로 연계하여 사용할 수 있도록 하는 내용이 보완되어야 한다. 여기서 자원은 비공식 자원을 포함해야 하며, 공식 자원에서는 민간과 공공자원에 대해서도 이들의 역할을 구체적으로 제시해야 한다는 주장

---

6)   홍세영 "「지역사회통합돌봄법안」에 보충성의 원칙 적용에 관한 연구, 686.

들이 있다.

지역사회 통합돌봄은 지방정부 중 광역자치단체가 아닌 기초자치단체 수준에서, 또한 읍면동 수준에서 지역주민을 위한 서비스가 설계되고 제공되어야 한다. 그래야만 적기적소에 체감도 높은 서비스 이용이 가능하기 때문이다. 그러나 현재 법안에서는 국가와 지방자치단체의 책임을 규정하고 있음에도 의사결정의 우선순위가 없고, 민간이나 비공식 자원은 간과되어 있다. 영국의 경우 통합돌봄을 수행하는 데에서 보충성의 원칙을 핵심으로 보고 있다. 보충성의 원칙이 지역 단체가 그들 자신의 업무를 조직할 수 있는 권한을 가지고 결정하고 구조를 만드는 것이기 때문이다.

사실 지역사회 통합돌봄의 핵심은 지방 분권화된 서비스이다. 특히 복지서비스는 지역 주민의 삶과 직결되기 때문에 지역 기반의 서비스가 이루어져야 한다. 복지서비스 관점에서 지방분권은 효율적인 복지 자원의 배분이 가능하며 주민의 욕구를 적절하게 대응할 수 있다. 지역사회 통합돌봄 제도가 취지에 맞게 정착하려면 지방분권화가 이루어져야 한다. 지역사회 통합돌봄의 핵심은 '지역주도형 사회서비스'로 주민들이 자신의 거주하는 곳에서 의료·요양·주거·돌봄·독립생활 등의 적절한 복지 급여를 제공받는 것이다. 이 일의 추진 배경에는 사회적 낭비를 최소화하고 지역의 복지 자원을 연계하여 효율적인 사용을 위한 것이었다. 따라서 관련 법령들도 사회서비스에 대한 지역의 책임을 강화하는 규정을 마련해야 한다.

우리나라에서 기존의 복지서비스의 대부분은 중앙정부 소관으로, 지방정부는 그것을 집행하는 역할을 가지고 있다. 또한 지역 간의 격차와 지역이기주의, 그리고 재정 능력의 취약 때문에, 형식적으로는 지방분권을 추구하지만 실질적으로는 제약이 많다. 이러다 보니 전문적인 제도 추진이 미비하고 복지재정 및 시설이 미흡한 곳이 많다. 중앙과 지방의 역할 분담이 제대로 이루어지지 않고, 위임되는 업무가 과하다는 지적이다.

2026년에 시행되기 위해 제출된 법안도 중앙과 지방에 대한 역할을 분명하게 규정하지 않고 있다. 특히 하향식(top down)방식으로, 즉 중앙정부 계획의 테두리 안에서 지방정부가 계획하는 방식은 개선되어야 한다.[7]

4. 교회가 참여하는 지역사회 통합돌봄

지금까지 정부 차원의 지역사회 통합돌봄의 필요성과 현황에 대하여 살펴보았다. 그런데 사실 돌봄은 법안의 마련 이전부터 오랫동안 논의되어온 주제이다. 돌봄의 의미와 가치에 대해 오랫동안 연구해온 학자들의 공통된 주장은 인간의 삶에서 돌봄은 필수불가결한 것이라고 본다. 그래서 인간 존재 자체를 돌봄인(돌봄의 인간, homines curans)으로 상정한다. 이것은 인간은 결코 자족적이거나 독립적이지 않고, 돌봄의 관계에 필연적으로 관련되며, 그런 관계에 영향을 받는 관계적 존재 또는 돌봄 연고적(care-encumbered) 존재라는 것이다.

인간은 살아가면서 반드시 누군가에게 돌봄을 주고, 돌봄을 받는 시기를 거친다. 누군가에게 돌봄을 받고 누군가를 돌보는, 돌봄 관계의 변화 속에서 우리 삶은 구성된다. 따라서 돌봄이 사회윤리, 정의의 기초가 되어야 한다고, 돌봄을 중심으로 사회가 재구성되어야 한다. 따라서 사회도 '돌봄사회'로 이해되어야 한다. 돌봄 사회는 돌봄 관계를 기반으로 하는 사회이며, 동시에 돌봄 관계에 중요한 가치를 부여하는 사회이다. 여기에는 돌봄 관계가 사회를 구성하는 전제에서 기초가 된다는 생각이 깔려 있다.[8]

이런 관점에서 만약 돌봄이 배제된다면 자유민주주의든 사회민주주의든 전부 허상에 불과한 것으로 여겨진다. 그래서 돌봄이 기초가 되는 돌

---

7) 홍세영 "「지역사회통합돌봄법안」에 보충성의 원칙 적용에 관한 연구, 703.
8) 김희강, 『돌봄 민주 국가』(서울: 박영사, 2022), 8-9.

봄 민주주의가 강조되고, 복지국가를 넘어 돌봄 민주국가가 되어야 한다고 주장된다. 돌봄 민주국가는 돌봄 활동에 대한 공적 지원을 정부의 목표로서 정당화하는 돌봄 윤리를 정당화하며, 이것이 새로운 복지국가에 대한 새로운 정의론으로 간주되는 나라를 말한다. 이런 점에서 돌봄 민주 국가는 새로운 모습의 복지국가이며, 돌봄의 가치와 돌봄 관계를 지원하고 반영하는 국가로서 더 정의로운 복지국가, 더 나은 복지국가로 불리게 된다.[9]

이런 일에 대한 관심은 앞에서 살펴본 것처럼 이미 수십 년 전부터 논의되었지만, 특히 전세계가 큰 고통을 경험한 사회적 재난인 코로나 사태에서 그 필요성이 더욱 부각되었다. 코로나 사태를 경험하면서 인간 존재는 상호 의존과 돌봄을 반드시 필요로 한다는 것을 깨닫게 되었기 때문이다. 코로나 사태 동안 마을공동체에 대한 관심이 더 높아지고, 사회적 거리두기와 집합 금지가 시행되는 동안에도 부분적으로나마 마을공동체 활동이 지속적으로 이루어진 것도 바로 이런 필요 때문이었다. 그래서 돌봄은 지역사회 안에서 마을 돌봄의 개념으로, 마을공동체 활동의 일환으로 이해되었다. 이것은 공적 기관의 돌봄과 함께 사회적 돌봄 체계를 구성하는 양대 축 가운데 하나로 여겨져 왔다.

공적 기관의 제도화된 형태의 돌봄이 인적, 물적 자원의 한계로 모든 돌봄의 역할을 수행할 수 없기 때문에, 부분적으로는 제도권 밖에서 대안적 돌봄 체계로서 작동하는 마을 차원의 돌봄이 매우 중요하다는 사실을 인식해야 한다. 이러한 마을 돌봄은 주요 공적 기관의 돌봄과 상호보완적인 역할을 수행한다. 마을 돌봄이 가지는 장점은 크게 서비스 접근성, 소규모의 공동체적 돌봄, 틈새 돌봄 제공을 통한 돌봄 공백의 해결이다.[10] 마을

---

9) 김희강, 『돌봄 민주 국가』, 204.
10) 김송이·황선영, "코로나 시기 지역사회 돌봄 체계 구축을 위한 마을돌봄의 역할과 과제," 「한국가족복지학」, 68권 2호(2021), 231.

돌봄이 제공하는 돌봄 서비스가 필요한 수요층은 대부분 아동과 고령자 등 이동 능력이 취약한 그룹이다. 따라서 그들이 익숙하게 살고 있는 생활권 내에서 돌봄 서비스를 제공하는 것이 필요하다.

마을 돌봄은 앞에서 살펴본 지역사회 통합돌봄의 핵심 요소 중 하나이기도 하다. 물리적 접근성과 더불어 기관에서 제공하는 마을 돌봄은 소규모의 공동체적 돌봄이라는 특징을 갖는다. 앞에서 보았듯이, 지역사회 통합돌봄이 기관을 통한 제도적 돌봄과 차별화되는 가장 중요한 키워드는 '탈시설'이다. 마을 돌봄이 추구하는 돌봄 서비스의 형태는 표준화된 대규모의 돌봄 서비스가 아니다. 소규모의 가정적인 형태로 돌봄 대상자와의 관계성과 개별성을 존중하는 돌봄이다. 따라서 마을 돌봄은 표준화된 대규모의 돌봄 서비스를 제공하는 공적 기관의 돌봄의 틈새를 메우는 서비스를 지향한다. 유치원, 어린이집, 초등학교 등 한정된 시간 내에 서비스를 제공하여, 여기서 발생하는 돌봄의 공백을 메우는 역할을 한다.

한편으로는, 현재 마련된 법안이 노인에 대한 돌봄에 초점이 맞춰져 있는 데 반해, 마을 돌봄은 노인뿐 아니라 아동과 장애인을 포함하여 도움을 필요로 하는 모든 사람에 대한 돌봄이라는 점에서 훨씬 광범위하고 전폭적인 돌봄이라고 할 수 있다. 이와 관련하여 정부에서 일과 가정의 양립이라는 정책 목적 아래 만들어진 가족 친화 마을은 마을 돌봄과도 연결되어 있다. 최근에는 공적 돌봄 기관인 어린이집, 지역아동센터, 다함께돌봄센터 등 아동 돌봄시설의 민간 위탁이 증가하면서, 전문성과 공공성을 모두 갖추어 믿고 맡길 수 있는 지역특화형 아동 돌봄 공동체에 대한 관심이 증가하고 있다.

마을을 기반으로 한 아동 돌봄 공동체는 만 18세 미만의 아동 돌봄을 주목적으로 운영하면서, 돌봄 당사자(부모, 교사, 아동)의 상호 협력과 연대를 바탕으로 공동육아와 사회적 가치를 실현하는 주민주도형 생활권 중심 아동 돌봄조직을 말한다. 마을 중심 아동 돌봄 공동체를 일반 아동 돌봄 시설과 비교하면, 제도와 운영 과정에서 자발적 참여와 공동체성을 기반으로 하여 공공성을 확보하고, 스스로 지속가능한 조직으로 운영된다. 이런 측면에서, 마을 중심 돌봄 공동체는 공적 돌봄 시설과 차별화된 조직과 운영체계를 갖추고 있다.[11]

'커뮤니티 케어형 도시재생'을 통해 마을 만들기와 지역사회 통합돌봄이 결합된 형태도 제시되었다. 이것은 학술적으로 정립된 용어는 아닌데, '에이징 인 플레이스'(aging in place)', '고령친화도시'(age-friendly city)', 활기찬 노년(active aging) 등의 개념들이 도시재생과 결합된 것으로 이해될 수 있다. 고령친화형 도시재생은 에이징 인 플레이스 개념에 기반하여 고령자 본인이 살던 곳에서 나이 들어가며, 건강 관리와 돌봄 서비스를 받을 수 있도록, 주거환경, 경제환경, 사회환경 등을 지원하는 것이라고 할 수 있다. 이와 관련하여 정부에서는 보건복지부의 커뮤니티 케어 정책과 국토교통부의 도시재생 정책을 연계·결합하여 '커뮤니티 케어형 도시재생'을 제시하였다. 이것은 쇠퇴지역의 주거환경 개선과 사회통합 제고, 일자리 확충 달성을 추진하면서 지역 내 자립생활이 어려운 돌봄 대상자 및 지역 주민을 위한 통합 케어와 연계하여 추진되는 사업을 의미한다.

지역사회 통합돌봄과 도시재생이라는 두 사업을 결합하면 어떻게 될까? 우선 도시재생 사업을 통해서는 물리적 환경개선, 공간 조성 등 인프라를 확충할 수 있다. 지역사회 통합돌봄 사업을 통해서는 보건의료와 재가 서비스 등을 제공할 수 있어서 상호보완적이다. 또한 두 사업이 융합된 커뮤니티케어형 도시재생 사업은 돌봄 대상자에게 적합한 주거환경을 제공할 수 있고, 지역 기반으로 사회서비스를 제공할 수 있는 공간 인프라를 확충할 수 있으며, 보건·복지 관련의 일자리를 창출할 수 있다는 장점이

---

11) 박태순, "마을중심 아동돌봄공동체의 사회적 가치와 성장방안," 「한국아동가족복지학회 학술대회자료집」 28권 2호(2023), 2.

있다.[12]

이러한 마을 돌봄에 교회가 참여하는 것은 매우 큰 의미가 있다. 이것은 앞에서 살펴 본 보충성의 원리에서도 중요한 의미를 갖는다. 교회의 역할은 개인이 스스로 문제를 해결할 수 없을 때, 국가 개입 이전에 보충적 지원자로서 사회적 약자와 취약계층을 돕는 것이다. 개인이 해결하기 어려운 복지, 돌봄, 교육 등 문제에 대해 교회는 자발적 지원과 연대를 통해 보완적 역할을 수행할 수 있다. 국가가 적극적으로 개입해야 할 때는 협력하되, 그 이전 단계에서 시민 사회의 일원으로서 자율적 해결을 돕는 보조적 역할을 할 수 있다. 한편, 우리나라와 같이 지방분권이 제대로 이루어지지 못하고 지방정부의 자원이 한정되어 있는 상황에서는 통합돌봄에서 민간 영역의 지원이 절대적으로 필요하다. 교회가 마을 돌봄에 적극적으로 참여한다면 더욱 안전한 사회를 만드는 데 크게 기여하게 될 것이다.

한국교회는 이미 다양한 형태로 마을공동체 활동 및 마을 돌봄 활동에 참여해 왔다. 70-80년대부터 도시 산업선교와 도시공동체 활동이 전개되어왔다. 시대가 바뀌고 민주화가 진척되면서, 부분적으로는 이런 활동이 다른 방향으로 전환되기도 하였다. 부분적으로는 새로운 자원이 참여하여 새로운 사회운동 또는 시민운동 차원의 마을공동체 활동이 90년대 이후에 한국교회 안에서 펼쳐져 왔다. 이런 흐름 속에서 지역아동센터나 공동육아 운동에 참여하는 교회들도 나타나, 오늘에 이르기까지 마을 돌봄 활동이 이어지고 있다. 이것 역시 70년대부터 있었던 탁아소와 공부방이 오늘날에 와서 제도화되거나 시대 흐름에 맞게 변화된 형태이다. 이밖에 교회가 참여하는 작은도서관 운동 역시 마을공동체 활동의 일환으로 이루어지고 있는 것이다.

현실의 모든 교회는 지역교회로서 존재하는데 이것은 곧 마을공동체

---

12) 장우연·박현정, "커뮤니티케어형 도시재생 사업의 협력적 거버넌스 사례 연구," 「한국정책학회보」, 33권 4호(2024), 71.

에 기여하는 마을 교회가 되는 것을 의미한다. 이런 활동은 최근 교계에서 활성화되고 있는 목회 이중직과도 관련된다. 대부분 교단에서 미자립 교회에 한정해 허용되고 있기는 하지만, 각 지자체에서 마을공동체에 직접 들어가 주민과 함께 자원 조사를 하고 마을의 의제를 발굴하며 주민관계망을 형성하는 등, 마을의 주민활동을 도와주는 다양한 역할을 수행하는 마을코디네이터 같은 마을 활동가로서 일하고 있는 목회자가 적지 않다. 평소 마을을 기반으로 마을공동체 활동을 한 경험이 있는 활동가라면 누구라도 참여가 가능하기 때문이다.

뿐만 아니라 최근에는 다양한 마을 활동가들을 지역사회에서 필요로 하고 있다. 여기에 더해 마을 돌봄에 대한 인식이 커지면서 마을복지 돌봄 지도자를 양성하고 있다. 마을의 카페나 식당 등 마을공동체 활성화를 위한 사업체를 운영하는 마을의 기업가나, 마을에 기반하지는 않지만 다양한 사회적 기업이나 비즈니스 선교, 협동조합형 사업체를 운영하거나 참여하는 경우에 이르기까지, 마을목회 또는 마을 선교형 일자리들이 늘고 있다. 이런 일들은 마을 돌봄 사역인 동시에 의미 있는 마을공동체 참여형 이중직으로서 바람직하게 여겨지고 있다.

이와 같이, 한국교회 안에는 다수는 아니지만 지속적으로 마을공동체나 마을 돌봄과 관련된 활동을 하는 교회들이 존재해 왔다. 앞으로는 이런 활동들이 지역사회 통합돌봄과 연계되어 더욱 확장되고 체계화될 필요가 있다. 이런 활동은 주로 소형교회들을 중심으로 이뤄졌지만, 이제는 중대형 교회들이 여기에 참여할 필요가 있다. 이웃 사랑이라는 이타심의 규범을 가지고 있는 교회들이 지역사회에서 돌봄 체계를 구축하여 사회안전망을 강화하는 데 기여해야 한다. 정부에서 주도하는 지역사회 통합돌봄이 주로 노인들을 대상으로 하여 요양이나 의료 지원에 한정되어 있는 것을 극복해야 한다. 초고령사회가 되면서 당장은 노인이 일차적인 돌봄의 대상이 되는 것은 사실이지만, 장차 돌봄의 대상은 지역사회의 모든 주민이 되어야 한다. 단순히 요양이나 좁은 의미의 의료적 돌봄뿐만 아니라, 확장된 의미로서의 건강한 삶과 전인적인 돌봄이 되어야 한다.

여기서 한 가지 고려해야 할 것이 있다. 이런 활동들이 반드시 제도권 안에서만 이루어져야 하는 것은 아니라는 점이다. 한국교회는 사회적 돌봄이 제도화되기 이전부터 이런 활동을 선구적으로 전개해 왔다. 대표적인 사례가 공부방과 탁아소이다. 이것이 제도화된 형태가 지역아동센터이다. 이런 활동이 제도화된 형태로서 체계를 갖추는 것은 바람직하지만, 제도에는 언제나 허점과 미비한 부분이 있게 마련이다. 따라서 제도권 밖에서나 제도가 충족시키지 못하는 부분에 대해서는 교회가 관심을 가지고 참여하는 것도 좋은 방법이다.

제도화가 되면 많은 자금이 투입된다. 일에는 반드시 자금이 필요하지만, 때로는 투명하지 않은 재정 운용이 문제가 되기도 한다. 일과 재정 사이에서 우선순위가 바뀌는 목적 전치 현상이 발생하기도 한다. 불투명한 재정 운영도 큰 문제이지만, 더 심각한 문제는 정작 필요한 일이 소요 재정에 따라 진행되지 않거나 축소되는 등, 일보다 재정이 우선시되는 것이다. 정부의 재정 지원은 일을 촉진시키고 정당한 보수를 보장하는 등 긍정적인 효과가 분명하지만, 나중에는 재정에 일이 종속되는 잘못된 결과를 낳기도 한다. 따라서 정부나 외부의 재정 지원은 최소한의 필요를 채우도록 하고, 자금보다 일을 우선시하는 원칙을 세워야 한다. 이런 원칙을 통해 지역의 교회들이 지역사회 구성원들을 잘 돌볼 뿐만 아니라, 이들이 지역사회를 공동체화하는 주체가 될 수 있도록 세우는 데 크게 기여할 수 있기를 기대한다.

5. 돌봄의 주체로서 교회

우리나라는 1997년에 IMF 외환위기를 겪으며 큰 어려움에 빠졌다. OECD(경제개발협력기구)에 가입한 직후에 벌어진 일이다. 선진국 클럽이라고 하는 OECD에 가입하자마자 깊은 나락에 떨어진 것이다. 그러나 우리 국민은 이런 국가적 위기를 잘 극복해 냈다. 1인당 GDP는 그 이전 이상으로 회복되었다. 두 번째의 '한강의 기적'이라 할만한 일이었다. 무역 규모 등 경제 순위도 다시 세계 10위권 안으로 들어갔으며, 최근에는 일본을 앞질렀다는 보도도 나왔다.

이렇게 국가 경제는 회복이 되었지만, 국민들의 삶은 결코 행복하지 않다. 삶의 질 지수나 만족도를 보면 OECD 국가 가운데 최하위에 처져 있다. 어려운 일이 있을 때 도움을 줄 수 있는 지인이 있는지 물어보는 공동체 지수에서도 OECD 국가 가운데 꼴찌이다. 경쟁이 극심한 사회에서 오직 자신의 성공만을 위해 살아가는 '각자도생'의 삶을 살고 있다. 그런데 이제는 '각자도생'을 넘어 '각자도사'로 치닫고 있다고 말한다. 각자 살아갈 뿐만 아니라 각자 죽어가고 있다는 것이다. 이것을 증명하는 것이 바로 고독사 문제이다. 홀로 외롭게 죽음을 맞이하는 고독사 사례는 갈수록 증가하고 있다. 그런데 놀라운 것은 고독사로 사망하는 사람들의 다수는 독거노인들이 아니라는 점이다. 고독사 비율이 가장 많은 연령대는 50대와 60대이다. 70대만큼이나 40대에서도 적지 않게 일어나고 있다.

이것은 최근 1인 가구가 크게 늘고 있는 것과 관계가 있다. 우리나라에서 가장 많은 비중을 차지하는 가구 형태는 1인 가구다. 전체 가구에서 3분의 1 이상이 1인이다. 문제는 이런 1인 가구의 급증이 질병, 소외, 빈곤 등 사회병리 현상으로 발전할 수 있다는 점이다. 혼자 사는 삶이 트렌디하고 세련되어 보일 수 있지만 오히려 전통적 빈곤 문제와 다른 차원에서 새로운 사회적 위험을 증가시키고 있다. 특히 1인 가구는 다인 가구에 비해 공동생활에 따른 비용 절약 효과 등이 없어 빈곤화가 심화될 수 있다. 1인 가구가 2인 이상의 가구보다 고용, 소득, 주거, 의료, 안전 등에서 더 많이 위험에 노출돼 있다.

　이것은 청년 세대도 예외가 아니다. 실업 상태에 있거나 구직을 단념한 채 쉬고 있는 청년 중 상당수가 사실상 외부와의 접촉을 끊은 채 이른바 은둔형 외톨이로 지내고 있는 것이다. 은둔형 외톨이는 집 안에만 틀어박혀 가족 이외의 사람들과는 인간관계를 맺지 않고, 6개월 이상 사회적 접촉하지 않는 사람을 말한다. 정부에서 만 19세~34세 청년 가구원을 포함한 1만 5천 가구를 대상으로 한 청년의 삶 실태조사에 따르면, 이 같은 은둔 청년이 24만 명에 달하는 것으로 나타났다. 전국적으로는 60만 명이 넘는 것으로 추산된다. 특히 코로나19 이후 급속히 증가하고 있는 것으로 보이는데, 청년들이 스스로의 삶에 대해 비관하고 불안이 커지며 은둔형 외톨이가 되어가는 것이다. '그것이 알고 싶다'라는 TV 프로그램이 쓰레기집에서 사는 청년들을 보여준 것은 매우 충격적이었다. 이들 중 일부가 고독사로 이어지기도 한다. 매우 안타까운 현실이다.

　이와 함께 자살율도 IMF 사태 이후 급증했고, 십수 년째 OECD 국가 가운데 1위를 차지하고 있다. 1년에 1만 3천 명 이상이 자살로 생을 마감하고 있다. 이것은 대략 40분에 한 명씩 자살로 사망한다는 뜻이다. 이른바 '자살공화국'이라는 표현이 전혀 과장된 것이 아니다. 자살의 원인은 매우 복합적이지만, 우리 사회에서 공동체성이 무너진 것과 결코 무관하지 않다. 어렵고 힘들 때 주변에 도와줄 사람이 없기 때문에 스스로 목숨을 끊는 극단적인 상황이 벌어지는 것이다. 10여 년 전에 전 국민에게 충격을 주었던 '송파 세 모녀 사건'은 우리나라가 얼마나 비공동체적인지를 보여준 단편적인 사건이었다. 당시 정부에서는 복지 체계를 점검하고 더 촘촘한 사회복지망을 구성한다고 하였지만, 최근 송파 세 모녀 사건과 똑같은 '수원 세 모녀 사건'이 발생했다.

정부에서도 더 많은 노력을 해야 하겠지만, 이런 일은 정부의 노력만으로는 해결하기 어렵다는 것을 보여준다. 결국 민간 차원에서 사회안전망을 더 촘촘하게 구축해야 한다. 여기에서 교회의 역할이 중요하다. 교회는 전국에 수만 개가 자리하고 있고, 시골 어느 마을에도 교회가 없는 곳은 없다. 이런 교회들이 힘을 합하여 지역사회 돌봄의 역할을 감당할 수 있다면 어떻겠는가? 그 어떤 조직보다 강력한 힘을 발휘할 수 있을 것이다. 이것은 이미 백여 년 전에 3·1운동과 같은 독립운동을 통해 그 가능성을 보여주었다. 당시에는 지금보다 훨씬 적은 수의 교회가 존재했지만, 전국을 엮어낼 수 있는 일종의 시민 조직으로서의 연결망이 교회밖에 없었던 것이다.

지금도 교회는 다른 어떤 종교 기관보다 많은 수를 자랑한다. 이런 교회가 내부의 공동체성만이 아니라 지역사회를 공동체화하는 일에 앞장서야 한다. 지역사회 통합돌봄을 포함하여 폭넓은 돌봄의 역할에 교회가 주체적으로 참여해야 한다. 그럴 때 우리 사회는 이웃의 삶에 관심을 가지고 더불어 살아가는 공동체적 사회로서의 모습을 회복하게 될 것이다.

| 제8장 |

통합돌봄시대의 돌봄교회와 돌봄마을

이원돈
(부천 새롬교회 목사)

1. 서론

최근 통합돌봄 법이 통과되고 읍면동 단위의 마을에서 활발한 움직임이 시작되고 몇몇 곳에서는 돌봄 선언이 시작되고 있는데, 우리 교계가 이에 대한 정보와 움직이 미미 한 것 같다고 의견이 모아지면서 그 동안 마을목회를 중심으로 신학을 전개하고 있는 실천신대와 갈릴리 신학교와 가정교회 마을연구소 교수 목회자 분들이 함께 모여 2025 신년 2월 26일에 "통합돌봄과 마을 목회"라는 신년 세미나를 개최하기로 하였다,

우선 통합돌봄의 시대가 시작됨을 한국교회에 알리고, 돌봄 세미나를 통해 한국교회의 신학적 선교적 방향을 전환을 선언한 후 각 읍면동 단위의 작은 교회 중심으로 돌봄마을과 돌봄교회의 준비를 시작하기로 하였다. 코로나 이후의 교회적 목회적 대안으로서의 읍면동 단위의 "돌봄교회 돌봄마을"을 중심으로 하는 통합돌봄이라는 주제는 진보와 보수 누구나 받아들일 수 있는 보편적 신학과 신앙의 내용임으로 이러한 보편 대중적

신앙과 신학의 성립과 수용을 위해 독일교회와 국가가 받아들인 디아코니아 신학을 중심으로 이 통합돌봄 시대를 한국교회의 신학과 선교에 전환점의 계기로 삼기로 하였다,

　　이러한 읍면동 단위의 작은 마을교회와 마을 목회자, 평신도들과 마을 주민들의 돌봄적 기초 위에 작은 교회 운동과 이러한 작은 마을교회 운동을 살리는 데 동의하는 건강한 중대형 교회가 협력 참여하면서 이루어지는 "통합돌봄 시대의 돌봄 마을과 돌봄 교회"의 새로운 연대의 틀이 형성되어 나가면 좋을 것이라는 기대와 함께, 장기적으로는 이러한 통합돌봄 세미나를 몇 차례 실시한 이후 실천 신대, 갈릴리 신학교, 유형별 마을 목회 참여 교회들의 충분한 의사소통을 거친 후 디아코니아 신학의 기초 위에 읍면동 단위의 작은 교회의 연대 기초 위에 마을 목회자, 평신도, 마을 주민 및 은퇴자를 중심으로 하는 마을의 돌봄 교육을 주관하고 훈련하는 돌봄 선교 교육원이나 디아코니아 훈련원 같은 연구 훈련의 기관과 제도도 마련하고 실천하는 꿈을 가지기로 하였다. 이러한 꿈을 위해 부족하나마 그동안 마을 목회를 하면서 통합돌봄 시대를 준비하며 이곳저곳에서 발표한 이야기들을 모아서 자그마한 출발점으로 삼고자 한다.

2. 코로나 이후 약대동 통합돌봄 마을로 가는 길 (사례연구)

　　부천 원미구 약대동 마을은 1990년도부터 마을 도서관과 지역 아동센터 등이 있는 마을이었고, 2013년부터는 꼼사리 마을 영화제가 열리고 마을협동조합 카페 등이 세워지면서 마을의 학습 문화 복지 생태계가 살아 움직이는 마을이었다. 특별히 2018년에는 "약대동 돌봄 커뮤니티 협의회"를 세워 마을 단위의 돌봄 커뮤니티를 세우기도 했다.

　　이러한 분위기 속에서 코로나가 시작된 2019년부터는 마을 도시 농부

들이 자발적으로 조직되어 마을 텃밭을 가꾸며 기후 위기에 대응하여 녹색 생명의 씨앗을 뿌리기 시작했다. 2021년부터는 새롬가정지원센터의 은빛날개와 부천의 의료 사회 협동조합과 연결하여 9회의 "약대동 마을 건강 리더 교육"(2021. 6. 25.)을 시작하였고, 9월 3일까지 총 9회를 대면과 줌으로 동시에 진행하여 수료하였습니다. 이는 코로나 기간 동안 부천 약대동 마을 선교의 원동력이 되었을 뿐만 아니라, 통합돌봄 시대 커뮤니티 케어의 찾아가는 방문 치유 개념이 마을 돌봄에 적용된 사례다.

이처럼 우리 약대동 마을은 돌봄 마을을 목표로 건강 리더 교육을 잘 마쳤고, 2022년부터는 환경 생태 교육을 출발하여 이 역시 교육을 마치고 수료증이 수여되었다. 마을 건강 리더들의 활동이 마을 돌봄으로 적극 통합되면서 의사의 왕진 개념과 교회의 마을 심방을 커뮤니티 케어의 영적·육적 돌봄망 개념으로 의료-복지-돌봄-주거-환경 분야를 통합하는 통합돌봄의 시대를 준비할 수 있는 기반이 되었다.

이렇게 약대동 마을 건강, 생태 리더들의 교육과정이 이루어지고 마을의 돌봄망으로 연결되는 시점에 하나의 사건이 일어났다. 1986년 부천의 최초의 종일 탁아 시설로 지난 35년간 약대동 마을의 어린이 복지 및 선교 기관으로서의 역할을 훌륭히 감당한 새롬 어린이집(김귀숙 원장)이 저출산 시대와 코로나 재난으로 말미암아 그 소임을 다하고 폐원을 결정하게 된 것이다.

새롬어린이집이 폐원을 결정하면서, 또 다른 한편에서는 돌봄 마을과 마을 공유 부엌, 마을 부뚜막을 의논하기 시작하며 서로 협력하고 소통하고 돌보고 공유·공감하는 새로운 통합 복지와 통합돌봄 마을의 길을 모색하고 있었다. 새롬 교회에서는 어린이집이 사용하던 새롬 교회 건물 1층과 2층을 '약대동 생태 문화 돌봄센터'로 전환하기로 결정했다. 이곳 1층을 마을 공동 부엌과 어르신 건강 마당으로, 2층은 마을 문화와 교육 공간으로 사용하고, 옥상 전체는 마을 생태 치유 텃밭으로 전환하면서 새롬 교회 건물 전체를 '약대동 돌봄 문화 생태 마당'으로 만들 것을 결의하였던 것이다.

그리고 그해 10월 중 새롬 어린이집 폐원 후, 이렇게 새롭게 디자인된 새롬 교회 1층과 2층은 '세대 공감 돌봄 문화 마당(약대말 역사 문화 공간 세대 공감)' 공사가 마쳐졌다. 11월부터는 이곳에서 약대동 건강 리더들과 문화 리더 그리고 도시 농부(생태 리더)들의 활동이 시작되어, 지금은 한글 교실, 노래 교실, 건강 교실, 청소년 심야 식당 등이 활발히 진행되고 있다. 지금은 이곳에서 원래 계획된 대로 마을 축제와 건강 리더 교육 세미나 등 주민들이 직접 참여할 수 있는 다양한 소그룹 사역이 진행될 뿐만 아니라, 주일을 제외한 평일 중에는 어르신과 청소년, 지역민을 위한 통합적 마을 돌봄 생태 문화 센터 활동이 시작되고 있는 것이다.

이처럼 코로나 기간 동안 약대동에서의 마을 목회와 선교활동은 지역과 마을 단위로 복지와 건강, 생태, 문화를 통합적 돌봄의 관계망과 생명망으로 짜 들어가는 통합돌봄과 문화 복지의 생태계로 나아가기 시작하고 있고, 이것이 바로 코로나 이후 우리 작은 마을교회들이 나아가야 할 길임을 믿는다.

3. 통합돌봄 시대의 도래와 돌봄교회와 돌봄마을

2024년 4월, 드디어 읍면동 단위의 지역 돌봄에 대한 통합 지원법이 제정되었다. 2026년 3월 27일 시행 전에 전국의 마을에 통합 지원법이 실행되기 시작하면, 읍면동 단위의 종교·의료·돌봄 협동조합 등을 아우르는 돌봄 공동체가 세워지는 시대가 시작된다. 지금이야말로 각 지역과 마을마다 돌봄 마을을 준비해야 할 때이며, 이처럼 코로나 이후 마을 목회는 돌봄 마을을 향해 가고 있다.

『돌봄 민주 국가』라는 책에서 김희강 교수는 앞으로 올 시대를 다음과 같이 예고하고 있다.

> 18~19세기 자유민주주의가 봉건적 위계질서에 도전하며 '자유'의 가치를 중심으로 재편된 민주주의였다면, 19~20세기 사회민주주의는 자본주의의 시장경제 위계질서에 도전하며 '노동'의 가치를 중심으로 재편된 민주주의였다. 자유민주주의와 사회민주주의는 모두 사회적 관계를 단순히 개인들의 집합이나 계약의 산물로 본 약점이 있다. 돌봄 민주주의는 우리 사회를 개인들의 집합이나 계약의 산물로 보는 것을 넘어, 관계적이고 상호 의존적인 사람들 간의 다양한 돌봄의 관계망으로 구성된 공동체로 본다. 이 돌봄의 관계망이란 돌봄 민주주의가 되어 신뢰와 상호 관심, 사회적 연결과 사회적 연대를 구축하는 필수적인 주춧돌이 됨으로써, 돌봄이 배제된 사회·경제의 위계질서에 도전하고 '돌봄'의 가치를 중심으로 복지 국가를 넘어서는 마을 단위의 돌봄 생활 민주주의를 실현할 수 있는 재편된 성숙한 민주주의이다.

우리는 앞으로 돌봄이라는 관점에서 산업 노동과 기후 위기를 보아야 할 시기를 맞고 있습니다. 코로나 시대 거리두기를 가능하게 한 것은 필수 노동자들(essential workers)이 있었기 때문이라고 한다. 이 필수 노동의 핵심에는 무엇보다도 '돌봄'과 '연결'이 있다. 시장 중심의 근대 복지 국가는 우리 사회를 개인들의 집합이나 계약의 산물로 보기에, 관계적이고 상호 의존적인 사람들 간의 다양한 돌봄의 관계망으로 구성된 공동체로 보지 못하고 상품으로 보는 한계가 있다.

그러나 국가와 시장을 넘어서는 돌봄 민주주의 관점에 서면, 우리는 필수 노동을 공동체와 관계 중심적인 돌봄으로 보기 시작한다. 이것은 필수 노동이 값싸게 무급으로 제공되는 현 사회 체제를 멈추고 근본적인 사회 개혁을 가능하게 할 것이다. 산업 민주주의와 돌봄의 민주화가 지역 풀뿌리 운동으로 이어지고 구체적인 일상을 변화시키는 일상 민주주의가 꽃필 때, 예컨대 어린이집, 지역 아동 센터, 마을 도서관, 주민 복지 센터 등 마을의 돌봄 공동체가 돌봄 민주주의에 참여할 수 있는 거점이 되기 시작하면, 이제 그동안의 산업 민주주의 시대는 산업혁명 시대를 넘어 돌봄 민주주의와 결합하여 돌봄 혁명을 시작할 수 있을 것이다.

코로나 재난 이후 탈탄소화 노력은 더욱더 치열하고 빠르게 추진되어야만 한다. 만약 탈탄소화가 시도되지 않는다면, 3도 이상 상승 시나리오가 끝내 현실이 될 가능성이 높기 때문이다. 그러나 코로나 재난 이후 탈탄소 기후 담론이 전부인 양 치부되어서는 안 될 것이다. 탈탄소 기후 대응을 한 기둥으로, 돌봄 노동을 다른 기둥으로, 두 기둥을 세우며 기후 돌봄 생태 시대를 열어나가야 한다. 기후 위기에 대처하기 위해서라도 탄소를 배출하는 산업 생산 노동보다는 돌봄과 관계 노동이 더욱 중요하게 여겨져야 하고, 이를 위해 시간과 임금을 재편하는 돌봄 생태 시대를 열어야 지구촌이 지속 가능할 것이다.

2026년 3월 27일에 전국 마을에 통합 지원법이 실행되기 시작하면, 읍면동 단위의 종교·의료·돌봄 협동조합 등을 아우르는 돌봄 공동체가 세워지는 시대가 시작되는데, 지금 이 시기야말로 지역과 마을마다 돌봄 마을을 준비해야 할 때이다. 이처럼 통합돌봄 지원법의 통과를 1년 앞두고 올해 봄에 종교·사회계 돌봄 선언이 거론되는 상황에서 '돌봄'이라는 주제가 굉장히 중요한 사회적, 공동체적 화두로 등장하고 있다.

돌봄이라는 주제는 우리가 시대의 흐름을 읽고 선교 정책과 선교전략을 세울 때 시대의 배경으로 생각했던 국가 중심의 복지국가가 흔들리면서 나오고 있는 문명 전환기의 새로운 담론인데, 그것은 한마디로 "돌봄의 사회와 돌봄 민주주의나 돌봄 민주 국가"로 요약되고 있다. 즉, 공적 돌봄(국가의 실패)과 사적 돌봄(시장의 실패) 사이에서 사회적 연대 경제(공동체 돌봄)를 통한 돌봄 마을, 돌봄교회가 등장하고 있는 것이다.

공적 돌봄(국가의 실패)과 사적 돌봄(시장의 실패) 사이:
사회적 연대 경제(공동체 돌봄)를 통한 돌봄마을

공적 돌봄/ 사적 돌봄/공동체 돌봄

공적 돌봄	국가의 책임
사적 돌봄	시장 의존
해결 방안	공동체 돌봄 모델 구축

그런데 우리의 상황은 다음과 같다.
① 지자체는 아직 준비되어 있지 않습니다.
② 풀뿌리 돌봄이 준비되어 있지 않습니다(마을 일꾼의 부재).
③ 그런데 대기업이 마을 돌봄 사업에 들어올 준비를 하고 있다고 합니다.

이러하기에 앞으로의 돌봄 교회와 돌봄 마을의 방향은 다음과 같다.
① 국가 돌봄, 시장 돌봄에서 마을 공동체 돌봄으로!

② 간접 민주주의에서 직간접 마을 돌봄 공화국으로!
③ 행정 돌봄에서 생활 돌봄으로! = 선거 정치에서 마을 생활 살림살이 정치로!
④ 코로나 이후의 산업선교의 방향성은 산업혁명을 넘어 돌봄 혁명으로 나아가야 할 것입니다!

4. 통합돌봄 마을과 교회의 모델, 약대동과 부천시의 사례

부천시 통합돌봄 마을의 가능성을 보여준 약대동 모델
(부천시 지속가능발전협의회 TFT 발표문 기반)

부천시 약대동은 마을 단위의 통합돌봄 모델이 어떻게 뿌리내릴 수 있는지 보여주는 중요한 사례다. 부천시가 커뮤니티 케어 사업을 추진하던 기간에 '약대동 커뮤니티 케어 위원회'가 결성되었고, 그 성과를 부천시청에서 발표하며 주목받기 시작했다. 약대동이 걸어온 길은 다음과 같은 구체적인 활동들로 요약할 수 있다.

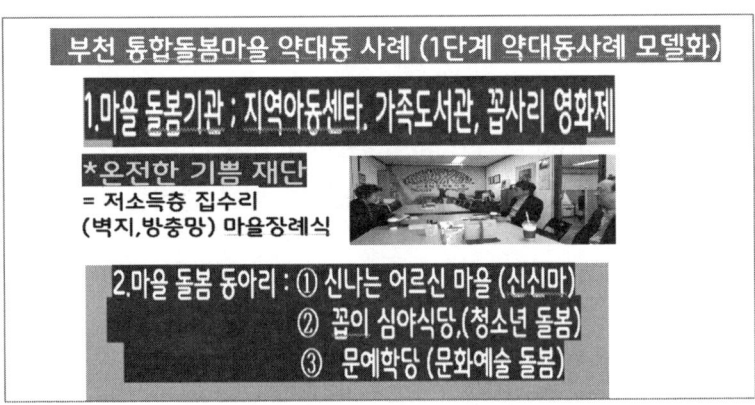

1) 코로나 재난기, 위기를 기회로 만든 돌봄 리더 육성

코로나19라는 위기 속에서 약대동은 '돌봄 네트워크'와 '문예 학당', '꿈이 심야 식당' 등이 서로 연대하여 위기를 극복해 나갔다. 특히 '약대동 건강 리더 교육(건강 돌봄)'과 '약대동 환경 리더 교육(생태 문화 돌봄)'을 통해 마을의 건강, 환경, 문화를 아우르는 돌봄 리더들을 자체적으로 육성하며 공동체의 역량을 강화했다.

2) 문화와 학습을 통한 돌봄 네트워크의 확장

최근에는 마을의 돌봄 문화 리더들을 육성하기 위한 새로운 시도가 이어지고 있다. 약대동의 작은 도서관인 '약대 신나는 가족 도서관'을 거점으로 마을의 돌봄 리더들이 함께 모여, 돌봄과 문화, 생태를 잇는 '마을 대학'을 구상하고 있다. 또한, 마을 축제인 '꿈사리 영화제'를 단순한 행사를 넘어, 마을의 돌봄과 문화를 더욱 풍성하게 만드는 소통의 장으로 발전시키기 위한 연구도 진행 중이다.

3) 일상의 필요를 채우는 촘촘한 복지 안전망 구축

'온전한 기쁨 재단'을 중심으로 저소득층을 위한 집수리(벽지, 방충망 교체) 사업과 이웃의 마지막을 함께하는 마을 장례식 지원 등, 주민들의 실질적인 필요를 채워주는 촘촘한 복지 안전망을 구축하여 운영하고 있다.

5. 약대동 사례를 바탕으로 한 부천시 마을 돌봄 사업 제안

약대동의 성공적인 사례를 바탕으로, 부천시 전체의 마을 돌봄 사업을 위한 구체적인 방향을 다음과 같이 제안하고자 한다.

> **통합돌봄 마을과 교회의 모델로서 약대동과 부천시의 사례 연구 = 부천시 통합돌봄마을의 모델로서 약대동 통합돌봄 마을 모델의 가능성** (부천시 지속가능 협의회 TFT 발표문)
> - 1. 코로나 재난기에 약대동 돌봄네트웍과 문예학당, 그리고 꿈이 심야 식당이 네트웍을 이루 어 약대동 건강리더 교육 (건강돌봄) 약대동 환경리더 교육 (생태문화돌봄)등 마을의 건강 환경 문화 돌봄리더들을 육성하였다,
> - 2. 최근 약대동 마을의 돌봄 문화리더들을 육성하기 위해 약대동의 작은
> - 도서관인 약대신나는 가족도서관과 마을의 돌봄 리더들을 연결하여 마을의 돌봄과 문화와 생태를 연결하는 마을 대학을 구상하고, 꼽사리 영화제도
> - 마을의 돌봄과 문화를 더욱 확장하는 마을 돌봄 문화의 마당으로 다시 자리 매김하려 연구중에 있다,
> - 3. 또한 온전한 기쁨 재단중심으로 저소득층 집수리(벽지,방충망)와 마을장례식과 같은 복지 안정망이 구축되어 있다.
> - 4. 약대동 돌봄마을과 부천시 마을 돌봄 사업과 연결 하여 마을돌봄사업의 주체를 구성해야할 때이다.

1) 마을 돌봄 사업의 주체를 명확히 해야 한다.

성공적인 마을 돌봄의 첫걸음은 사업의 주체를 명확히 하는 것에서 시작된다. 여기에는 마을교회를 비롯하여 마을 도서관, 마을 의료협동조합, 그리고 지역의 문화 예술인까지 다양한 공동체 구성원이 포함되어야 한다.

2) 훈련된 인적 자원을 양성해야 한다.

돌봄 사업은 결국 사람을 통해 이루어진다. '마을 대학'과 같은 교육 시스템을 통해 마을 건강 리더, 생태 리더, 문화 리더 등 헌신적이고 전문성을 갖춘 시민과 교인들을 지속적으로 양성해야 한다.

3) 민관이 협력하는 새로운 추진팀을 구성해야 한다.

마을돌봄 사업을 효과적으로 추진하기 위해서는 부천시 산하에 민관이 함께하는 새로운 전담팀 구성이 필요하다. 이 팀에는 마을 의료협동조합, 문화 예술인(문예 학당), 약대동 커뮤니티 케어 그룹, 시민사회 지속협, 마을 도서관 협의회(부도협), 마을 교회 협의회(부마협) 등 현장의 다양한 주체들이 참여해야 한다.

4) 단계적이고 체계적인 확산 전략이 필요하다.

통합돌봄 마을은 체계적인 순서에 따라 추진되어야 한다. 가장 중요한 것은 사업의 주체와 역량을 강화하는 것이며, 다음과 같은 3단계 전략을 제안한다.

첫째, 성공적인 '모델 마을'을 세워야 한다.
우선 약대동과 같이 잠재력 있는 지역을 선정하여, 부천시를 대표하는 통합돌봄 모델 마을로 집중 육성하고 성공 사례를 만들어야 한다.

둘째, 모델을 각 지역 특성에 맞게 확산해야 한다.
하나의 성공 모델을 중심으로, 각 마을의 고유한 사정과 특성에 맞는 3~5개의 특화된 돌봄 마을을 부천시 전역으로 확산해 나가야 한다.

셋째, 부천시 전체의 돌봄 조직들을 유기적으로 연결해야 한다.
장기적으로는 부천시의 통합돌봄 관련 조직들을 서로 연결하여 거대한 협력 네트워크를 구축해야 한다. 이를 위해, (1) 먼저 약대동의 건강·생태·문화 공동체와 '약대동 교회 협의회', 작은도서관의 역할을 마을 단위로 확대하는 노력을 통해 모델 마을의 기반을 굳건히 하고, (2) 다음으로 '부천 급식위원회', '청개구리 사회적 협동조합', '부천의료복지사회적협동조합' 등 먹거리와 건강 생태계 관련 단체들을 연결하는 것이 필요하다. (3) 마지막으로 부천시 산하 조직인 지속협 및 마을 만들기 위원회와 공식적으로 연계하여, 지속 가능한 부천형 통합 마을 돌봄 모델을 완성해 나가야 할 것이다.

6. 약대동 통합돌봄 마을의 구체적 디자인

약대동 통합돌봄 마을은 추상적인 구호가 아니라, 마을의 여러 자원을 유기적으로 엮어낸 구체적인 프로그램들의 집합체이다. 각 조직과 활동은 서로의 필요를 채워주며 교육, 문화, 급식, 복지를 아우르는 촘촘한 돌봄 네트워크를 형성한다. 그 구체적인 디자인은 다음과 같다.

1) 문화와 학습으로 세대를 잇는 돌봄

마을의 문화적 돌봄은 여러 거점을 통해 이루어진다. '신나는 어르신 마을(신신마)'은 어르신들의 교육과 문화 활동을 책임지며, '꿈터 리모델링'과 같은 주거 개선 프로젝트로 삶의 질을 높인다. '문예 학당'은 마을 문화 공연팀을 창단하여 다른 마을과 연합 공연을 열고, 직접 대본을 창작하는 강좌를 개설하는 등 문화 창작의 중심이 되고 있다. '가족 마을 도서관'은 책을 매개로 모든 세대를 위한 문화적 돌봄을 제공하며, '꼽사리 영화제'는 부천시 전체의 통합돌봄 사업과 연계하는 방안을 모색하며 그 외연을 넓히고 있다.

2) 일상의 필요를 채우는 생활 밀착형 돌봄

'꿈이 심야 식당'은 기존의 청소년 급식에서 나아가 어르신 급식까지 대상을 확대하며 세대 통합적 돌봄을 실천하고 있으며, 장기적으로는 마을 통합형 돌봄 사업을 수행하는 사회적 기업으로의 전환을 목표로 한다. 또한 '온전한 기쁨 재단'은 마을 장례 지원, 집수리, 도배, 난방 공사 등 주민들의 가장 시급하고 실질적인 어려움을 해결하는 든든한 버팀목이 되어주고 있습니다. 이러한 모든 활동의 구심점에는 '약대동 커뮤니티 케어 위원회'가 마을 통합 플랫폼의 상징으로서 자리 잡고 있다.

3) 부천시 돌봄 마을의 현주소와 방향 (인하대 임종한 교수)

현재 부천시가 마주한 과제와 가능성에 대해, 인하대학교 임종한 교수는 다음과 같이 진단한다.

> 초고령 사회 진입과 건강보험 재정 악화에 따라 부천시가 추진한 지역 기반 통합돌봄 사례 발굴은 어느 정도 유의미한 결과를 가져왔습니다. 하지만 돌봄, 의료 등 각 부분이 유기적으로 연계되지 못하고 사업이 파편적이고 분절적으로 수행되었습니다. 특히 보건 의료 분야의 참여가 매우 저조하여 복지 행정 중심으로 치우친 한계가 있었습니다. 선도 사업 지역 외 다른 곳에서도 통합돌봄이 가능하도록 인프라 구축이 시급한 상황입니다.
>
> 이러한 때에 서울 마포구 대흥동의 '통합지원협의회'가 '지역사회보장협의체'와 유기적으로 협력하는 사례가 나타나고 있으며, 우리 부천의 약대동 역시 평생 교육, 반찬 봉사, 마을 환경 개선, 마을 장례, 일상생활 돌봄 등 다양한 형태의 마을 돌봄과 서로 돌봄의 사례를 이미 만들어가고 있습니다.

전국 3,500여 개의 읍면동이 에너지 자립 마을로 전환되고, 마을공동체가 경제·문화적으로 되살아날 때 통합돌봄(노인, 아동, 청소년, 장애인, 사각지대 돌봄)은 활성화될 것이다. 마을에 기반한 의료·복지·돌봄 협동조합, 에너지 전환을 위한 재생에너지 협동조합, 교육 사회적 협동조합 등 사회적 경제 주체들이 이러한 시대적 필요에 부응하며 성장을 주도해야 한다.

4) 부천시 돌봄의 과제와 나아갈 길

지금 부천의 마을 돌봄 현장은 두 가지 과제를 동시에 안고 있다. 첫째는 마을 주민들의 보편적 돌봄에 대한 인식을 높이는 '계몽적 단계'이며, 둘째는 주민들이 통합돌봄 마을의 주체가 되도록 역량을 키우는 '주체화 과정'이다. 지역 돌봄 지원법 시행이 2년 앞으로 다가온 지금, 부천시는 이 두 가지 과제를 읍면동, 시, 도가 통합적으로 결합하고 '상생 사회적 협동조합'과 같은 조직과 제도를 통해 동시다발적으로 추진해야 할 결정적 시기를 맞이했다.

산업 민주주의와 돌봄의 민주화가 어린이집, 지역 아동 센터, 마을 도서관 같은 지역의 풀뿌리 돌봄 공동체와 연결될 때, 이 공간들은 돌봄 민주주의에 참여하는 거점이 될 것이다. 그때 비로소 우리 부천은 '돌봄 마을'과 '돌봄 도시'가 만나는 성숙한 돌봄 민주 도시의 모델이 될 수 있다.

이를 위해 지자체는 통합돌봄 지원 전담 조직을 과감하게 민간에 개방해야 한다. 통합돌봄지원 센터, 사회복지관, 돌봄 사회적 협동조합, 의료복지 사회적 협동조합 등 여러 지역 자원의 유기적인 연계가 필수적이다. 결론적으로, 미래의 돌봄 마을은 관 주도의 '지역사회보장협의체'를 넘어, 마을 단위의 돌봄 자치 조직들이 유기적으로 협력하는 주민 중심의 '통합지원협의회'를 통해 구성되어야 할 것이다.

- 서번트리더쉽훈련원장 유성준 목사님과 통합돌봄 마을 대담록 -

이 시대 한국사회의 국가적으로 중요한 방향이 복지국가에서 돌봄국가로 전환되는 것이다. 이미 통합돌봄법이 제정되었고 내년부터 시행을 앞두고 있는 시기에 이 일에 소명을 가지고 사역하고 계신 이원돈 목사님을 모시고 통합돌봄의 이해 기본적인 내용과 교회 적용에 대한 얘기를 나누고자 한다.

통합돌봄법에 대해 알려주세요 · 마을 통합돌봄지원법이란?
마을 통합돌봄지원법은 의료, 요양, 돌봄 서비스를 통합적으로 지원하여 지역 주민들이 살던 곳에서 건강하고 자립적인 생활을 영위하도록 돕는 법률입니다. 2024년 3월 제정되었으며, 2026년 3월부터 시행될 예정입니다.
목표:고령자, 장애인, 만성질환자 등 일상생활에 어려움을 겪는 사람들이 살던 곳에서 건강하고 자립적인 생활을 유지하도록 지원하는 것.
주요 내용: 의료 서비스 연계: 지역 의료기관과 연계하여 건강 위험 평가, 만성 질환 관리, 건강 검진, 예방 접종, 건강 교육 등 포괄적인 의료 서비스를 제공. 요양 및 돌봄 서비스 제공: 요양 시설이 아닌 지역사회에서 필요한 요양 및 돌봄 서비스를 제공하여 자립적인 생활을 돕고, 가족과 함께 어울려 살 수 있도록 지원.
•주거 지원: 주거 환경 개선, 맞춤형 주거 지원, 주택 수리 등 주거 안정 지원을 통해 지역사회에서 살 수 있도록 돕는 것.
•사회적 지원: 사회복지 서비스, 자립 지원 서비스, 지역 사회 연계 등을 통해 주민들의 건강한 삶을 지원하고
•, 사회 참여를 돕는 것.
시행 주체: 지자체는 지역주민들이 생활권 단위에서 통합 돌봄 생태계를 구축하도록 지원하며, 통합 돌봄 서비스 제공에
•필요한 예산 및 인력 확보에 노력해야 합니다. **기대 효과**:지역 주민들이 살던 곳에서 건강하고 자립적인 생활을 영위하며
•, 요양 시설 입소율 감소, 돌봄 서비스 이용š 증가, 지역 사회 활성화 등 다양한 긍정적인 효과가 예상됩니다.

Q1. 먼저 통합돌봄법이 어떤 내용을 담고 있는지 입법의 취지에 대해 소개를 부탁드립니다.

"마을 통합돌봄지원법"은 의료, 요양, 돌봄 서비스를 통합적으로 지원하여 지역 주민들이 살던 곳에서 건강하고 자립적인 생활을 영위하도록 돕는 법률입니다. 2024년 3월 제정되었으며, 2026년 3월부터 시행될 예정입니다. 목표는 고령자, 장애인, 만성질환자 등 일상생활에 어려움을 겪는 사람들이 살던 곳에서 건강하고 자립적인 생활을 유지하도록 지원하는

것입니다.

주요 내용으로는 지역 의료기관과 연계하여 건강 위험 평가, 만성 질환 관리, 건강 검진, 예방 접종, 건강 교육 등 포괄적인 의료 서비스를 제공하는 것입니다. 또한 요양시설이 아닌 지역사회에서 필요한 요양 및 돌봄 서비스를 제공하여 자립적인 생활을 돕고, 가족과 함께 어울려 살 수 있도록 지원합니다. 주거 환경 개선, 맞춤형 주거 지원, 주택 수리 등 주거 안정 지원을 통해 지역사회에서 살 수 있도록 돕고, 사회복지 서비스, 자립 지원 서비스, 지역 사회 연계 등을 통해 주민들의 건강한 삶을 지원하며 사회 참여를 돕는 것입니다.

지자체는 지역주민들이 생활권 단위에서 통합돌봄 생태계를 구축하도록 지원하며, 통합돌봄 서비스 제공에 필요한 예산 및 인력 확보에 노력해야 합니다. 이를 통해 지역 주민들이 살던 곳에서 건강하고 자립적인 생활을 영위하며, 요양 시설 입소율 감소, 돌봄 서비스 이용률 증가, 지역 사회 활성화 등 다양한 긍정적인 효과가 예상됩니다.

그러나 우리 상황은 지자체가 아직 준비되어 있지 않고, 풀뿌리 돌봄이 준비되어 있지 않으며 마을 일꾼이 부재한 상황입니다. 그런데 대기업이 마을 돌봄 사업에 들어올 준비를 하고 있다고 합니다. 이러하기에 앞으로의 돌봄교회와 돌봄마을의 방향은 국가 돌봄, 시장돌봄에서 마을공동체 돌봄으로 나아가야 하고, 간접민주주의에서 직간접 마을 돌봄공화국으로, 행정 돌봄에서 생활돌봄, 즉 선거정치에서 마을 생활 살림살이 정치로 전환되어야 합니다. 코로나 이후의 산업 선교의 방향성은 산업혁명 넘어 돌봄혁명으로 나가야 할 것입니다.

지금은 법 이름이 '돌봄통합지원법'이지만, 진정한 통합돌봄의 구조로는 보기 어렵습니다. 현재 시행 중인 '돌봄통합지원법'이 여전히 많은 개선이 필요합니다. '주민 참여 기반 생활권 단위 통합지원 생태계 조성'과 '공공성 강화'를 명시하고 있지만, 법령상으로는 단 한 줄의 선언적 문장에 그치고 있어, 실행을 위한 세부 구조나 기준이 마련돼 있지 않다는 점이 문제로 지적됩니다. 뿐만 아니라, 지역 단위 통합지원협의체 구성 시에도 기존의 사회보장협의체 외에 돌봄, 요양, 의료, 주거 등 다양한 분야의 민간·비영리 주체들이 함께 참여할 수 있도록 보장해야 됩니다.

지속가능한 생태계를 설계하는 지역 중심의 통합돌봄정책에서 사회연대경제가 수행할 수 있는 구체적 역할 또한 중요합니다. 단지 돌봄 일자리를 늘리는 차원이 아니라 돌봄이 시장에만 의존하지 않고 공공성과 공동체성을 회복할 수 있도록 하는 근본적 생태계 전환이라는 점에서 중요합니다. 지역이 곧 삶의 안전망이 되는 구조, 머릿속에 그려져야 지역에서 살아가는 것이 곧 생존과 존엄을 보장하는 구조로 설계돼야 합니다. 그러한 구조를 만들어내는 핵심 동력이 바로 사회연대경제의 공공성, 혁신성, 지속 가능성이라는 것입니다.

Q2. 통합돌봄에 대한 이해를 위해 약대동에서 시범적으로 진행하고 있는 '약대동 돌봄사역 이야기'를 소개해 주시기 바랍니다.

1) 우선은 마을 돌봄 일꾼을 키워야 하는데 약대동에서는 코로나 기간에 마을 돌봄일꾼들이 키워졌습니다. 마을의 건강, 환경, 생태, 문화 리더들이 교육되어 마을 돌봄 사업할 훈련된 시민과 교인들이 육성되었습니다.

2) 통합돌봄 마을과 교회의 모델로서 약대동과 부천시의 사례를 보면, 코로나 재난기에 약대동 돌봄네트웍과 문예학당, 그리고 꿈이심야 식당이 네트웍을 이루어 약대동 건강리더 교육과 환경리더 교육 등 마을의 건강, 환경, 문화 돌봄리더들을 육성하였습니다.

최근 약대동마을의 돌봄 문화리더들을 육성하기 위해 약대동의 작은 도서관인 약대 신나는 가족도서관과 마을의 돌봄 리더들을 연결하여 마을의 돌봄과 문화와 생태를 연결하는 마을 대학을 구상하고 있습니다. 꼽사리 영화제도 마을의 돌봄과 문화를 더욱 확장하는 마을 돌봄 문화의 마당으로 다시 자리 매김하려 연구중에 있습니다.

또한 온전한 기쁨 재단 중심으로 저소득층 집수리, 벽지, 방충망과 마을장례식과 같은 복지 안정망이 구축되어 있습니다. 약대동 돌봄마을과 부천시 마을 돌봄 사업과 연결하여 마을돌봄사업의 주체를 구성해야 할 때입니다.

Q3. 교회가 지역사회와 연결점을 갖는 돌봄사역을 각 지역교회에 어떻게 적용하며 기본적으로 어떤 준비가 필요할까요?

통합돌봄을 교회의 본질적 사역으로 정립하기 위해 신학적 교육과 교회의 인식 변화를 유도해야 합니다.

1) 디아코니아 신학 기반을 강화하기 위해 신학교 커리큘럼을 개편하고, 목회자 대상 돌봄 신학 교육이 필요합니다. 신학교 및 교단 교육원에서 "통합돌봄 목회" 연수 프로그램을 운영하고, 디아코니아 선진 사례인 독일 디아코니아, 일본 개호보험 등을 연구하여 적용해야 합니다. 교회 지도자 및 평신도 교육으로 "마을목회와 돌봄" 주제의 교회 세미나 및 교육 과정을 개설하고, 기독교 사회복지 전문가 초청 강연 및 워크숍을 운영해야 합니다.

2) 교회의 인식 변화 및 사역 방향 전환도 필요합니다. 교회의 사역을

예배 중심에서 지역사회 돌봄 중심으로 확대하고, 단순한 구제 활동을 넘어 지속 가능한 마을 공동체 기반 돌봄 시스템을 구축해야 합니다. 소규모 교회도 네트워크 협력을 통해 돌봄 사역을 수행할 수 있도록 연합 모델을 개발해야 합니다.

각 교회가 실질적인 돌봄 서비스를 운영하기 위해 전담 조직을 구성하고 운영 프로세스를 구축해야 합니다. 교회 내 돌봄 사역팀을 구성하여 통합돌봄 코디네이터를 선임하고, 목회자, 장로, 권사, 청년 리더 등이 참여하는 돌봄 사역팀을 운영합니다. 노인 돌봄, 장애인 지원, 아동·청소년 돌봄 등을 담당하고, 의료인, 사회복지사, 상담사가 참여하는 돌봄 컨설팅 및 자문위원회를 조직합니다.

3) 교회 중심 마을 돌봄 네트워크를 구축하되, 교회 단독 운영이 아닌 지역 교회 연합 모델을 구축하고, 마을 단위로 교회-주민센터-복지기관 협력 체계를 구성합니다. 소규모 교회도 참여할 수 있도록 교회별 역할을 분담합니다.

통합돌봄 운영 프로세스는 돌봄 대상자 발굴을 위해 주민센터, 동사무소, 지역 병원과 협력하는 것부터 시작합니다. 그 다음 맞춤형 돌봄 서비스를 기획하여 영적·정서적·신체적 돌봄을 설계하고, 실질적인 돌봄을 제공하기 위해 방문 돌봄, 교회 공간 활용 프로그램을 운영합니다. 마지막으로 지속적인 평가 및 피드백을 반영합니다.

개교회는 마을 목회를 어떻게 준비해야 되는가에 대해서는, 먼저 관심 있는 분들이 소그룹을 만들고, 성서공부와 인문 사회학과의 연결 공부를 통해 평생학습, 사회적 자본, 스토리텔링, 선교적 교회, 마을 생태계, 돌봄사회와 돌봄민주주의, 마을 목회를 공부해야 합니다. 마을조사 및 마을이 여행이다라는 개념으로 마을을 탐방하고, 지속협과 시의 공모사업에 참여하며, 교회의 절기별 마을주간을 통해 발표 및 세미나를 진행하고, 지역 및 시민사회와의 연대를 맺어나가야 합니다.

Q4. 통합돌봄마을의 앞으로의 비전에 대해 말씀해 주시기 바랍니다.

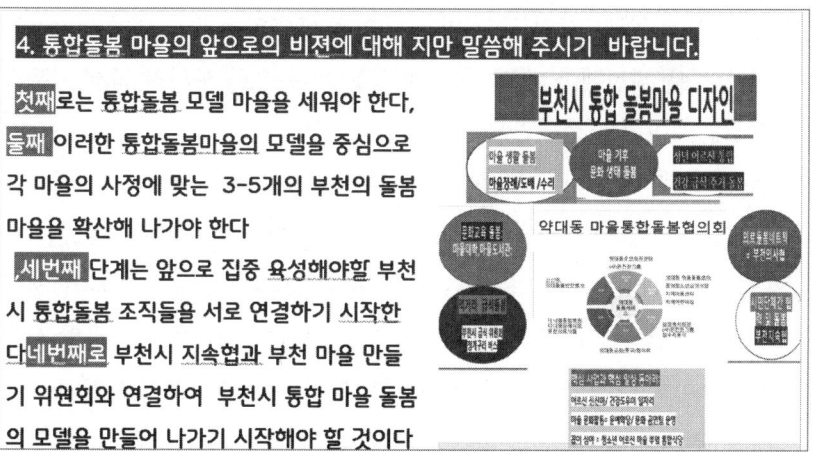

첫째로는 통합돌봄모델 마을을 세워야 합니다. 둘째, 이러한 통합돌봄마을의 모델을 중심으로 각 마을의 사정에 맞는 3~5개의 부천의 돌봄 마을을 확산해 나가야 합니다. 세 번째 단계는 앞으로 집중 육성해야 할 부천시 통합돌봄조직들을 서로 연결하기 시작하는 것입니다. 네 번째로 부천시 지속협과 부천 마을 만들기 위원회와 연결하여 부천시 통합 마을 돌봄의 모델을 만들어 나가기 시작해야 할 것입니다.

- 부천시 돌봄마을 선언문 -

우리 사회는 저출생, 고령화, 다문화 사회의 진입, 빈부 격차의 심화 등으로 돌봄의 사각지대에 놓인 취약그룹이 늘어날 것으로 예상된다. 2024년 3월 정부는 '의료·요양 등 지역 돌봄의 통합지원에 관한 법률(약칭 돌봄통합지원법)'을 제정했다. 우리 사회에 '돌봄'이 중요한 사회적 과제로 등장한 것이다.

우리는 누구나 언제든지 타인의 돌봄을 받을 상황에 놓인다. 시민사회 구성원으로 돌봄이 필요할 때, 누구라도 공동체의 돌봄을 받을 수 있는 사회가 진정 건강한 사회이다. '누구나 돌봄'은 공동체 구성원 모두가 전반적인 돌봄을 받을 권리를 의미한다. 결국 건강하고 행복한 지역사회 실현을 위해 우리 사회가 나아갈 핵심 과제로 '돌봄마을'이 부상하고 있다.

공적 돌봄(국가의 실패)과 사적 돌봄(시장의 실패) 사이에 마을공동체 중심의 돌봄마을의 중요성이 강조되고 있다. 2045년 우리나라는 65세 이상 고령자가 전체 인구의 37%로 일본을 넘어 세계 최고령 국가가 된다. 초고령사회 진입에 대비해 지역사회 통합돌봄이 조속히 마련되어야 하고, 이를 위한 주거-의료-복지-돌봄 간에 유기적인 협력이 시급하다.

그러나 우리 사회는 이웃을 돌볼 시민사회의 돌봄역량을 충분히 갖추지 못한 상황이다. 국가는 공적 돌봄이 감당할 수 없는 돌봄의 공백을 시장경제에 맡기고 있다. 하지만 시장의존형 돌봄은 온전한 해결책이 아니다. 가족과 마을에서 함께 사는 이웃이 제공하는 안전한 돌봄 공간이 있는 '돌봄마을'의 구현이 절실하다.

이에 따라 돌봄마을의 지향점은 다음과 같다.

하나, 우리는 부천시민 모두가 생애주기에 따른 차별 없고 안전한 돌봄체계와 환경 가운데 살아가도록 통합적 돌봄공동체인 민·관 협력체를 구축한다.

하나, 우리는 아동·청소년이 차별 없고 안전한 환경에서 성장하도록 마을돌봄과 안전망을 마련한다.

하나, 우리는 이주민들이 지역사회에서 안정적으로 정착하고 살아가도록 다양한 지원과 이를 뒷받침할 돌봄체계를 구축한다.

하나, 우리는 장애를 이유로 제한·분리·배제·거부 등을 할 수 없고 지역사회에 베리어프리(barrierfree) 환경을 구축하고 장애인을 위한 편의와 돌봄공동체를 마련한다.

하나, 우리는 노인들이 마을을 떠나지 않고 돌봄을 받으며 지역사회에서 인간답게 생애를 정리할 수 있도록 공동체적 통합돌봄체계를 마련한다.

하나, 우리는 동(洞) 단위의 통합돌봄 전담조직들이 지역에 돌봄·의료 등 여러 조직들과 긴밀하게 연계되어 촘촘한 돌봄지원망을 구축한다.

하나, 부천시는 마을공동체가 마을돌봄의 역할을 수행할 수 있도록 지원하고 민관협력의 모범이 될 것을 요청한다.

부천은 이미 지역의 다양한 주체들이 마을돌봄 현장에서 여러 돌봄의 실재를 이뤄가고 있다. 이제 돌봄통합지원법이 시행을 1년 6개월 앞둔 지금이 부천시가 통합돌봄을 본격적으로 추진해야 할 적기이다.

오늘 우리는 부천시민 누구나 돌봄의 필요가 있을 때 돌봄을 받을 수 있는 권리가 있음을 분명하게 밝힌다. 이와 함께 지역공동체의 돌봄권을 보장하기 위해 지자체와 협력하여 마을돌봄에 적극 참여해 마을돌봄시대를 열어 갈 것을 선언한다.

2024년 10월 31일
부천시지속가능발전협의회 마을돌봄활동가 2기 일동

- 일하는예수회 돌봄 선언문 -

일하는예수회는 2024년 11월 10~12일 국립대전숲체원에서 '돌봄이 돌보는 세계'를 주제로 가을수련회를 가졌다. 돌봄사회가 나아가야 할 바람직한 방향을 찾기 위해, '돌봄선언과 돌봄목회,' '목회자의 마음 돌봄,' '돌봄사역의 실천사례,' '사회변화와 돌봄노동,' '세계의 변화와 이주민 돌봄' 등을 살펴보며 실천 방안을 모색하였다.

2024년 3월 '지역돌봄 통합지원법'이 통과되었고, 2년 후인 2026년에 돌봄 통합지원법의 전면 실행을 앞두고 우리 사회의 나아갈 길의 핵심적 방향으로 '돌봄과 마을'이 부각되고 있다. '돌봄'은 이상적인 복지사회로 생각했던 '복지국가' 이념이 흔들리면서 코로나 이후의 새로운 사회상으로 '돌봄의 사회화'와 '돌봄의 민주주의,' '돌봄 민주국가'가 등장하면서 더욱 뜨거운 화두가 되고 있다. 즉 공적 돌봄(국가의 실패)과 사적 돌봄(시장의 실패) 사이에서 마을공동체 중심의 돌봄 사회와 돌봄 마을이 대안으로 떠오르고 있다.

2025년에는 인구의 20%가 65세를 넘는 초고령사회가 될 것이고, 돌봄 수요가 급증하고 있다. 2032년이면 돌봄인력이 최대 71만명 가량 모자랄 것으로 예상된다. 돌봄노동에 대한 정당한 평가와 저임금 구조를 개선해야 그나마 돌봄 공백을 막을 수 있다. 동시에 돌봄노동은 여성과 남성 간에 민주적으로 재분배되어야 하며, 시장에만 맡기지 말고 공적 돌봄을 새롭게 구축해나가야 한다. 이제 우리는 경쟁에서 연대로, 독립에서 의존으로, 성장에서 돌봄으로! 마을과 지역과 국가를 넘어 지구적인 차원의 돌봄 연대를 확산시켜 나가야 할 때임을 직시하며 다음과 같이 선언한다.

우리의 선언

하나, 우리 모두가 생애주기에 따라 차별 없이 안전한 돌봄체계와 환경

안에서 살아가도록 통합적인 민·관 협력 돌봄체계 구축을 목표로 한다.

하나, 우리는 동(洞) 단위의 통합돌봄 전담조직이 지역사회의 복지·의료, 교육 등의 조직들과 긴밀하게 연계해 촘촘한 돌봄 지원망을 구축한다.

하나, 우리는 돌봄 노동의 중요성을 깨닫고 돌봄 노동의 성차별과 착취 구조를 혁파하여 민주적 돌봄 노동 생태계를 구성한다.

하나, 우리는 장애를 이유로 제한, 분리, 배제, 거부하지 않고 지역사회에 베리어프리(barrierfree) 환경을 구축하고 장애인을 위한 편의와 돌봄공동체를 마련한다.

하나, 우리는 노인이 마을을 떠나지 않고 돌봄을 받으며 지역사회에서 인간답게 생애를 마칠 수 있도록 노인친화적 돌봄공동체를 마련한다.

하나, 우리는 이주민들이 지역사회에서 안정적으로 정착하고 살아가도록 다양한 지원과 이를 뒷받침할 돌봄체계를 구축한다.

하나, 우리는 돌봄의 영역이 한 지역에 고착되지 않고, 다극화되고 변화하는 세계화 흐름에 조응하여 국제사회의 민중들이 주인이 되어 서로를 돌보는 평등하고 평화로운 세계 돌봄을 실현한다.

하나, 우리는 한국교회가 돌봄 사회 속의 교회로 전환되기를 바란다. 돌봄 사역이 예수 그리스도의 생명 구원, 섬김 사역과 맞닿아 있음을 주목하면서 영적 돌봄과 함께 지역사회 돌봄망을 구축한다.

2024년 11월 12일
일하는예수회 "돌봄이 돌보는 세계" 수련회 참석자 일동

제3부
통합돌봄의 실천적 모델과 사례들

| 제9장 |

의료돌봄과 건강한 마을 만들기

임종한
(사회적가치경영연구원 이사장)

1. 위기에 선 한국사회, 돌봄이 필요한 시기

　대한민국이 인구 5000만이상, 1인당 국민소득 3만 5천불을 넘어 선진국 대열에 대한 근접해있지만, 아직 국민들의 삶의 질은 그다지 향상되지 못하였다. OECD등에서 발표하는 삶의 질 지표에서 삶의 만족도는 41개국 중 35위, 134개국을 대상으로 조사된 행복지표(2022년)는 55위로, 전체적으로 대한민국은 중하위권이다. 우리나라는 세계에서 유례가 없을 정도로 급격한 고령화를 경험하고 있으며, 2025년 65세이상이 전체인구의 20%를 차지하는 초고령사회로 진입을 앞두고 있고, 2045년에는 65세이상 노인인구가 전체 인구중 37.3%에 이르러 고령인구 비율이 세계에게 가장 높은 초고령국가가 된다. 가족형태도 초핵가족 형태로 변모되어 있다. 노인가구중 소득이 중위소득의 절반이 안 되는 빈곤가구가 40%에 이르는데, 이들 빈곤노인가구는 의료복지 수요는 높지만, 제대로 이들 서비스를 받지 못하는 상태이다.

경제 규모는 커져 있지만, 소득의 불평등 구조는 더욱 심화되고 있다. 소득 상위 10% 해당하는 그룹이 전체 소득의 50%이상을 차지하고 있다. 주식, 부동산으로 인한 수익에서는 이런 불평등 구조가 더욱 심각하다. 상위 10%가 전체 부동산의 90%이상을 소유하고 있다. 교육의 불평등구조는 더욱 심화되고 있다. 건강의 불평등 구조도 역시 악화 일로를 보이고 있다.

특별히 인간의 기본적인 권리인 건강권은 사회적으로 보장되어야 권리에 속하나, 우리나라 국민들의 건강수준과 삶의 질 수준은 선진국에 비해 미흡한 상태이며 국민들의 요구를 충족시키지 못하고 있다.

국내에서는 급속히 진행되는 고령화로 취약한 고령층이 급증하고 있으며, 사회양극화의 진행과 더불어 지역 및 계층간의 건강 불평등 역시 증가하고 있다. 사회경제적 양극화, 특히 소득과 교육, 고용의 불평등이 심화되는 것과 계층간의 의료 이용과 건강 수준의 차이가 심화될 것으로 보인다.[1]

현재 의료체계의 근간인 일차 의료는 취약해진 상태이고, 질병 예방 및 관리 능력의 상실, 비효율적인 구조로 사회적인 부담은 증가되고 있다.

사회환경의 급변하는 환경 속에서, 시민들의 건강과 의료 복지에 대한 요구는 높아지고 있지만, 일차의료기관의 의료의 질은 낮고 왜곡되어있다. 의료기관의 경영 여건은 악화되면서도 소비자들의 의료비 부담은 늘어가고 있다. 한국의 보건 의료가 위기에 봉착해 있다는 것은 여러 형태로 감지되고 있는데, 이러한 고비용 저효율의 의료 구조, 의료의 왜곡의 심각한 문제가 문제로서 아직 인식되지 못하고 있다.

코로나19와 같은 글로벌 감염병도 감염병 관리와 일차 의료가 부실한 경우, 그 피해는 가난한 노인과 정신병 질환자 등 사회적 약자에게 집중되었다. 세계의 시대를 코로나19 이전과 이후로 나눈다고 할 정도

---

1) 신영전·김창엽. 보건의료 개혁의 모색. 한울아카데미 2006 19-34쪽

로 코로나19가 남긴 영향은 엄청나다. 전 세계 코로나19 누적 사례수는 777,720,205명, 누적 사망자 수는 7,094,447명으로 보고되었다('25.4.13 기준).[2] 중요 국가에서 산업생산이 마이너스 성장을 보였고, 시민들의 일상생활이 여러 형태로 제약되는 상황이었다.

우리나라는 코로나19로 인한 사망자 수가 상당히 적어, 감염병관리에 좋은 평가를 받기도 하지만 사회적 약자들의 피해가 컸다. 코로나19와 같은 감염병은 다시 감염력과 독성이 더 강력한 상태로 다시 올 가능성이 있기에, 다시금 피해가 발생하지 않게 철저한 대비가 필요한 상황이다. 코로나19 이후 한국사회와 교회는 어디로 가야 하나? 특별히 보건의료 돌봄 분야는 어떻게 개편되어야 하나?

그동안은 기업의 운영도 기업 이윤의 극대화와 효율 중심으로 움직였으며, 노동자나 사회 구성원의 안전과 건강을 희생되어왔는데, 코로나19 대응과 관련한 유럽 선진국이나 미국의 사례를 볼 때 이 시스템이 얼마나 취약한지가 여실히 드러났다. 한국이 이번 코로나19 대응에 선방한 측면이 있지만, 한국 역시 효율 중심의 시스템에서 자유롭지 않다. 향후 사회 방향은 사회 구성원 전체의 안전과 건강, 생명 가치를 더욱 중시하는 방향으로 나아가야 한다. 그래야 이 사회가 지속가능하다.

전체 사회 구성원들의 건강과 안전이 보장되게 다음과 같이 향후 보건의료가 개편되길 제안한다.

세계에서 가장 먼저 지역통합돌봄 서비스를 체계적으로 마련한 영국의 경우, 우리나라와 같이 2025년 초고령사회로 진입하는데, 이미 1990년에 국가보건서비스와 지역통합돌봄법(National Health Service and Community Care Act 1990)을 제정했다. 지금은 고령화의 심화와 가족기능의 약화에 대응하면서, 사회적 약자의 인권을 존중하고 삶의 질 제고에 집

---

2) 질병관리청(KCDC). 전체 발생현황 발행현황 총괄. (2025). kdca.go.kr. https://dportal.kdca.go.kr/pot/cv/trend/dmstc/selectMntrgSttus.do

중해야 할 시점이다. 집, 그룹홈 등 다양한 주거 형태로 지역사회에서 거주하면서, 욕구에 맞는 급여와 서비스를 이용하고, 지역주민들과 어울려 살아갈 수 있도록 지원할 필요가 있다. 지역통합돌봄의 궁극적 목적인 사는 곳에서 나이 들기(Aging in place)를 구현하기 위해서는 이를 뒷받침하는 구체적인 정책이 마련되어야 한다. 보건복지부는 지역통합돌봄을 '돌봄을 필요로 하는 사람들이 자택이나 그룹홈 등 지역사회에 거주하면서 개개인의 욕구에 맞는 복지급여와 서비스를 누리고, 지역사회와 함께 어울려 살아가며 자아실현과 활동을 할 수 있도록 하는 혁신적인 사회서비스 체계'라고 정의하고, 2018년 1월: 보건복지부는 정부 업무보고에서 지역통합돌봄 추진계획을 밝혔고, 2018년 3월 12일 보건복지부는 취약계층 돌봄체계를 '지역통합돌봄'으로 전환하겠다고 선언하였다.

지역통합돌봄을 정의하면서 누가 어떠한 권한과 책임을 가지고 추진할 지에 대한 정의를 명확히 할 필요가 있다. 영국, 일본등 지역통합돌봄을 발전시켜온 사례를 살펴보면, 지역에서 지역주민들의 욕구에 맞는 서비스를 제공할 책임을 지방 정부가 가지고 있다.

지역통합돌봄 시대에 있어 보건의료의 역할에 대한 재정립이 필요하다. 현재의 의료체계는 급성기 치료 중심의 의료체계가 근간으로 되어 있다. 고령자가 전체 인구의 20%를 상회하는 초고령사회와 같이 전체 인구에서 건강 취약계층의 비율이 증가되고 있으며, 만성질환의 증가와 더불어 산업화 시대에 여러 건강위험에 노출되어 있다. 건강의 사회적인 결정요인(social determinants)에 대해 적극적으로 파악하고 이에 대한 대처가 미흡하면, 사회의 건강 부담은 걷잡을 수 없이 커져 버릴 것이다. 허약 노인의 비율이 대략 65세 이상의 17~18%에 이르는데, 이들 허약 노인의 건강 관리에 적극 나설 필요가 있다. 영양부족, 주거빈곤 노인의 경우도 영양, 주거복지서비스의 제공이 뒷받침되지 않으면 건강 유지 및 향상에 좋은 결과를 기대하기 어렵다. 장애를 가진 노인들도 늘게 되는데, 이들 장애

노인들에 대한 돌봄서비스도 의료서비스와 함께 연계 통합되어 제공되어야 할 것이다. 건강 취약계층이 사회에서 비약적으로 증가하기에 사전 건강 관리가 매우 중요해지고 있다. 약품의 장기 복용으로 의약품의 안전 복용이 중요한데, 약사들의 약품 복용 상담을 의사가 연계해줄 필요가 있다. 의료와 사회서비스를 연계하는 복잡한 업무에 일반 단과 전문의가 이 업무를 수행하기 쉽지 않다. 마을에 일반건강관리 능력과 여러 분야와의 연계 조정에 대한 훈련받는 주치의가 필요하다.

여러 건강위험에 노출되는 노인, 장애인 등의 특성을 감안하면, 지역주민들의 의료, 복지, 돌봄, 주거등의 요구를 정확히 파악하여 필요한 서비스를 연계해서 제공하는 것이 필요하다. 그중 일차 의료는 건강권을 지키는 데 필수적인 서비스 분야이며, 복지, 영양, 주거복지 서비스의 요구를 파악해 이들 서비스와 연계를 지어줄 수 있는 지역통합돌봄의 핵심적인 영역이다. 일차의료 주치의가 지역통합돌봄의 여러 서비스를 파악하고 연계하고 지역통합돌봄 서비스를 선도하는 역할을 하게 된다.

생활 속에서 건강과 관련한 여러 정보가 쏟아지는데, 이러한 정보를 개별 환자에게 해석해 주고, 건강 관리를 위해 최상의 정보서비스를 제공하는 것도 주치의이다, 지역 통합돌봄과 보건의료의 근간이 되는 일차 의료가 얼마나 내실 있게 구축되느냐에 따라 우리 사회에서 의료와 지역 통합돌봄의 질이 달라지게 될 것으로 보여, 일차 의료의 육성과 질 관리에 역점을 두어야 할 것이다.

2. 향후 보건의료 돌봄의 구체적인 개편 방향

첫째, 사회적인 약자들의 안전과 건강의 보호가 이루어지는 방향으로의 개편이 불가피하다.

우리 사회는 인구구조의 급격한 고령화에 따른 고령 인구의 증가와 이에 따른 만성질환 증가가 진행되고 있다. 노인가구의 빈곤율이 높아, 노인가구에서 건강불평등 구조도 심각한 양상을 보이고 있다. 65세이상 노인들의 의료비도 건강보험 지출의 40%를 넘어 가파르게 증가를 보이고 있다. 문재인 정부 시기에 보장성 강화 정책에 역점을 둔 결과, 오히려 종합병원으로의 환자 쏠림 현상은 더욱 강화되었다.

노인들은 나이가 들어감에 따라 의료, 돌봄, 주거, 복지 등 여러 요구를 있지만, 정작 자기가 살아오던 지역에서 이들 의료와 여러 사회서비스를 제공받긴 어렵다. 기존의 여러 서비스는 대개 분절되어있고, 연계 혹은 통합되어있지 않아, 이들 서비스를 받아보려 해도 전체 서비스에 대한 정보를 체계적으로 가지고 있는 곳이 없다. 그러니 가족들이 이리저리 뛰어다니면서, 필요한 서비스를 일일이 찾아가야 하니, 어려움이 말이 아니다. 대부분 맞벌이 부부인 까닭에 부모가 아프더라도, 집에서 병수발 들긴 쉽지 않다. 가난한 가족들은, 특히나 빈곤 노인가구는 의료정보에 더 접근하지 못하고, 평소에 건강관리가 되지않은 채, 천식, 당뇨등 예방가능한 질병으로 사망하는 경우도 많다. 가정에서 혹은 지역에서 필요한 돌봄과 의료서비스를 받을 수 없기에, 어쩔수 없이 요양병원으로 입원하게 되는 경우도 많이 발생한다. 요양병원에서 건강이 취약한 고령층이 밀집해서 거주하는 까닭에, 이번 코로나19와 같은 글로벌 유행병으로 요양병원 고령 환자들이 피해를 입게 되는 경우가 잦았다. 코로나19를 통해서 정신장애인들의 피해가 또한 컸다. 상당 노동자들과 자영업자들이 아팠을 때도 쉴수가 없다. 아팠을 때 쉴 수 있고 아팠을 때 기본 소득이 유지되도록 해야 한다.

이번 코로나19를 통해서 적나라하게 드러난 것이 정신병원의 반인권적인 실상이다. 청도 대남병원 103명의 입원자 중 확진자가 101명으로 발병률이 무려 98%이다. 이중 사망자가 7명이다. 정신장애인들은 정신뿐만 아니라 몸도 오랫동안의 감금을 통해 황폐화되고 있다. 정신장애인들은 폐쇄된 공간에서 점차 신체 기능을 잃게 돼 활력 없는 인간이 되는 것이다. 도대체 누구를 위해 존재하는 정신병원인가?

이미 선진국에서는 정신장애 대응의 방향을 탈수용화로 분명히 정하고, 지역 기반 정신보건체계를 구축하기에 이르렀다. 만시지탄이지만, 이번 사태를 계기로 정신장애인들의 건강관리를 병원에서 지역으로 변화시켜야 한다. 반인권적인 요소를 지닌 정신병원 강제 입원은 이제 없어져야 한다.

둘째, 교회는 지역공동체와 시민사회의 공공성을 강화하는 방향으로 힘을 쏟아야 한다.

코로나19 상황에서 사회의 위기 앞에서 교회는 아주 무기력했다. 사회의 위기가 심각해지는 상황에도 예배를 드리려 모일 수도 없었다. 예배 공동체와 시민 공동체가 분리되어, 지역사회와 시민사회에서 어떠한 역할을 할지에 대한 구체적인 생활의 지침을 정하지 못했다.

사회의 위기 속에서, 교회에서 선포되는 메시지는 원론적이거나 구체성이 없어 삶 속에서 기독교인들이 어떻게 행동할지에 대한 도움을 주지 못했다. 교회는 세계에서 규모가 큰 교회가 즐비하면서도 생활 속에서 철저히 무기력한 모습이 우리 신앙의 모습이다.

일상에서의 예배와 경건을 회복하지 못하면, 세계와 일상생활에서의 위기 속에서 교회는 철저히 무기력할 뿐이다.

개인들은 다 자기 개인의 이익을 추구하는 방향에서 지역사회와 시민사회에서 어떻게 타인과 공존할 수 있는 공공성이 확보될 것인가? 이속에서 기독인들은 두셋이 모이더라도 사회적인 약자들이 사회 구성원으로 받아들여지도록 협력과 공존하는 문화와 질서를 만들어야 한다. 시민사회와 지역사회에서 사회적 약자의 배제와 소외가 없는 포용 사회를 만들어가는 것이 기독인들의 책무로 언급되어 왔다.

이는 민주화된 사회로 나아가는데 있어 수많은 시도와 헌신을 해온 것이 기독교 사회운동의 큰 흐름임에 비하여, 90년이후 정치적인 민주화 이후, 사회 민주화의 진전을 위해서 사회의 나아갈 방향과 관련해서는 교회는 방향을 잃었고, 교회세습, 지역사회 헌신와 기여의 약화 속에 한국교회는 사회적인 신뢰를 상실해가고 있다. 시민사회와 지역사회의 공공성을 강화해 나갈 때만이 우리 사회는 선진사회로 나아갈 수 있다.

고령화와 빈곤 노인가구가 늘어가는 상황에서, 우리 사회는 어떻게 이에 대비해야 할까? 커뮤니티케어는 '돌봄을 필요로 하는 사람들이 자택이나 그룹홈 등 지역사회에 거주하면서 개개인의 욕구에 맞는 복지급여와 서비스를 누리고, 지역사회와 함께 어울려 살아가며 자아실현과 활동을 할 수 있도록 하는 혁신적인 사회서비스 체계'라고 정의된다. 급속한 고령화와 빈곤이 가져오는 끔찍한 현실 앞에 존엄한 삶에 대한 절실한 요구 속에 나온 것이 커뮤니티케어(통합돌봄)이다. 통합돌봄은 고령화와 건강불평등이 심화되는 우리 사회에서 고령화의 사회적 부담을 줄여주고, 건강 불평 등을 완화시켜주고 감염병의 대응에도 도움을 줄 수 있다.

우리보다 고령화를 일찍 경험했던 유럽의 선진국가와 일본의 사례를 보면, 지자체가 통합돌봄에 직접 나서서, 지역사회에서 필요한 돌봄의 수요, 서비스의 내용등을 조사하고, 지역사회에서 이들 돌봄 수요에 맞추어 이에 맞는 서비스 제공인력을 발굴하고, 서비스의 질과 역량 강화에 적극 나섰던 경험을 가지고 있다. 교회가 지자체와 협력하여 통합돌봄를 구축하는데 적극 나서야 한다. 교회는 소그룹 제자공동체로 나뉘어 사회적 약자의 건강 돌봄에 나서야 한다. 교회가 지역사회의 의료복지사회적협동조합, 돌봄협동조합에 참여하는 것도 지역돌봄의 좋은 방안이다.

셋째, 한국사회와 교회는 보건의료, 돌봄의 개편에서 시민들의 참여를 촉진하는 방향을 가야 해야 한다.

코로나19와 같은 바이러스는 증상이 가볍고 전파가 빠른 특성을 가지고 있다. 이 때문에 지역사회 전파가 발생할 가능성이 매우 높다. 시민들이 바이러스 전파를 차단하는 위생 수칙(손 씻기, 공공장소에서 마스크 착용, 불필요한 모임 줄이기)을 준수하는 것이 매우 중요한 이유이다.

시민들이 협조하지 않으면, 코로나19의 전파를 차단할 수 없고, 환자를 위험군에 따라 분류해 신속하게 치료하는 일도 불가능하다. 다행히 시민들이 과도하게 불안감을 가지지 않고 차분히 대처해서, 아주 다행스럽게도 우리 시민들의 차분한 대응은 코로나19 감염증 극복에 원동력이 되고 있다. 외국에서 그 흔한 사재기 한번 없었다. 행정력을 동원해서 강제 봉쇄를 하지 않고서도 시민들의 자발성과 민주적인 통제를 통해 이를 해낼 수 있었다니 정말 자랑스런 일이다. 서로를 배려하는 공동체의 유대가 우리 사회가 가진 힘이라는 것을 다시금 확인하게 된다. 성숙한 시민들이 각 사회 분야에서 역할을 하게 사회 구조를 개혁시켜 나아가야 한다. 중앙정부의 권한을 지방분권을 통해 지방정부로 내리고, 지방정부는 주민자치를 활성화하고 시민들과의 협력체계를 공고히 해야 한다. 보건의료 돌봄의 개편에도 시민들의 참여가 중요하다. 시민들의 참여로 보건의료 조직이 공공성을 높일 수 있고, 민주적인 가치를 지니게 한다.

넷째, 사회구성원의 모두의 건강을 지킬수 있게 공공의료가 강화되고, 공적인 의료보험체계를 더욱 공공하게 발전시켜야 한다.

사회적위기 상황에서 노인, 만성질환자, 장애인 등 건강 취약계층이 가장 큰 피해를 입는다. 이번 코로나19 감염자 가운데 만성질환이 있는 노인의 사망률은 일반인보다 10배 이상 높았던 것도 그 예이다.

일부 매체에서는 우리나라 의료체계의 우수성이 입증되었다거나, 인구당 병상수가 많은 것이 오히려 코로나19와 같은 위기 대응에 큰 힘이 되었다는 식의 분석 기사를 내보고 있다. 어불성설이다. 감염병 대처에 실지 역할을 한 의료시설은 공공의료 부문이였는데, 각 권역별로 공공의료시설이 갖추어지지 못한 곳도 아직 많다. 의료의 공공성이 더욱 더 중요해졌다. 사회보험의 성격을 지닌 전국민의료보험도 이번 코로나19에 진가를 발휘했다. 의료의 공공성을 더욱 강화해야 할 때이다.

우리 사회가 코로나19와 같은 감염병 유행에 잘 대비되었는가 하면 그렇지 못하다, 각 지역에 국가 지정 음압 병상은 터무니없이 부족하다. 음압병실 설치비용은 국가 지정 병상의 경우 3억 원이고 유지비용도 높아 평소에 수익이 보장이 되지 않는다. 그래서 음압병실은 민간에선 유지하기 어렵고, 공공병원에서만 가능하다.

현재 실태는 어떤가? 병원마다 대개 10개 미만 소수의 음압 병상을 가지고 전국의 환자를 분산 수용해 치료해오고 있다. 당연히 감염병 환자들과 일반 환자 치료를 병행하느라 어려움을 겪고 있다. 국가 지정 음압 병상이 있다 하더라도 오로지 격리치료실만 있지 종합적 감염관리에 적합한 시설은 아니다.

공공기반의 감염병 전문병원 설립이 시급하다. 유럽과 일본 등은 감염병 전문병원을 공공으로 설립해 평소에는 사용하지 않아 적자가 나더라도 전문인력을 훈련·교육하며 운영하고 있다. 문재인 정부는 대선 공약으로 이를 약속했지만 사실상 하나도 진척시키지 않았다. 감염병 전문병원을 서둘러 만들어야 한다.

또한 이번 코로나19 사태를 계기로 공공병원을 대폭 확충하는 종합계획을 수립해야 한다. 우리나라의 공공병원 병상은 10.4%에 불과해 OECD 꼴찌로 민간 의료의 의존도가 아주 심하다. 의료의 시장지향성이 가장 두

드러진 미국조차도 공공병원 병상이 25.8% 수준이다. 특히 응급의료, 감염의료의 경우 그 수요를 예측하기 어려워 민간에서 해당 시설과 인력을 유지하긴 어렵다. OECD 국가에서 공공병원의 비율이 평균 73%이다. 이 수준은 어렵다라도 최소한 20~30% 정도로는 공공의료 병상을 확충해야 한다.

의료서비스는 건강증진과 질병 예방, 질병의 조기 발견, 조기 치료, 재활 등을 모두 포괄해야 하는 것이어야 하는데, 이런 의미에서 우리 국민들은 제도적으로 포괄적인 의료서비스를 받아본 경험이 거의 없다. 질병의 발병 원인에 지속적으로 노출되고, 또 조기 치료와 재활치료을 받을 수 없는 상태에서 건강 관리 효과는 제한적일 수밖에 없다.

일차 의료에서, 일정한 의료진에게 계속 진료와 돌봄 서비스를 받거나, 이를 통해 환자에 관한 각종 진료 정보가 체계적으로 누적되고 이어져야 지속적이고 포괄적인 양질의 진료가 가능하다. 하지만 방문 의료기관을 자주 바꾸고, 명의를 찾아다니는 왜곡된 의료 이용 행태, 수시로 생겼다가는 없어져 버리는 의료기관들, 이와 함께 사라지는 진료 기록들, 동일 질병으로 다른 의료기관을 방문하면 처음부터 문진과 각종 검사를 다시 시작하는 우리나라 동네의원 시스템의 조건에서 의료의 '지속성' 개념을 떠올리기는 어려운 것이 현실이다.

일차 의료 의사가 환자에게 요구되는 최상의 서비스를 제공하기 위해 필요할 경우 다른 의료기관에 환자를 의뢰하고 사후 관리를 하는 등의 계속적인 책임을 지고 있어야 하지만. 우리나라는 환자 개인이 방임적 상황에서 스스로 이 역할을 수행하고 책임을 지고 있다.

우리나라는 일차 의료에 대한 개념이 부재하고, 소위 동네의원에 대한 국민의 만족도와 신뢰도가 낮은 관계로 여러 의료기관을 전전하고, 환자 의뢰체계의 부재로 인한 병원 의료 이용에서의 혼선과 낭비, 의료전달체계의 미숙한 발달로 인한 의료기관의 종별을 뛰어넘는 무차별적 경쟁 등으로 낭비적인 비효율적 의료공급 체계를 가지고 있다.

국민의 신뢰와 만족도가 높은 양질의 보건의료 시스템을 가지고 있는 대부분의 의료선진국들은 잘 갖추어지고 제도화된 일차 의료시스템, 즉, 주치의 제도를 가지고 있으며, 이것이 전문의 중심의 현행 우리나라 동네 의원 체계보다 더 효율적이다. 동시에 국민 주치의 제도가 정착되어 있어야 일차 의료가 정립되며, 이를 기반으로 의료 이용체계를 공고히 확립할 수 있게 된다. 현재 우리나라에서 의료 이용체계가 확립되지 못한 것은 양질의 포괄적인 일차 의료가 작동하지 않고, 전문과목 중심의 분절화인 일차진료만 존재하기 때문이다.

일차 의료의 질적 향상을 위한 투자와 노력이 있어야 하며, 의료제공자 중심이 아닌 시민 중심으로 일차 의료를 재구성해야 한다. 경기도에서는 주민들의 건강 관리를 위해 주치의를 두도록 하는 조례를 제정한 바 있다. 지자체는 조례 제정을 통해 개원 의사들이 주치의 역할을 하는 것을 도울 수 있다.

사회 모든 이들이 인간의 존엄을 지킬 수 있고, 서로를 존중하고 공동체로 서로의 삶을 지지하고, 그 사회의 물질적인 풍요가 사회 전반에 적절히 배분되고 사용되어질 때, 그 사회는 사람 살만한 사회라고 할 수 있다. 그러나 한국 사회는 경제 규모 13위권의 국가이지만, 기후 위기에 취약한 나라에 속하고, 사회경제적인 불평등 구조가 심각해지고 시민들이 삶의 질이 나아지지 못하는 여건에서 급속한 고령화, 저출산으로 위기를 맞고 있다. 2022년 UN총회에서 지속가능한 사회를 위한 각 나라가 사회연대경제 (Social Solidarity Economy)를 구축하도록 권고한 바 있다.

사회연대경제는 이윤 극대화보다는 사람 중심의 가치, 공동체의 연대와 협력을 바탕으로 하는 경제 시스템을 의미한다. 이는 불평등 해소, 지속 가능한 발전, 사회적 약자 지원 등을 목표로 하며, 협동조합, 사회적 기업, 마을 기업, 자활 기업 등 다양한 형태로 나타난다. 경쟁적인 시장 경제의 한계를 극복하고 더불어 사는 사회를 만들기 위한 대안적인 경제 모델로 주목받고 있다.

3. 지속 가능한 사회를 위한 사회연대경제 구축에 교회가 기여할 수 있는 노력은 다음과 같다.

1) 사회연대경제에 대한 인식 증진 및 교육

- 교인 교육: 사회연대경제의 개념, 가치, 중요성을 교인들에게 알기 쉽게 교육하고, 관련 사례를 공유하여 공감대를 형성해야 한다. 성경적 가치관과 사회연대경제의 연관성을 제시하며 참여의 필요성을 강조할 수 있다.
- 강좌 및 세미나 개최: 사회연대경제 전문가를 초청하여 강좌나 세미나를 개최하고, 교회가 운영하는 교육 프로그램에 관련 내용을 포함하여 학습 기회를 제공할 수 있다.
- 미디어 활용: 교회 소식지, 웹사이트, SNS 등 다양한 미디어를 통해 사회연대경제 관련 정보를 꾸준히 제공하고, 교인들의 관심을 유도할 수 있다.

2) 사회연대경제 주체 발굴 및 지원

- 교회 내 사회연대경제 조직 설립 지원: 교회가 직접 협동조합, 사회적 기업 등을 설립하거나, 교인들의 자발적인 설립을 지원하여 사회적 가치를 창출하고 지역사회에 기여할 수 있다.
- 창업 및 운영 컨설팅 제공: 사회적 경제 조직 설립 및 운영에 필요한

교육, 컨설팅, 멘토링 등을 제공하여 초기 단계의 어려움을 극복하고 안정적인 성장을 도울 수 있다.

- 재정적 지원: 교회 재정을 활용하여 사회적 경제 조직에 대한 초기 투자, 운영 자금 지원, 또는 사회적 금융 연계 등을 통해 실질적인 도움을 줄 수 있다.

3) 지역 사회와의 연대 및 협력 강화:

- 지역 사회 네트워크 구축: 지역 내 사회적 경제 조직, 시민단체, 지자체 등과 적극적으로 소통하고 협력하여 공동 사업을 추진하고, 사회적 경제 생태계 조성에 기여해야 한다.
- 교회 시설 공유: 교회 공간을 사회적 경제 조직의 회의, 교육, 행사 공간 등으로 제공하여 활동을 지원하고, 지역 주민과의 소통 창구를 마련할 수 있다.
- 공동 구매 및 소비 촉진: 교인들이 사회적 경제 기업의 제품이나 서비스를 우선적으로 이용하도록 장려하고, 공동 구매 등을 통해 판로 확대를 지원할 수 있다.

4) 윤리적 소비 및 나눔 문화 확산:

- 공정무역 제품 사용: 교회 내에서 사용하는 물품을 공정무역 제품으로 전환하고, 교인들에게 윤리적 소비의 중요성을 알리고 실천을 장려해야 한다.
- 취약 계층 지원: 사회적 경제 조직과 연계하여 지역 사회의 취약 계층을 위한 봉사 활동, 물품 지원, 일자리 제공 등을 통해 나눔 문화를 확산해야 한다.

- 헌금 사용의 투명성 확보: 교회의 헌금이 사회적 경제 활성화 및 사회적 가치 창출을 위해 어떻게 사용되는지 투명하게 공개하고, 교인들의 이해와 신뢰를 얻어야 한다.

5) 사회 시스템 변화를 위한 노력:

- 정책 제안 및 대변인 역할: 사회연대경제 활성화를 위한 정책을 연구하고 제안하며, 관련 법규 제정 및 제도 개선을 위한 대변인 활동에 참여할 수 있다.
- 사회적 담론 형성: 사회연대경제의 중요성과 가치를 알리는 다양한 캠페인, 포럼, 토론회 등을 개최하여 사회적 공감대를 넓히고, 긍정적인 사회 변화를 이끌어낼 수 있다.

교회의 이러한 노력들은 단순히 경제적인 지원을 넘어, 공동체의 회복, 사회적 약자들의 자립, 그리고 지속 가능한 사회를 만들어가는 데 중요한 역할을 할 수 있다. 교회의 본질적인 가치인 사랑과 섬김을 바탕으로 사회연대경제 구축에 적극적으로 참여할 때, 더욱 정의롭고 평화로운 사회를 만들어갈 수 있을 것이다. 의료복지사회적협동조합, 돌봄사회적협동조합도 사회적 경재를 돕고자하는 공익 조직이기에 이에 공감하여 이들 조직에 참여한 기독인들이 많다.

교회에서 지역사회에 나아갈 때 제자공동체 훈련을 거치고, 지역사회에 활동할 때, 의료복지사협, 돌봄사협들을 지원하고 상호 협력하는 것이 필요하다.

4. 의료복지사회적협동조합 등 민간에서 공익적 의료기관의 태동과 발전.

기독청년의료인회는 상업화된 의료체계에서 시민들의 건강권이 잘 지켜지지 않은 현실들을 지켜보면서, 의료협동조합을 통해서 시민들의 참여로 의료의 공공성을 지키는 일에 가장 먼저 나섰다.[3] 의료협동조합이 본격적으로 태동하기 시작한 1994년 이전, 의료협동조합의 원조라면 청십자의료협동조합을 꼽을 수 있다. 1968년 결성된 청십자의료조합은 이후 우리나라 최초의 민간의료보험조합 청십자민간의료조합을 탄생시켰으며, 청십자병원을 설립하였다. 우리나라에서 가난한 이들의 의료 접근성을 높이고 의료의 공공성을 높이기 위한 시도로 장기려, 함석헌, 채규철, 전영창 등이 주도하였다.[4] 함석헌옹은 청십자조합은 1호 조합원이었다. 민중신학의 원조격인 함석옹이 청십자의료조합의 첫 번째 조합원이라니, 민중신학과 의료협동조합이 자연스레 역사적으로 함께 하게 된 것이다. "장기려 우리 곁을 살다간 성자"라는 책에서는 장기려를 한 번도 보지 못한 젊은 의사들이 돈벌이가 아닌 인간의 몸을 중심에 두는 의술을 펴기위해 장기려를 본받아 제2, 제3의 청십자조합인 '의료생협'을 만들고 나가고 있다고 기술하고 있다.

1994년 농촌지역의료협동조합을 대표하는 우리나라 최초의 의료협동조합인 안성의료생협, 1996년도 도시지역 의료협동조합의 대표적인 의료생활협동조합(이후 의료생협)인 인천평화의료생협은 국내 의료생협을 태동시킨 주역들이다. 의료생협은 민간의료 분야에 공익성격의 지역보건사업을 접목시켜, 지역보건사업에 획기적인 전기를 구축하게 하였다. 치료 중심의 진료사업뿐인 지역보건의료계에 공중보건과 예방사업, 주민참여

---

3) 임종한. 협동조합을 통한 공동체 회복 활동성과 전망. 민중과 생명 2018: 359-380쪽
4) 김은식. 장기려 우리곁에 살다간 성자. 봄나무 2006.

의 중요성을 부각시켰고, 치료의학과 예방보건사업을 연계 발전시키는 귀중한 활동을 전개해왔다. 협동조합기본법이 제정된후 의료생협은 공공성이 강화된 의료복지사회적협동조합(의료복지사협)으로 모두 전환되었다. 2025년 6월 기준으로 의료복지사협 은 30개로 전체 조합원이 6만 7천 세대이고, 조합원출자액이 2 00억원, 운영 중인 의료기관과 복지시설은 현재 120여 개에 이른다. 의료복지사협은 급속한 고령화와 건강 불평등의 심화 속에 조합원 수가 가장 빠르게 성장하는 사회적협동조합이다.

이러한 의료복지사협의 활동의 이면에는 기독청년의료인회 회원들의 남다른 수고와 헌신이 배어져 있다. 직접 의료진으로 참여한 회원들도 있고, 이사로서 또 전문가로서 자문과 자원활동을 해온 회원들도 있고, 출자로 기부로 활동을 지지한 회원들도 있다. 지역공동체를 섬기고 치유의 사역에 동참을 하는 것이 가장 기독교적이고 또 신앙의 본질에 다가서는 일이기에 기독청년의료인들의 참여가 이어져 오고 있다. 민중신학자이며 기독청년의료인회 고문이셨던 김용복 박사는 과학기술이 지배 이데올로기로 작용해온 것에 지속적으로 비판해왔으며, 과학기술인들이 지배 이데올로기에 지배당하지 않고, 시민들을 섬기는 일, 하나님 나라의 축제의 향연에 참여하도록 요청하였다.[5] 기독청년의료인회는 의료인 신앙공동체로 과학기술인으로 이러한 요청에 응답해 의료협동조합운동을 만들고 적극적으로 지원하였다.

사회적 경제는 양극화 해소, 일자리 창출 등 공동이익과 사회적 가치의 실현을 위해 사회적 경제조직이 상호 협력과 사회연대를 바탕으로 사업체를 통해 수행하는 모든 경제적 활동로 정의된다. 자본주의 시장경제에서 드러나는 문제를 해결하고 일자리, 주거, 육아, 교육, 복지, 의료등 인간 생애와 관련된 영역에서 경쟁과 이윤을 넘어 상생과 나눔의 삶의 방식을 실

---

5) 김용복. 기독청년의료인회 30주년 축사. 기독청년의료인회 30주년 기념 자료집.

현하려고 한다. 사회적 경제조직에는 사회적 기업, 협동조합, 마을기업, 자활 기업, 농어촌공동체회사 등이 있다.

사회적 경제는 지역 재생, 공동체 복원으로 주민 삶의 질 향상에 기여. 경제위기에 탄력적이며 안정적인 일자리 창출 및 유지가 가능해 지역경제 운용에 유리하며, 사람 중심의 사회적 경제 조직은 의료, 복지 서비스 제공에 탁월한 기능을 보유하고 있다. 선진국에서는 사회적 경제 (유럽), 혹은 비영리섹터(미국)등의 접근을 통해 이러한 사회문제의 해결에 노력을 기울인지 오래되었고, 최근에는 공공-사회적 경제-사부문간의 협력(public-social-private partnership)을 통하여 문제 해결을 시도하여 성공하는 사례가 늘고 있다.

그러므로 정부의 사회적경제의 육성 방향은 사회적 경제 조직의 자율성을 기반으로 하는 정부 지원을 확대하는 방향으로 가야 한다. 시민사회가 스스로 지역사회 욕구를 찾아내고 문제해결을 할 수 있는 역량을 갖추는 것이 우선이다.

사회적 경제를 위한 생태계를 조성하는 것이 무엇보다 중요하다. 사회적 경제 조직은 개별 조직의 지원보다 지역 내 사회적 경제조직의 밀도를 높였을 때 지속가능성이 커진다. 따라서 지역에 대한 종합적인 접근과 업종별 협의회 강화를 통한 내부 지원 체계 조직화가 중요하다.

협동조합을 통해 경제적 민주화, 사회적 약자를 위한 돌봄 사역 등의 여러 나라의 선례를 살펴볼 수 있다. 대표적으로 2008년 국제 금융위기와 유럽 재정위기 속에서도 유럽연합(EU)의 25만개 협동조합은 540만 개의 일자리를 만듦으로 충분히 스스로의 생명력을 입증했다.

모든 그리스도인들은 신앙의 성숙을 통해 그리스도의 완덕(完德)에 도달하도록 부름을 받고 있습니다. 우리가 현세에서 체험할 수 있는 모든 아름다움도 결국은 그리스도의 완전하심을 향해 가고 있는 것입니다. 일찍이 인류가 경험해보지 못했던 사회적 경제는 빛과 소금의 역할을 하며 세상을 주님의 아름다움으로 채워나가고 있습니다. 사회적 협동조합이 경제시스템 안에서 모범적으로 뿌리내리고 있는 모습들을 살펴보면 협동조합 안에 자리한 그리스도의 정신을 어렵지 않게 발견할 수 있을 것입니다. 유럽에서도 협동조합 활동이 매우 역동적인 모습으로 손꼽히는 이탈리아는 '협동조합의 나라'라고 불릴 정도로 협동조합이 아름답게 뿌리내리고 있습니다.

2013년 1월 1일, 가톨릭신문에 기고한 이용훈 주교(수원교구장)의 글 일부이다. 이용훈 주교는 자본주의 위기 속에 시민들의 협동과 연대로 만들어진 사회적 경제는 하나님 나라로 나아가는 디딤돌의 하나로 인식했다.

이태리 에밀리아-로마냐 지방은 제조업을 비롯해 서비스업 등 거의 모든 업종에 걸쳐 협동조합과 중소기업의 네트워크로 성공한 지역이라고 할 수 있다. 세계적으로도 공정과 나눔을 강조하는 민주주의 정신이 기업의 철학과 기능에 스며들어 있으며, 협동조합의 원리가 시장경제를 지배하는 사회라는 평가를 받고 있다. 이 때문에 세계적인 경제위기 속에서 이탈리아도 10% 안팎의 높은 실업률을 보이고 있지만, 협동조합 천국이라고 불리는 이 지역은 해고가 없는 협동조합 중심의 지역경제 특징을 잘 살려냄으로써 약 3-4%대의 실업률을 유지하면서, 유럽에서 제일 잘사는 5대 도시 중 하나로 꼽히며 행복지수가 높은 도시가 되었다. 이는 하느님의 정신을 인식하고 전개하는 협동조합이 공동선이라는 사회적 목표를 향해 가고 있는 모범적인 사례라고 하겠다.

재벌 중심의 성장제일주의가 이끈 승자독식 체제로 인해 현재 우리 사회는 심각한 양극화의 병폐 속에 있다. 이에 경제 민주화에 대한 요구와 함께 '협동조합'이 새로운 대안으로 떠오르고 있다. 우리 사회에서 민간의 사회적경제 활동은 역사성을 가지며 다양하고 자발적인 형태로 나타났다. 비공식부문에서 형성되기 시작한 사회적 경제 영역이 공식 부문으로 흡수.제도화되는 과정 속에서 양적성장과 함께 정부의 관리 대상이 되었다. 1950년대-1990년대 1차 시기에 농협, 신협, 소비자생협 등이 제도화되었고, 2000년대- 현재에 이르는 2차시기에 국민기초생활 보장법, 사회적기업육성법, 협동조합기본법 등으로 사회적기업, 자활기업, 협동조합과 사회적협동조합이 제도화되었다. 이러한 상황 속에서도 사람과 노동의 가치, 협력과 연대의 가치를 추구하고자 민간 주체들은 끊임없이 지역.주민.노동.시민운동 등 다양한 영역에서 사회적 경제를 확대하고 실현해온 과정이었다.

2차 시기의 특징은 외환위기 이후 국가와 시장의 실패에 대한 보완적 관점 속에서 사회적 경제가 새로운 사회 문제 해결을 위한 수단으로 부각되고 있다는 점이다. 우리 사회가 직면하고 있는 고용 없는 성장과 취약한 사회보장제도로 인해 사회적 경제에 대해 일자리 창출과 사회서비스 확대라는 정부의 정책 목표와 성과만을 강조하는 결과를 낳고 있다. 이에 사회적경제를 단순히 고용 창출 사업으로 축소하거나 사회복지 전달 시스템으로 규정함으로써 다양하고 자율적인 사회적 경제를 정책적, 제도적으로 규제하고 사회적 경제의 발전을 왜곡시키고 있다는 문제의식이 대두하고 있다. 국가와 시장이라는 조직 원리로 한 번씩 온 사회가 뿌리까지 재구조화되는 극심한 사회 변동 속에서 아직 대한민국에서 한 번도 전면적으로 제기되지 않은 가치가 있다. 바로 '인간 발전'이라는 가치이다. 최근 십몇 년간에는 '경제 성장'과 '경쟁력 강화'라는 시장 중심의 사회발전 전략이 생명 경시, 공동체 약화를 가져와 우리 사회의 균형된 발전전략을 보여주지 못했다는 평가를 받고 있다. '사회'와 '경제'에 대한 폴라니의 새로운 이해에 근거하여 '인간 발전의 영역'으로서의 사회적 경제의 개념을 이야기할 수 있을 것이다.

협동조합은 공동의 경제·사회·문화적 필요와 욕구를 충족하기 위해 자발적으로 모인 사람들이 만드는 공동 소유와 민주적 운영 기반의 기업 모델. 우리나라에서도 협동조합기본법이 2012년 12월부터 시행되면서 협동조합 붐이 일고 있다. 금융업을 제외한 모든 업종에서 5인 이상이면 협동조합 설립이 가능할 정도로 제도적 제약이 없어졌기 때문이다. 협동조합 기본법 시행 10년후 전국에서 27,589개의 협동조합, 5,789개의 사회적협동조합이 등록됐다.[6]

협동조합은 지역 기반의 맞춤형 복지·교육·안전을 책임지는 사회 서비스 제공 기관이 될 수 있다. 이탈리아에서는 사회적 가치를 추구하는 사회적 협동조합이 노인·아동·노숙인 같은 취약 계층에 돌봄·교육·여가·주택 등 사회서비스를 제공하고 있다. 그리고 협동조합은 지역 기반의 공동체 문화를 만든다. 유럽에서도 협동조합은 경제적으로 취약한 도시의 시민들이 지역 내의 상호 연대를 통해 성장시켰다. 협동조합은 여러 사회의 계층 및 세대들을 포괄하는 사회통합 수단으로도 활용이 가능하다.

민간공급, 기부, 자선에 의존하는 시장 모델의 경우, 민간에서의 서비스 모델을 질관리 체계 (Quality Assurance System)로 관리하기에는 한계를 보여, 유복한 상류계층이 이용하는 일부 시설을 제외하곤 서비스의 질, 접근성, 비용에 있어 많은 문제점을 보인다. 국내에선 민간공급시설에 기부, 자선활동을 기대하기 어려운 열악한 상태이다.

이에 비하여 덴마크, 스웨덴 등 공적 사업 계획으로 민관이 협력하여 보육, 돌봄, 의료 복지 체계를 만들어 온 북유럽 국가에서는 높은 수준의 사회서비스를 유지하고 있다. 이들 나라에서의 잘 갖추어진 사회서비스는 여성들의 사회적인 진출, 고령자의 고용 의료복지에도 긍정적인 영향을 미쳐, 높은 수준의 사회생산성을 갖춘 선진국 도약의 기반이 되었다. 국내에서는 이에 대하여 사회서비스의 제공 수준이 낮아 사회발전에 걸림돌로 작용하고 있다. 보육, 돌봄, 의료 복지분야에서 공공기반이 취약한 국내 여

---

6) 정부 협동조합 통계 http://www.coop.go.kr 접속 2025.5.31

건에선 사회적 경제와 지자체, 중앙정부가 협력하여 사회적 경제 모델을 발전시키는 것이 최선의 대안이다. 사회적 경제 모델은 "공익적 서비스제공"+"질좋은 일자리창출+시장에 대한 합리적 규제/대안"이 모두 세 마리 토끼 잡을 수 있는 대안이다.

협동조합에선 사람이 자본을 통제한다. 협동조합은 또한 노동권을 존중한다. 노동자협동조합에서는 노동자들이 스스로 경영에서 완전한 자유를 만끽한다. 자유를 사랑하는 사람이라면 협동조합을 선택할 수밖에 없다. 영리적인 소자본에 고용된 돌봄노동자들은 열악한 노동환경으로 인해 어려움을 겪고 있지만, 협동조합은 노동자 스스로 출자하고 중요한 의사결정을 1인 1표의 방식으로 한다. 자본의 통제와 착취에서 벗어난 자유를 느끼게 된다. 그래서 존 스튜어트 밀과 같은 대가도 협동조합이 미래의 지배적인 경영형태가 될 것이라고 예언했다." 존스튜어트 밀은 이렇게 말했다. "(협동조합 등) 결사체 형태(the forms of associations)는, 인류가 계속 발전한다면 결국 세상을 지배할 것임에 틀림없다… 노동자 자신의 결사체가 평등과, 자본의 집단적 소유를 기초로, 스스로 선출하고 또한 바꿀 수 있는 경영자와 함께 자신의 일을 수행하는 형태이다."

사회적 경제가 이제 성장하는 초기에 머물러 있는 한국에선 상상하기 어려운 일이지만, 사회적 경제가 발달한 국가나 지역에서는 사회적 경제에서 새로운 혁신적 변화를 이루어내고 있다. 사회적 경제와 협동조합이 사회서비스 분야의 대안으로 부각되어지고 있지만, 사회서비스 분야의 사회적 경제가 성공적으로 뿌리내리기 위해선 해결해야 할 과제가 많다. 우선, 사회서비스협동조합 외부의 법 제도 개선 과제로 정부 정책에서 사회적 경제가 주류화(main streaming)되어야 한다. 정부 모든 관련 부처의 정책에 사회적 경제 분야를 결합시켜 나가도록 해야 한다. 둘째, 각종 복지제도와 사회적 경제의 결합이 이루어져 복지의 최종 전달은 지역 공동체에서 이루어지도록 해야 한다. 마지막으로 사회서비스협동조합 내부의 과제로 사회적 경제 주체 하나하나가 '생물'같이 살아있어야 하고, 다양한 사회적 경제 주체가 만들어져 상호작용을 할 수 있어야 하고, 상호협력을 통해 더 높은 사회서비스를 제공하는 등 창발적인 성과를 만들어낼 수 있어야 한다.

역사에서 협동조합 운동은 기독교 정신을 바탕으로 전개됐으며 공동체 자본주의는 자본주의 체제에 대한 성경적, 시대적 대안으로 경제정의를 지향하고 있다. 협동운동은 왜곡된 자본주의로 인해 피폐화된 현대인들에게 민주적인 협동을 통해 공동체를 제공해줄 수 있도록 한다. 이러한 협동조합에 대한 성경적인 의미부여로 ▲ 창조질서의 회복과 생명가치의 보존 ▲ 초대교회 공동체의 나눔과 섬김의 실천 ▲ 온전한 인간 회복을 이뤄가는 희년 사상 등을 둘 수 있다. 자본 중심이 아닌, 사람 중심으로 운영되는 협동조합 정신은 경쟁적인 인간관계를 극복하고 상호존중, 공존을 도모하는데 유용한 도구가 될 수 있을 것이며, 공동체성이 붕괴되고 있는 이때, 협동조합 운동은 새로운 공동체적 마을을 만들어 나가는 일이다. 이러한 사회를 향한 교회의 역할이 중요하다. 협동운동의 가야 할 목표와 사회적 가치를 분명히 하도록 하며, 이러한 운동이 우리 사회에 깊이 뿌리를 내리도록 돌보아야 할 책임이 교회에 있다.

협동조합은 사회적 약자와의 연대와 돌봄이라는 기독교의 본질적인 가치를 담고 있기 때문이다. 협동조합에서 사회에 형상화된 예수그리스도의 정신을 살펴볼 수 있다. 2022년 6월 18일에 창립된 희년상생사회적경제네트워크는 한국사회에 희년상생 정신의 구현을 목표로 하고 있다. 사회적경제 기반의 새 사회운동으로 풀뿌리 민주주의를 지향하고 있다.

5. 왜 의료협동조합인가?

의료협동조합이란 지역주민들이 각자의 건강, 의료, 생활과 관련된 문제를 이웃과 함께 해결하기 위해 만든 모임으로 협동조합의 원칙을 따르는 조직이다. 의료기관을 포함한 건강과 관련한 시설을 설립, 운영하며 그 기관에서 일하는 의료전문가와 협력하여 건강과 관련된 문제를 해결하기 위해 노력하는 주민자치조직이다.

의료협동조합의 특성을 살펴보면, 첫째, 건강한 사람이 다수를 차지하는 주민단체 둘째, 예방보건사업과 이것을 보장하는 제도 확충을 중요시한다. 셋째, 주민의 민주적 참여를 보장하는 의료기관을 가지고 있다. 넷째, 조합원이 주인으로서 일할 수 있는 구조를 만들기 위해 다양한 소모임, 반모임을 구성한다. 다섯째, 환자를 찾아가는 의료기관이다.

성낙진의 연구(2007)에 의하면 생협의원, 개인의원, 대학병원, 보건소 등에서 일차의료 기능을 평가해보았을 때, 평생건강관리척도, 지역사회기반척도, 일차의료접근성척도, 전화상담과왕진에 의한 접근성 척도에서는 생협의원의 점수가 제일 높았으며, 생협의원에서 일차의료기능을 잘 수행하고 있음을 보고하였다.[7]

의료협동조합에서는 의료분야의 시민참여가 의료개혁에의 핵심적인 요소로 보고, 지역단위별로 시민들의 참여를 조직화하고, 투명한 운영구조와 더불어 사회의 요구에 맞게 주치의제도, 지역보건사업등 일차 의료를 강화하기 위한 여러 노력을 기울여 왔다. 이러한 노력은 향후 의료개혁에의 중요한 동력이 될 것이다. 현재의 보고가 완전하지는 않지만 세계적으로 보건과 사회 부조를 위한 300개 이상의 의료협동조합이 존재한다.[8]

---

7) 성낙진, 가정의학전문의가 근무하는 기관 구조가 일차의료 수행에 미치는 영향. 가정의학회지 2007: 28(11), Suppl. 26
8) 백재중. 의료협동조합을 그리다. 건강미디어협동조합. 2017년

의료협동조합은 3가지 형태로 나뉘는데, 소비자 생협, 의료제공자의 생협, 주체가 협동한 형태의 의료협동조합이 유럽에는 의료 제공자 생협이, 한국, 일본을 포함한 아시아 지역 국가들에서는 소비자 중심의 의료협동조합이 주류를 형성하고 있다. 세계의 많은 의료협동조합에서는 조합원들은 오직 출자자와 이용자로만 남으려고 한다. 한국과 일본의 의료협동조합이 협동조합의 가치를 명백하게 발전시켜가는 협동체로 부각되고 있다.

우리나라 협동조합의 발달사와 기독교 사회운동은 밀접하게 연관되어 있다. 그 효시가 되는 것이 1920년대 일제 식민지 시절 기독교계가 농촌사회와 농민의 재건을 위한 중심적 운동으로 농촌 협동조합운동을 펼친 것이다.

1928년 이후에는 YMCA를 중심으로 한 기독교 농촌 협동조합 운동이 본격적으로 전개됐다. 1929년 장로교 총회 농촌부에서는 공동 구매와 공동 판매까지 포함된 중앙신용조합이 설립됐다. 이 밖에도 감리교회는 1928년 10월 농촌사업위원회를 구성하고 농촌사업부를 설치해 농촌운동을 전개했고, YMCA도 농촌부를 설립했다. 이러한 협동조합 운동은 1930년대 중반 이후 기독교계가 대내외적으로 어려움에 처하게 되면서 심각한 동요 현상이 일어났다. 안으로는 장로교회 내 보수적 인사들이 농촌운동의 참여가 교회의 본분이 아니라는 비판으로 농촌부 폐지를 촉구했다. 밖으로는 농촌 협동조합 운동을 반일운동으로 본 일제의 대대적인 탄압이 시작됐다. 이후 농촌협동운동을 전개하던 대부분의 인사들은 체포, 투옥으로 농촌협동운동은 더 이상의 발전을 이루지 못하게 됐다. 그때 이후 오늘날 기독교계에서 협동조합이라는 이름이 거세된 후, 기독교는 지역사회와 동떨어진 섬처럼 지역공동체로서의 정체성을 잃고, 양적 성장에 매몰된 기형적인 모습을 보이게 된다.

1920~30년대 식민지 조선의 각종 사회단체와 지식인들은 농촌사회와 농민들의 재건과 구제를 주장했고, 이 과정에서 중심적 대안운동으로 농

촌 협동조합 운동이 대두했다. 당시 기독교는 농촌사회가 가진 문제를 개인의 문제로 보지 않고, 식민지배가 가진 구조적 문제로 인식했으며 구체적 대안으로 협동조합운동을 제시한 것이다. 이러한 기독교 농촌 협동조합 운동은 식민지 민족현실을 직시하며 복음주의 실천론으로서 '기독교사회주의,' '사회복음주의'와 같은 진보적인 사회사상을 적극 수용한 것과도 깊은 관련이 있다. 초대교회 공동체 전통을 모델로 사회주의 자체보다는 기독교 본래의 사회적 약자를 품는 사회적 실천으로 전개되었다.

부산에서 1968년 5월 13일 장기려 박사 등에 의해 청십자의료보험조합이 초량동 복음의원에서 창립되었다. 1980년 들어 상호부조적 의료협동조합 제도의 필요를 느낀 시민들의 자발적인 참여로 매년 지부 1개씩을 늘려 모두 5개의 지부를 설치했다. 기독의사회의 참여로 청십자의료협동조합은 지속적인 발전을 이루다가, 1989년 7월 1일 정부 주도의 도시지역 의료보험이 시작되자 청십자의료협동조합은 6월 30일 자진 해산하였다. 1960년대 이후 군사정권이 추진한 경제정책에 의해 농촌에서 쫓겨난 농민들, 재개발로 강제 철거당한 철거민들에게 아팠을 때 지원을 받을 수 있는 의료보험은 절박한 요구였다. 서울의대 카톨릭학생회 학생들과 몇몇 종교인들에 의해 자원봉사로 이루어지던 주말 진료소가 지역주민들의 참여로 1976년 난곡희망의료협동조합이 설립되기도 했다.

1980년대 군사독재에 대항한 기독교, 천주교의 민주화운동은 보건의료분야 학생들에게도 영향을 미쳤다. 한국의료협동조합의 태동에는 기독청년의료인회라는 평신도 사회선교단체가 큰 역할을 수행했다.

연세대, 서울대, 카톨릭대, 이대 기독학생회를 거쳐 사회에 진출한 기독교의료인들은 사회적약자의 건강권을 지켜주는 일을 기독교사회운동의 중요과제로 삼았고, 건강권을 박탈당한 소외받은 이들과 협동하여 건강권을 되찾는 사회운동을 의료협동조합을 결성해서 추진해왔다. 최초의 의료협동조합인 안성의료협동조합, 최초 도시형의 의료협동조합인 인천평화의료협동조합은 기독청년의료인회가 기획하고, 지역에서 지역주민들과 만나면서 태동된 의료협동조합이다.

한국 의료협동조합의 설립은 1994년 안성의료협동조합을 시작으로 인천평화(1996년), 안산(2000년), 원주(2002년), 서울(2002년), 대전민들레(2002년), 전주 (2003년), 함께걸음(2005년), 용인해바라기(2007년), 성남(2008년), 수원새날(2009년), 시흥희망(2009년), 순천(2011년), 살림(2012년), 행복한마을(2012년), 건강한(2013년), 마포(2013년), 느티나무(2014년), 홍성우리마을(2016년), 부천(2017년), 화성(2019), 익산(2019), 성북(2019), 정다운(2020), 광주(2021),대구(2022), 경남산청(2022), 위드(2022), 상주(2023), 부산돌봄(2023), 제주담을(2024) 등으로 이어져 한국에서도 의료협동조합 활동이 본격화하고 있다.[9] 안성의료협동조합은 안성농민회와 연대기독학생회의 오랜 지역 활동의 성과 속에 탄생된 우리나라 최초의 의료협동조합인 반면, 인천평화의료협동조합은 기독청년의료인회에서 평화의원을 먼저 만들어 지역기반을 만든 후, 지역주민들과 함께 의료협동조합을 세웠고, 안산의료협동조합은 안산 시민의 모임, 동의학민방연구회 등에서 의료협동조합을 만든 사례이고, 원주의료협동조합은 원주지역 신협과 생협 등 지역협동조합이 힘을 합해 원주 의료협동조합을 설립했고, 대전의료협동조합은 한밭렛츠라고 하는 지역품앗이 공동체와 대전 인의협(인도주의실천의사협의회)을 통해 태동되었고, 전주, 의료협동조합은 전주보건의료인운동과 지역공동체운동이 기반이 되어, 함께걸음의료협동조합은 장애우연구소 회원들이 지역에서 장애우들을 위한 의료복지 네트워크를 힘을 꾸며 만든 협동조합이다. 용인해바라기의료협동조합은 장애아동 부모 모임에서, 성남과 수원새날의료협동조합은 지역 시민단체와 생협 조합원의 힘으로 창립되었다. 만들어진 의료협동조합 하나하나가 조합원들의 땀

---

9) 한국의료복지사협 홈페이지 http://hwsocoop.or.kr/ 접속 2025.5.31.

과 피로서 만들어졌으며, 또한 참여하는 의료인들의 헌신적인 노력이 있었기에 한국에서도 의료협동조합이 뿌리를 내리고 성장 할 수 있었다. 현재까지 만들어진 의료협동조합의 설립 주체들을 보면, 지역에서 오랫동안 활동을 해온 농민과 지역주민공동체, 보건의료인운동, 협동조합운동 등으로 여러 형태의 지역사회운동이 의료협동조합을 통해서 지역내 의료복지기관의 경영 주체로 성장하고 있음을 알 수 있다.

우리 사회에 의료복지의 요구가 높아지면서, 안성, 인천평화, 안산, 원주, 서울, 대전, 전주, 함께걸음, 용인해바라기, 성남, 수원새날, 시흥희망, 순천, 살림, 행복한마을, 건강한, 마포, 느티나무, 홍성우리마을, 부천 등을 통해 축적된 의료협동조합의 경험이 다양한 시민, 지역사회 운동체로 확산되어, 지역사회 내에 새로운 보건의료 및 복지의 네트워크를 구축하고 있는 것으로 파악된다. 소비자생활협동으로 출발한 의료협동조합은 의료협동조합으로 처음 불렸으나, 소위 사무장병원으로 상업적인 이익을 목표으로한 의료협동조합이 2012년 이후 급격히 증가되면서, 기존의 주민참여형 의료협동조합은 의료복지사회적협동조합(의료복지사협)으로 모두 전환되었다. 이 글에서 언급하는 의료협동조합은 모두 주민참여형 의료복지사협을 가르킨다.

6. 맺음말

재벌 중심의 성장제일주의가 이끈 승자독식체제로 인해 현재 우리 사회는 심각한 양극화의 병폐 속에 있다. 우리 사회에 몰아치는 '경제민주화'의 바람도 이 같은 맥락에서다. 경제민주화에 대한 요구와 함께 '협동조합'이 새로운 대안으로 떠오르고 있다. 대표적으로 2008년 국제 금융위기와 유럽 재정위기 속에서도 유럽연합(EU)의 25만 개 협동조합은 540만

개의 일자리를 만듦으로 충분히 스스로의 생명력을 입증했다. 2012년 12월부터 발효된 '협동조합기본법'을 통해 우리나라에서도 5명만 모이면 금융업을 제외한 모든 분야에서 법인 자격을 지닌 협동조합을 주식회사처럼 자유롭게 설립할 수 있게 됐다. 그러나 주식회사와 다른 점이 있다면 영리 추구뿐만이 아닌 공동사업의 발전을 목표로 하는 것으로 모든 조합원은 1인 1표의 의결권을 가지며 기업의 대표를 선출하고 경영을 감독한다. 협동조합은 농민이나 중.소 상공업자, 일반 소비 대중들이 상부상조의 정신으로 경제 이익을 추구하기 위해 구매.생산.판매.소비 등의 일부 또는 전부를 협동으로 영위하는 조직단체를 말한다. 이러한 협동조합의 발상은 보편적인 인간의 권리와 평등을 강조한 기독교 정신과도 맥락을 같이 한다.

우리 역사에서 협동조합 운동은 기독교 정신을 바탕으로 전개됐으며 공동체주의는 자본주의 체제에 대한 성경적, 시대적 대안으로 경제정의를 지향하고 있다. 청교도 윤리에서 유래된 근대 자본주의 정신을 되찾고, 왜곡된 자본주의로 인해 피폐화된 현대인들에게 민주적인 협동을 통해 공동체를 제공해줄 수 있는 것은 기독교인의 일이다. 이러한 협동조합에 대한 성경적인 의미 부여로 ▲ 창조질서의 회복과 생명 가치의 보존 ▲ 초대교회 공동체의 나눔과 섬김의 실천 ▲ 온전한 인간 회복을 이뤄가는 희년 사상 등을 예로 들수 있다. 특히 "자본 중심이 아닌, 사람 중심으로 운영되는 협동조합 정신은 경쟁적인 인간관계를 극복하고 상호존중, 공존을 도모하는데 유용한 도구가 될 수 있을 것이다. 공동체성이 붕괴되고 있는 이때, 협동조합 운동은 새로운 공동체적 마을을 만들어 나가는 일이라며 이를 위한 신앙공동체의 역할이 중요하다. 사회적 기업이나 협동조합이 정부의 주도로 신속히 도입되는 것은 긍정적이나 역량이 부족한 상황에서 초기에는 많은 시행착오를 겪을 수 있다. 이러한 일에 많은 시민들이 관심을 가지고 참여해야 한다.

교회는 사회를 섬기고 변화사키는 역할을 수행해야 하는데, 일부 교회는 세상과 담을 쌓고 그들만의 세계에 빠져있는 듯하다. 세상은 빠르게 변하고 엄청난 지식을 쌓아 가는데, 자기 울타리에 갇혀 있다면, 이성적이고 합리적인 사고를 가진 그룹과 젊은 세대의 버림을 받게될 것이다. 서구의 경험을 보아도 교회가 사회를 섬기는 자기 역할을 상실하게 되면, 교회는 시민들의 외면을 받게 된다. 이는 순식간에 일어날 수 있으며, 교회는 텅텅 비게 되고 관광지가 될 것이다. 하나님의 나라는 교회와 동일시되어선 안 된다. 교회가 자기 정체성을 잃으면, 사회에서 설 자리가 없어진다.

다가오는 하나님의 나라를 선취하는 공동체로서 그 사회에서 하나님의 사랑과 정의를 드러내는 공동체여야 한다. 세상 속에서 하나님의 정의를 드러내는 공동체로서 협동조합은 넓게 보아 기독교 공동체의 특성을 가지고 있다. 교회라고 명시하진 않았어도 하나님의 정의와 선하심을 드러내는데 열심인 개인들과 그 공동체에 의해, 기독교의 보편주의와 평등의 가치가 살아 움직인다면, 이 역시 하나님 나라가 실현되어가는 모습일 것이다. 신 없이 신 앞에, 세속사회에서 하나님은 다양한 방식으로 개입하시고 하나님의 정의를 드러내신다.

기독청년의료인회에 의해 우리 사회에 뿌리를 내린 의료협동조합운동은 기독교의 사회 참여방식과 지향, 그 정체성을 잘 드러낸 운동이라고 평가할 수 있다.

기독청년의료회 활동에 영감을 받아 신앙공동체가 사회 각 영역에서 민주주의의 확대, 건강권을 포함한 제반 인권 보장, 삶의 질 향상, 전쟁 종식과 평화 정착 등 사회선교를 통한 성령의 열매를 맺어가기를 기대한다.

| 제10장 |

돌봄의 5가지 영역에 대한 성서적, 신학적 배경과 교회의 실행 방안과 사례

박홍래
(실천신학대학원대학교 특임교수)

1. 서론

현대사회는 급변하는 환경 속에서 다양한 형태의 돌봄 필요성을 증대시키고 있다. 고령화, 사회적 고립, 정신건강 문제, 환경문제 등은 개인의 삶의 질뿐만 아니라 공동체 전체의 건강성을 위협하는 요인으로 작용한다. 이러한 상황에서 '돌봄'은 단순히 개인적인 차원의 행위를 넘어, 사회적, 윤리적, 그리고 신학적인 중요성을 지니는 개념으로 부상하고 있다.

기독교 신앙에 있어서 돌봄은 하나님의 본성에서 비롯된 핵심적인 가치이며, 교회의 존재 이유이자 사명이다. 성경은 창조주 하나님께서 피조 세계를 돌보시고, 예수 그리스도께서 연약한 자들을 섬기며 치유하신 전인적인 돌봄의 모범을 보여주셨음을 증언한다. 초대교회 역시 돌봄을 통해 공동체를 형성하고 확장해 나갔다. 그러나 오늘날 교회는 이러한 성서적, 신학적 돌봄의 정신을 현대 사회의 다양한 돌봄 필요에 어떻게 적용하고 실천할 것인가 하는 과제에 직면해 있다.

본 소논문은 신체적, 정서적, 정신적 영적, 사회적, 환경적 돌봄이라는 다섯 가지 핵심 영역에 초점을 맞추어, 각 영역별 돌봄의 성서적 및 신학적 배경을 심층적으로 탐구하고자 한다. 나아가, 이러한 이론적 토대 위에서 교회가 각 돌봄 영역에서 구체적으로 어떤 실행 방안을 마련하고 실천할 수 있는지에 대한 실제적인 제언을 제시할 것이다. 이를 통해 교회는 시대적 요청에 부응하는 전인적 돌봄 공동체로서의 역할을 재정립하고, 세상 속에서 하나님의 사랑을 구체적으로 실천하는 데 기여할 수 있을 것으로 기대한다.

2. 교회의 신체적 돌봄: 성서적 기반과 실천적 모델

현대사회의 고령화 진행과 함께 신체적 돌봄에 대한 사회적 요구가 급증하고 있다. 특히 교회공동체는 예수 그리스도의 치유 사역을 계승하여 성도들의 신체적 필요에 응답해야 할 신학적, 목회적 책임을 지니고 있다. 교회의 신체적 돌봄에 대한 성서적 근거와 실제적 적용 방안을 다음과 같다.

1) 신체적 돌봄의 정의와 신학적 토대

신체적 돌봄(Physical Care)은 건강 관리, 치료 지원, 영양 관리, 운동 지도, 그리고 일상생활에서의 신체적 도움을 포괄하는 통합적 케어를 의미한다. 이는 단순한 의료적 개입을 넘어서 전인적 관점에서의 건강증진과 질병 예방을 포함한다.

성서적 관점에서 신체적 돌봄의 근거는 예수 그리스도의 치유 사역에서 찾을 수 있다. 마태복음 8장 14-17절에서 예수께서 베드로의 장모의 열병을 고치시고, 많은 병든 자들을 치유하신 사건은 단순한 육체적 회복을 넘어 하나님 나라의 임재를 보여주는 중요한 표징이었다. 이러한 치유 사역은 예수님의 공생애에서 핵심적 요소였으며, 복음 전파와 함께 하나님의 사랑을 구체적으로 실현하는 방식이었다. 사도 바울은 고린도전서 12장 25-27절에서 그리스도의 몸 된 공동체로서 교회가 가져야 할 상호 돌봄의 책임을 명시한다. "몸 가운데서 분쟁이 없고 오직 여러 지체가 서로 같이 돌보게 하셨느니라. 만일 한 지체가 고통을 받으면 모든 지체도 함께 고통을 받고 한 지체가 영광을 얻으면 모든 지체도 함께 기뻐하느니라"는 말씀은 교회 공동체 내에서의 신체적 연약함에 대한 돌봄이 단순한 선택사항이 아닌 필수적 사명임을 보여준다.

2) 신체적 돌봄의 실제 사례와 모델

(1) **병원 동행 서비스**: 고령자나 신체장애인을 위한 병원 동행 서비스는 교회 신체적 돌봄의 대표적 사례이다. 이는 단순한 교통편의 제공을 넘어서 의료진과의 소통 지원, 치료 과정에서의 정서적 지지, 그리고 의료정보의 정확한 전달을 포함한다. 실제로 미국의 여러 교회들에서 운영하는 'Health Ministry' 프로그램은 자원봉사자들이 체계적인 교육을 받아 의료 동행 서비스를 제공하고 있다.

(2) **복약 지원 시스템**: 치매나 인지기능 저하로 인해 약물 복용에 어려움을 겪는 노인들을 위한 복약 지원은 중요한 신체적 돌봄 영역이다. 교회에서는 간호사 자격을 가진 성도들이 중심이 되어 복약 달력 제작, 복용법 교육, 정기적인 복약 확인 등의 서비스를 제공할 수 있다. 이는 만성질환

관리에 있어서 매우 효과적인 접근법으로 평가받고 있다.

(3) 건강 식단 및 운동 프로그램 제공: 당뇨병, 고혈압 등 만성질환을 가진 노인들을 위한 건강 식단 제공과 운동 프로그램은 예방적 차원에서 매우 중요하다. 실제로 여러 연구에서 교회 기반 건강증진 프로그램(Church-based Health Promotion Program)의 효과가 입증되었다.[1] Resnicow 등(2002)의 연구에 따르면, 교회를 기반으로 한 영양교육과 신체활동 프로그램이 참여자들의 건강행동 변화에 유의미한 효과를 보였다고 보고했다.

3) 학술적 근거와 효과성

교회 기반 건강관리 프로그램의 효과에 대한 학술적 연구들이 지속적으로 발표되고 있다. Baruth 등(2008)의 연구는 아프리카계 미국인 교회를 중심으로 한 신체활동 프로그램의 실행 과정을 분석하였으며, 교회 건강 디렉터들의 인터뷰를 통해 노인 교인들의 높은 비율이 프로그램 성공의 중요한 요인임을 확인했다.[2]

또한 최근의 연구(Odukoya et al., 2023)에서는 교회 기반 건강증진 프로그램에 대한 교인들의 태도와 인식을 조사하였으며, 특히 노인 교인들이 신체활동과 건강한 식습관에 대해 긍정적인 반응을 보인다는 것을 확인했다.[3]

---

1) Ken Resnicow, Alice Jackson, Ronald Braithwaite, Colleen DiIorio, Dhana Blisset, Simone Rahotep, Santhi Periasamy, "Healthy Body/Healthy Spirit: A Church-Based Nutrition and Physical Activity Intervention," Health Education Research, Vol. 17, No. 5 (October 2002), 562-573.
2) Meghan Baruth, Sara Wilcox, Marilyn Laken, Melissa Bopp, Ruth Saunders, "Implementation of a Faith-Based Physical Activity Intervention: Insights from Church Health Directors," Journal of Community Health, Vol. 33, No. 5 (October 2008), 304-312.
3) Oluwakemi Odukoya, Ikenna Daniel Molobe, Oridota E. Olufela, Esther Oluwole, Victoria Yesufu, Folasade T. Ogunsola, Kolawole S Okuyemi,

4) 교회 실천 방안

(1) 건강 돌봄팀 조직: 효과적인 신체적 돌봄을 위해서는 전문성을 갖춘 팀 조직이 필요하다. 간호사, 물리치료사, 영양사 등의 전문 자격을 가진 성도들을 중심으로 건강 돌봄팀을 구성하고, 이들에게 체계적인 교육과 지원을 제공해야 한다. 또한 자원봉사자들에게는 기초적인 건강 관리 지식과 응급처치법을 교육하여 전문성을 높여야 한다.

(2) 지역사회와의 협력 네트워크 구축: 교회 단독으로 모든 건강 관리 서비스를 제공하기에는 한계가 있다. 따라서 지역 보건소, 병원, 의료기관과의 협력 네트워크를 구축하여 건강검진의 날 개최, 전문의 초청 강좌, 예방 접종 등의 서비스를 제공할 수 있다. 이러한 협력은 교회의 사회적 신뢰도를 높이고 지역사회 선교의 기회로도 활용될 수 있다.

(3) 맞춤형 프로그램 개발: 각 교회의 상황과 교인들의 특성에 맞는 맞춤형 프로그램을 개발해야 한다. 예를 들어, 농촌 지역 교회의 경우 농업 관련 직업병 예방과 관리에 초점을 맞추고, 도시지역 교회는 스트레스 관리와 생활습관병 예방에 중점을 둘 수 있다. 또한 연령대별, 성별에 따른 차별화된 프로그램을 통해 더 효과적인 돌봄을 제공할 수 있다.

교회의 신체적 돌봄은 예수 그리스도의 치유 사역을 계승하는 중요한 사명이며, 현대사회의 건강 불평등 해소에 기여할 수 있는 실천적 방안이다. 성서적 근거와 학술적 연구 결과를 바탕으로 볼 때, 교회 기반 건강관리 프로그램은 개인의 건강 증진뿐만 아니라 공동체의 결속력 강화와 사

"Exploring Church Members' Perceptions towards Physical Activity, Fruits and Vegetables Consumption, and Church's Role in Health Promotion: Implications for the Development of Church-Based Health Interventions," Journal of Public Health in Africa, Vol. 14, No. 1 (January 2023).

회적 책임 실현에도 긍정적인 효과를 가져온다.

앞으로 교회들은 더욱 체계적이고 전문적인 신체적 돌봄 시스템을 구축하여 하나님 나라의 사랑을 구체적으로 실현하는 통로가 되어야 할 것이다. 이를 통해 교회는 단순한 종교적 공간을 넘어서 지역사회의 건강증진을 위한 핵심적 역할을 담당할 수 있을 것이다.

3. 교회의 정서적 돌봄: 성서적 기반과 현대적 실천

현대사회는 전례 없는 정신건강 위기에 직면해 있다. 한국교회 성도 5명 중 1명 이상이 우울감이나 불안감을 경험하고 있으며, 특히 노인층의 고독감과 사회적 고립은 심각한 사회 문제로 대두되고 있다. 이러한 상황에서 교회의 정서적 돌봄(Emotional Care)은 단순한 선택 사항이 아닌 시대적 소명으로 부각 되고 있다. 정서적 돌봄은 감정의 이해와 관리, 외로움 극복, 지지와 격려를 포함하는 포괄적인 돌봄 영역으로, 교회공동체가 담당해야 할 핵심적 사역이다.

1) 성서적·신학적 근거

교회의 정서적 돌봄은 견고한 성서적 토대 위에 세워져 있다. 예수 그리스도는 정서적 공감과 돌봄의 완전한 모델을 보여주셨다. 요한복음 11장 35절에서 나사로의 죽음 앞에서 "예수께서 눈물을 흘리셨다"는 기록은 인간의 슬픔과 고통에 대한 그분의 깊은 공감을 보여준다. 이는 단순한 동정이 아닌, 고통당하는 자들과 진정으로 함께하시는 임마누엘 하나님의 성품을 드러낸다. 구약의 시편 147편 3절은 하나님을 "마음이 상한 자들을 고치시며 그들의 상처를 싸매시는" 분으로 묘사한다. 이는 정서적 상처와 아픔에 대한 하나님의 치유 사역이 구약시대부터 일관되게 나타나는 주제임을 보여준다. 바울 사도는 로마서 12장 15절에서 "즐거워하는 자들과 함께 즐거워하고 우는 자들과 함께 울라"고 권면하며, 감정적 공감이 신앙 공동체의 본질적 특성임을 강조했다. 이러한 성서적 가르침은 교회가 단순히 영적 필요만을 돌보는 것이 아니라, 성도들의 전인적 필요, 특히 정서적 필요에 적극적으로 응답해야 함을 의미한다. 고린도전서 12장의 '몸의 지체' 비유처럼, 한 사람의 정서적 고통은 전체 공동체의 관심사가 되어야 한다.

2) 학술적 근거와 효과성

교회 기반 정서적 돌봄의 효과는 다양한 학술 연구를 통해 입증되고 있다. 종교적 대처(religious coping)에 관한 연구들은 신앙이 정신건강에 미치는 긍정적 영향을 일관되게 보고하고 있다. 특히 노인층을 대상으로 한 연구에서 교회 참석과 종교적 활동이 우울감 감소와 삶의 만족도 향상에 유의미한 효과를 보인다는 결과가 반복적으로 확인되었다.

아프리카계 미국인 고령자를 대상으로 한 연구(Chatters et al., 2015)에서는 교회 기반 사회적 지지가 우울 증상 완화에 중요한 보호 요인임을 확인했다. 가족으로부터의 정서적 지지와 함께 교회 공동체의 지지가 정신건강 증진에 핵심적 역할을 한다는 것이 실증적으로 입증되었다.[4]

코로나19 팬데믹 기간 중 진행된 연구에서는 교회 참석이 노인들의 사회적 고립감과 외로움 감소에 중요한 역할을 했음을 보여주었다. 특히 신앙 기반의 가상 개입 프로그램이 사회적 외로움 감소와 삶의 질 향상에 효

---

4) Linda M. Chatters, Ann W. Nguyen, Robert Joseph Taylor, Meredith O. Hope, "Social Support from Church and Family Members and Depressive Symptoms among Older African Americans," American Journal of Geriatric Psychiatry, Vol. 23, No. 6 (June 2015), 559-567.

과적임이 확인되었다.

3) 국제적 모델과 실천 사례

스테판 미니스트리(Stephen Ministry) 모델: 스테판 미니스트리는 1975년 설립된 이래 전 세계 14,000개 이상의 교회에서 운영되는 체계적인 정서적 돌봄 프로그램이다. 이 프로그램은 평신도 돌봄자를 50시간에 걸쳐 훈련시켜, 위기나 어려움을 겪는 사람들에게 일대일 기독교적 돌봄을 제공한다. 특히 "서로의 짐을 지라"(갈 6:2)는 성경 말씀을 실천 원리로 삼아, 전문적이면서도 따뜻한 돌봄을 제공한다는 점에서 주목받고 있다.[5]

슬픔 나누기(Grief Share) 프로그램: 슬픔 나누기 프로그램은 상실과 애도 과정에 있는 사람들을 위한 13주 과정의 지지 집단 프로그램이다. 25년간 100만 명 이상이 참여하여 위로와 치유를 경험했으며, 현재 전 세계 수천 개의 장소에서 대면 및 온라인으로 진행되고 있다. 프로그램은 30분의 교육 비디오, 집단 토론, 개인 워크북을 통해 체계적인 애도 지원을 제공한다.[6]

4) 한국 교회의 현실과 과제

목회데이터연구소의 2024년 조사에 따르면, 한국교회 성도의 23%가 우울감을, 22%가 불안감을 경험하고 있으나, 체계적인 정신건강 지원을 제공하는 교회는 7%에 불과한 실정이다. 이는 정서적 돌봄에 대한 필요와

---

5) Stephen Ministries St. Louis, "What Is Stephen Ministry?" https://www.stephenministries.org/ (accessed October 23, 2025).
6) GriefShare, "Grief & Loss Support Groups," https://www.griefshare.org/ (accessed October 23, 2025).

실제 제공 서비스 사이의 심각한 격차를 보여준다.[7] 특히 정신질환에 대한 편견이 여전히 존재하여, 성도 76%가 "정신질환자는 위험하고 예측 불가능하다"고 응답했고, 목회자의 65%도 같은 인식을 보였다. 이러한 편견은 정서적 어려움을 겪는 성도들이 도움을 구하는 것을 망설이게 하는 주요 장벽이 되고 있다.

5) 실제 사례와 적용 방안

(1) **정기 전화 돌봄 서비스**: 정서적 고립감이 큰 노인들을 위한 정기적인 안부 전화는 가장 기본적이면서도 효과적인 정서적 돌봄 방법이다. 서울연구원의 연구에 따르면, 정기적인 방문 및 전화 돌봄 서비스가 독거 어르신의 고독감과 우울감 감소에 유의미한 효과를 보인다고 보고되었다. 교회에서는 이를 '전화 심방'이나 '안부 전화 사역'으로 체계화하여 운영할 수 있다.

(2) **자조모임 운영**: 우울증이나 상실감을 겪는 이들을 위한 심리적 지지 모임은 동질감과 상호 지지를 통해 치유 효과를 제공한다. 이러한 모임은 전문 상담사의 지도 하에 진행되며, 참가자들이 안전한 환경에서 자신의 감정을 표현하고 다른 사람들로부터 지지를 받을 수 있는 기회를 제공한다.

6) 교회 실천 방안

(1) **전문 인력 양성**: 효과적인 정서적 돌봄을 위해서는 기초적인 상담

---

7) 목회데이터연구소, "한국교회 정신건강 실태조사," 크리스천투데이, 2024.

교육을 받은 봉사자들이 필요하다. Stephen Ministry 모델처럼 체계적인 훈련 프로그램을 통해 평신도 돌봄자들을 양성하고, 정기적인 슈퍼비전과 지속 교육을 제공해야 한다. 특히 경청 기술, 공감적 반응, 위기 상황 대처 등의 기본 역량을 갖춘 돌봄 전문가를 육성하는 것이 중요하다.

(2) '마음 쉼터' 모임: 우울감, 불안 등을 나눌 수 있는 안전한 공간으로서의 '마음 쉼터' 모임을 정기적으로 운영할 수 있다. 이러한 모임은 소그룹 형태로 진행되며, 참가자들의 익명성과 기밀성을 보장하는 것이 중요하다. 또한 필요시 전문 의료진과의 연계 시스템을 구축하여 보다 전문적인 치료가 필요한 경우 적절한 도움을 받을 수 있도록 해야 한다.

(3) 심방 시 정서 체크리스트 활용: 목회진이나 심방팀이 가정 심방을 할 때 간단한 정서 상태 체크리스트를 활용하여 성도들의 정신건강 상태를 파악하고 필요한 도움을 제공할 수 있다. 이를 통해 조기 발견과 개입이 가능하며, 지속적인 관찰과 관리를 통해 더 심각한 문제로 발전하는 것을 예방할 수 있다.

교회의 정서적 돌봄은 현대 사회의 정신건강 위기에 대응하는 중요한 사역 영역이다. 성서적 근거와 학술적 연구 결과는 교회 기반 정서적 돌봄의 필요성과 효과성을 일관되게 지지하고 있다. 스테판 미니스트리, 슬픔 나눔 프로그램과 같은 검증된 모델들을 참조하여 한국교회의 상황에 맞는 정서적 돌봄 시스템을 구축하는 것이 시급하다.

무엇보다 정신건강에 대한 편견을 해소하고, 정서적 어려움을 겪는 성도들이 부끄러워하지 않고 도움을 요청할 수 있는 교회 문화를 조성해야 한다. 이를 통해 교회는 단순히 종교적 서비스를 제공하는 기관을 넘어, 지역사회의 정신건강 증진을 위한 치유 공동체로서의 역할을 감당할 수 있을 것이다.

4. 교회의 정신적·영적 돌봄: 존재적 동행과 의미 찾기의 사역

현대사회의 급속한 변화와 세속화 속에서 많은 사람들이 삶의 의미와 목적에 대한 근본적 질문들과 씨름하고 있다. 특히 고령화 사회로 접어들면서 죽음과 상실, 인생의 마무리에 대한 영적 갈증은 더욱 깊어지고 있다. 이러한 시대적 배경에서 교회의 정신적·영적 돌봄(Spiritual Care)은 단순한 종교적 서비스를 넘어 인간 존재의 근본적 필요에 응답하는 핵심적 사역으로 부각되고 있다. 정신적·영적 돌봄은 삶의 의미와 목적, 신념체계, 종교적·철학적 탐구를 포함하는 포괄적 돌봄 영역으로, 인간의 전인적 회복과 성장을 위해 필수적이다.

1) 성서적·신학적 토대

교회의 정신적·영적 돌봄은 견고한 성서적 기반 위에 세워져 있다. 창세기 1장 27절은 인간이 '하나님의 형상'(Imago Dei)으로 창조되었음을 선언하며, 이는 인간이 본질적으로 영적 존재임을 의미한다. 하나님의 형상으로서의 인간은 단순한 생물학적 존재가 아니라, 초월적 의미와 목적을 추구하는 영적 존재로 창조되었다는 것이다. 예수 그리스도의 사역 역시 영적 돌봄의 완전한 모델을 제시한다. 요한복음 4장 14절에서 예수께서 사마리아 여인에게 약속하신 "생수"는 단순한 물이 아닌, 인간의 근본적인 영적 목마름을 해소하는 영원한 생명수를 의미한다. "내가 주는 물을 마시는 자는 영원히 목마르지 아니하리니 내가 주는 물은 그 속에서 영생하도록 솟아나는 샘물이 되리라"는 약속은 영적 돌봄이 단순한 위로를 넘어 삶의 근본적 변화와 의미 부여를 가능하게 함을 보여준다.

정신적·영적 돌봄의 핵심은 단순한 정보 전달이나 상담 기법을 넘어서는 '존재적 동행'(being with)에 있다. 이는 욥기에서 욥의 친구들이 처음 7

일 동안 말없이 함께 앉아 있었던 것과 같은 "함께 있어줌"의 돌봄이다. 또한 시편 23편의 "사망의 음침한 골짜기를 다닐지라도 해를 두려워하지 않을 것은 주께서 나와 함께 하심이라"는 말씀처럼, 고통과 어려움의 순간에 함께하시는 하나님의 임재를 경험하게 하는 것이 영적 돌봄의 본질이다.

2) 학술적 근거와 효과성

치매와 인지장애가 있는 노인들의 영적 필요에 관한 최신 통합 문헌 고찰(2023)에 따르면, 영적 돌봄은 치매 진행 전 단계에 걸쳐 중요한 역할을 한다고 보고되었다. 특히 경도 치매 단계에서 영적 고통이 증가하므로 조기 개입이 중요하며, 음악, 종교적 의식, 기도와 같은 전통적인 영적 활동들이 인지기능 저하에도 불구하고 의미 있는 반응을 끌어낸다는 것이 확인되었다.[8] 특히 주목할 만한 것은 치매 환자들이 인지 능력이 저하된 상태에서도 익숙한 찬송가나 종교적 상징물에 대해 긍정적인 반응을 보인다는 점이다. 이는 영적 기억과 경험이 인지기능과는 다른 뇌 영역에 저장되어 있음을 시사하며, 영적 돌봄이 치매 환자의 인격과 정체성 유지에 중요한 역할을 한다는 것을 의미한다. 음악 치료와 목회적 돌봄의 결합에 관한 연구(Connelly & Moss, 2021)에서는 음악이 치매 환자들의 영적 표현을 촉진하고 개인성을 확인하는 데 유효한 도구임이 확인되었다. 특히 음악 치료와 목회적 돌봄의 협력적 접근이 치매 환자들에게 고품질의 영적 돌봄을 제공하는 데 효과적임이 입증되었다.[9]

---

[8] Krista C. Britt, Eun-Ok Im, Colleen Keller, "Spiritual Needs of Older Adults Living with Dementia: An Integrative Review," Healthcare, Vol. 11, No. 9 (May 2023), 1319.

[9] Lyndsey Connolly and Hilary Moss, "Music, Spirituality and Dementia: Exploring Joint Working between Pastoral Care Professionals and Music Therapists to Improve Person-Centred Care for People with Dementia," Dementia, Vol. 20, No. 1 (January 2021), 373-380.

3) 국제적 모델과 실천 사례

(1) '영적 동반자'(Spiritual Companion) 훈련

미국의 '일상생활의 질서'(Order of the Common Life)에서 운영하는 '영적 동반자 훈련(Training in Spiritual Companionship, TSC)' 프로그램은 8개월간의 체계적 과정을 통해 교회 구성원들의 영적 동반 역량을 개발한다. 이 프로그램은 영적 우정과 동반자 관계의 비전과 특성을 이해하고, 관상적 경청 기술을 개발하며, 내면의 움직임을 분별하는 능력을 기르는 것을 목표로 한다.[10]

이 프로그램의 특징은 다음과 같다.
- 매월 반일(4시간) 모임을 통한 공동체적 학습
- 개인적 성찰과 저널링 과정
- 영적 동반자 관계의 실제 적용
- 다양한 영적 전통과 배경에 대한 이해

(2) 치매 환자를 위한 영적 돌봄

Spiritual Eldercare 프로그램은 치매 환자들을 위해 특별히 설계된 비종파적 예배 서비스를 제공한다. 이 프로그램은 알츠하이머나 기타 치매를 앓고 있는 노인들도 친숙한 찬송가, 사랑이 담긴 접촉, 눈 맞춤을 통해 깊은 영적 반응을 보인다는 것을 발견했다. 말을 할 수 없거나 치매의 안개 속에 잊혀진 것처럼 보이는 환자들도 전통적인 종교음악에 놀라울 정도로 반응한다는 것이 관찰되었다.

---

10) Order of the Common Life, "Training in Spiritual Companionship," https://www.orderofthecommonlife.org/tsc (accessed October 23, 2025).

4) 한국적 상황과 웰다잉 교육

한국에서는 '한국크리스천 웰다잉 교육연구원'을 중심으로 기독교적 관점의 죽음 준비 교육이 활발히 진행되고 있다. 이 기관에서는 '호스피스-완화의료와 임종과정,' '죽음은 마지막 성장,' '사랑, 화해, 용서,' '버킷 리스트' 등 다양한 주제로 웰다잉 교육을 실시하고 있다. 특히 서울신학대학교에서 2024년 신학대학 최초로 개설한 '웰다잉 최고위 과정'은 기독교적 관점에서 웰다잉을 조명하고, 목회자들이 웰다잉 교육과 돌봄 사역을 전문적으로 수행할 수 있도록 지원하고 있다. 이는 한국교회가 고령화 시대를 선도적으로 대비하고 있음을 보여주는 사례이다.

5) 실제 사례와 적용 방안

(1) 말벗 활동과 임종 돌봄: 임종을 앞둔 이들과의 대화는 영적 돌봄의 핵심 영역 중 하나이다. 이는 단순한 위로를 넘어서 삶의 의미를 재발견하고, 미완성된 관계를 정리하며, 죽음에 대한 두려움을 극복할 수 있도록 돕는 전인적 접근이다. 호스피스 완화의료 연구에 따르면, 침묵의 활용이 임종 돌봄에서 중요한 영적 케어 요소임이 확인되었다. 때로는 말보다 함께 있어주는 존재 자체가 더 깊은 위로와 평안을 제공한다는 것이다.[11]

(2) 상실과 애도에 대한 신앙적 해석: 유족들과 함께 애도 과정을 겪으며 상실의 의미를 신앙적으로 해석하는 것은 슬픔을 치유하고 새로운 삶의 동력을 찾는 데 중요하다. 이는 단순히 위로의 말을 건네는 것이 아니

---

11) Lynn Bassett, Amanda F. Bingley, Sarah G. Brearley, "The Contribution of Silence to Spiritual Care at the End of Life: A Phenomenological Exploration from the Experience of Palliative Care Chaplains," International Journal for the Study of Spirituality, Vol. 8, No. 1 (2018), 42-53.

라, 고통의 의미를 함께 탐구하고, 하나님의 사랑과 섭리 안에서 상실의 경험을 재해석할 수 있도록 돕는 과정이다.

(3) 치매 노인을 위한 예배와 음악: 치매나 인지장애가 있는 노인들을 위한 찬송 중심의 짧은 예배는 매우 효과적인 영적 돌봄 방법이다. 연구에 따르면 치매 환자들은 인지 능력이 저하된 상태에서도 익숙한 찬송가에 대해 긍정적인 반응을 보이며, 이를 통해 평안과 기쁨을 경험한다고 보고되었다. 음악은 언어적 소통이 어려운 상황에서도 깊은 정서적, 영적 연결을 가능하게 하는 매개체 역할을 한다.

6) 교회 실천 방안

(1) 영적 동반자(Spiritual Companion) 교육: 효과적인 영적 돌봄을 위해서는 체계적인 영적 동반자 교육이 필요하다. 이러한 교육은 다음과 같은 내용을 포함해야 한다:
- 관상적 경청 기술: 단순히 듣는 것을 넘어서 성령의 음성에 민감하게 반응하는 깊은 경청 능력
- 영적 분별력: 내면의 움직임과 하나님의 인도하심을 구별하는 능력
- 존재적 동반: 해답을 제시하기보다는 함께 있어주는 임재의 ministry
- 다양성에 대한 이해: 각기 다른 영적 배경과 전통을 존중하는 포용적 돌봄

(2) 노인 대상 작은 예배와 말씀 묵상 그룹: 노인들의 특성과 필요를 고려한 맞춤형 예배와 성경 연구 모임을 운영할 수 있다. 이러한 모임은 다음과 같은 특징을 가져야 한다:
- 짧고 집중적인 구성: 체력과 집중력을 고려한 30-45분 정도의 적절한 시간

- 친숙한 찬송과 기도: 오랫동안 애창해온 전통 찬송가와 주기도문 활용
  - 개인적 나눔의 시간: 삶의 경험과 지혜를 나눌 수 있는 안전한 공간 제공
  - 소그룹 중심: 친밀감과 개별적 관심이 가능한 소규모 모임

(3) 웰다잉 교육과 기독교적 장례 안내: 죽음 준비 교육은 현대 교회가 반드시 제공해야 할 핵심 사역 중 하나이다. 효과적인 웰다잉 교육은 다음과 같은 요소들을 포함해야 한다:
  - 성경적 죽음관: 죽음에 대한 기독교적 이해와 영생의 소망
  - 삶의 정리: 미완성된 관계의 화해와 용서, 감사의 표현
  - 의료적 의사결정: 연명의료 중단 등에 대한 기독교적 관점
  - 장례 준비: 기독교적 장례의 의미와 실제적 준비 사항
  - 유족 돌봄: 사별 후 애도 과정에 대한 이해와 지원 체계

교회의 정신적·영적 돌봄은 현대인들의 실존적 갈증에 응답하는 핵심적 사역이다. 하나님의 형상으로 창조된 인간의 영적 본성을 회복시키고, 삶의 의미와 목적을 재발견하도록 돕는 이 사역은 단순한 종교적 서비스를 넘어서는 전인적 치유의 통로이다.

학술적 연구들은 영적 돌봄의 효과성을 일관되게 지지하고 있으며, 특히 고령화 사회에서 치매나 임종을 앞둔 이들에게 영적 돌봄이 얼마나 중요한지를 보여주고 있다. 영적 동반자 훈련, 웰다잉 교육, 치매 환자를 위한 특별 예배 등의 구체적 실천 방안들을 통해 교회는 지역사회의 영적 필요에 전문적이고 체계적으로 응답할 수 있을 것이다.

무엇보다 정신적·영적 돌봄의 핵심은 함께 있어주는 '존재적 동행'임을 기억해야 한다. 완벽한 답을 제시하기보다는 인간의 근본적 고독과 아픔에 공감하며 함께 걸어가는 것, 그리고 그 과정에서 하나님의 사랑과 은혜를 경험하게 하는 것이야말로 교회가 감당해야 할 가장 소중한 사명이다.

5. 교회의 사회적 돌봄: 관계 회복과 공동체성 강화의 사역

현대사회의 개인주의와 핵가족화 진행은 많은 사람들을 사회적 고립과 외로움의 상황으로 내몰고 있다. 특히 고령화가 가속화되면서 독거노인의 증가와 세대 간 단절은 심각한 사회문제로 대두되고 있다. 이러한 맥락에서 교회의 사회적 돌봄(Social Care)은 단순한 사회복지 서비스를 넘어서 관계 회복과 공동체성 강화를 통한 근본적 해결책을 제시하는 중요한 사역이다. 사회적 돌봄은 가족, 이웃과의 관계를 회복하고 공동체 안에서 소속감을 느끼게 하는 포괄적 돌봄으로, 인간의 사회적 존재로서의 본질적 필요에 응답한다.

1) 성서적·신학적 토대

교회의 사회적 돌봄은 창조 신학과 교회론에 깊은 뿌리를 두고 있다. 창세기 2장 18절에서 하나님께서 "사람이 혼자 있는 것이 좋지 아니하니"라고 말씀하신 것은 인간이 본질적으로 관계적 존재임을 선언한 것이다. 이는 하나님의 형상으로 지음받은 인간이 삼위일체 하나님의 공동체적 본성을 반영하며, 고립된 개체가 아닌 관계 속에서 참된 존재 의미를 찾는다는 것을 의미한다.

바울 사도의 몸의 비유(고전 12:12-27)는 교회공동체의 사회적 돌봄에 대한 신학적 근거를 제공한다. "몸은 하나인데 많은 지체가 있고 몸의 지체가 많으나 한 몸임과 같이 그리스도도 그러하니라"는 말씀은 교회가 단순한 개인들의 집합체가 아닌, 유기적으로 연결된 관계망임을 보여준다. 이러한 관계 중심의 공동체에서 "한 지체가 고통을 받으면 모든 지체도 함께 고통을 받고"(고전 12:26)라는 상호 돌봄의 원리가 작동한다.

또한 초대교회의 공동체성(행 2:42-47)은 사회적 돌봄의 실천적 모델을 제시한다. "그들이 사도의 가르침을 받아 서로 교제하고 떡을 떼며 오로지 기도하기를 힘쓰니라"는 기록은 초대교회가 영적 활동뿐만 아니라 일상적 교제와 공동 식사를 통해 사회적 유대를 강화했음을 보여준다. 특히 "모든 물건을 서로 통용하고"(행 2:44)라는 표현은 단순한 경제적 공유를 넘어서 삶 전반에 걸친 깊은 사회적 연대를 의미한다.

2) 학술적 근거와 효과성

사회적 고립과 외로움에 관한 연구들은 이것이 개인의 신체적, 정신적 건강에 미치는 심각한 영향을 일관되게 보고하고 있다. 사회적 고립은 하루 15개비의 담배를 피우는 것과 같은 건강 위험을 초래하며, 비만보다 두 배 더 해롭다고 알려져 있다. 또한 외로움은 치매 발병 위험을 64% 증가시키고, 우울증과 자살률을 높인다는 연구 결과가 있다.

캐나다의 65세 이상 이민자들을 대상으로 한 연구에서는 신앙공동체가 사회적 고립 해소에 중요한 역할을 한다는 것이 확인되었다. 연구 참여자의 44%가 종교기관을 자신들에게 중요한 장소로 꼽았으며, 이들은 신앙공동체를 통해 같은 배경을 가진 사람들과 만나고, 문화적 활동에 참여하며, 소속감을 느낄 수 있었다고 보고했다. 특히 신앙 지도자들은 개인 방문, 교통편 제공, 세대 간 프로그램 등을 통해 고립된 노인들을 적극적으로 도왔다.[12] 세대 간 자원봉사 프로그램에 관한 연구들도 주목할 만한 결과를 보여준다. 아동과 정기적으로 자원봉사를 하는 고령자들은 주당 20% 더 많은 칼로리를 소모하고, 낙상 빈도가 줄어들며, 지팡이 의존도가 감소하고, 인지기능이 향상되는 것으로 나타났다. 이는 사회적 돌봄이 돌봄을

---

[12] Reshma Banu, Sirena Liladrie, Behije Noka, "The Role of Faith Communities in Improving Supports to Reduce Loneliness and Social Isolation in Immigrants 65+," Sheridan Centre for Elder Research (2019).

받는 대상뿐만 아니라 제공하는 사람에게도 긍정적 효과를 가져다준다는 것을 의미한다.

3) 국제적 모델과 실천 사례

공동체 식사 프로그램: 미국의 많은 교회에서 운영하는 '공동체 저녁 식사'(Community Dinners) 프로그램은 효과적인 사회적 돌봄의 모델이다. 맨체스터 연합감리교회의 경우 매주 다세대가 함께 모여 오후 5시 30분부터 6시 30분까지 저렴한 비용으로 공동 식사를 하며 교제하는 시간을 갖는다. 이러한 프로그램은 단순히 음식을 제공하는 것을 넘어서 자연스러운 사회적 상호작용의 장을 제공한다.

세대 통합 프로그램: 세대 통합 프로그램은 노인들의 사회적 고립을 해소하는 데 특히 효과적이다. 베네빌라(Benevilla)의 세대 간 프로그램은 노인과 청년들이 의미 있는 관계를 형성하고 서로의 경험을 나누는 기회를 제공한다. 이러한 프로그램은 젊은 세대에게는 소통 기술 향상과 새로운 우정의 기회를, 노인 세대에게는 목적의식과 사회적 연결감을 제공한다.

예를 들면 노인을 위한 혜택: 은퇴 후 일하는 미국인의 45%가 젊은이들과 함께 일하고 싶다고 답했다. 노년층은 젊은 세대로부터 새로운 혁신과 기술을 배울 수 있다. 정기적으로 어린이를 위해 자원봉사를 하는 노인들은 주당 20% 더 많은 칼로리를 소모하고, 넘어지는 일이 적고, 이동 보조 기구에 대한 의존도가 낮으며, 또래에 비해 기억력 테스트 성적이 더 좋았다. 치매나 기타 인지 장애가 있는 노인은 세대 간 활동보다 자녀와의 상호작용 중에 더 긍정적인 효과를 경험한다.

어린이를 위한 혜택: 노인들이 자주 다니는 학교에서는 어린이들의 독서 점수가 다른 학교 어린이들에 비해 향상되었다. 노령자와 교류하면 청

소년은 사회적 네트워크, 의사소통 기술, 문제 해결 능력, 노화에 대한 긍정적인 태도, 그리고 더 높은 수준의 지역사회 봉사로 이어지는 목적 의식을 개발할 수 있다. 세대 간 멘토링 프로그램에 참여한 청소년은 불법 약물을 사용할 가능성이 46% 낮고, 알코올을 사용할 가능성이 27% 낮으며, 학교를 빠질 가능성이 52% 낮다. 어린이와 청소년은 정기적으로 상호작용할 수 있는 긍정적인 역할 모델을 얻게 된다.

4) 한국 교회의 현실과 과제

한국교회는 급속한 고령화와 세대 간 단절이라는 이중 과제에 직면해 있다. 목회데이터 연구소의 2023년 조사에 따르면, 한국 교회 내에서도 세대 갈등이 심각한 수준에 이르렀으며, 이는 주로 소통 방식의 차이, 가치관의 차이, 교회 운영 방식에 대한 견해 차이에서 비롯된다고 보고되었다. 그러나 동시에 한국교회가 지역사회 노인 돌봄에서 최적화된 역할을 할 수 있다는 긍정적 평가도 있다. 청년과 중장년 세대가 함께 노인들을 돕는 활동에 참여함으로써 세대 간 연대를 강화하고, 노인들에게는 정서적 지원과 사회적 연결을 제공할 수 있다는 것이다.

5) 실제 사례와 적용 방안

마을 잔치 참여를 통한 이웃 교류: 교회가 지역사회의 마을 잔치나 축제에 적극적으로 참여하는 것은 이웃과의 교류를 확대하는 효과적인 방법이다. 파주시 교하동의 경우 주민자치회, 자유교회, 안양 새중앙교회가 연합하여 '경로 마을잔치 한마당'을 개최하여 지역사회 돌봄과 연대의 중요성을 확인했다. 이러한 활동은 일회성에 그치지 않고 지속적인 지역사회 네트워크 구축의 기반이 된다.

공동 식사를 통한 일상적 교제: 공동 식사는 가장 자연스럽고 효과적인 사회적 돌봄방법 중 하나이다. (사)해돋는마을의 '밥 사랑 광복떡 나눔 잔치'와 같은 행사는 어르신들의 우울증 감소와 자존감 회복을 위한 다양한 프로그램과 함께 진행되어 더욱 의미 있는 결과를 가져왔다. 정기적인 공동 식사는 단순한 영양 공급을 넘어서 자연스러운 대화의 기회를 제공하고, 고립된 개인들을 공동체 안으로 끌어들이는 역할을 한다. 특히 문화적 배경이 다른 이민자들에게는 고국의 음식을 함께 나누는 것이 정체성 확인과 소속감 형성에 중요한 역할을 한다.

자원봉사를 통한 역할 부여와 자존감 회복: 적극적인 자원봉사 참여는 사회적으로 고립되기 쉬운 노인들에게 새로운 역할과 목적의식을 제공한다. 캐나다의 연구에서도 노인들이 자원봉사를 통해 자신의 기술과 경험, 지혜를 활용하고 지역사회에 기여함으로써 사회적 고립 위험을 감소시킨다는 것이 확인되었다. 자원봉사는 세대를 초월한 상호작용의 기회를 제공하고, 새로운 기술을 배우며, 스스로가 가치 있다고 느끼게 하는 효과가 있다.

6) 교회 실천 방안

'1인 1역할' 사역제도 운영: 모든 교인이 각자의 은사와 능력에 따라 하나씩의 역할을 담당하는 1인 1역할 사역제도는 사회적 소외감을 방지하고 소속감을 증진시키는 효과적인 방법이다. 이는 단순히 업무를 분담하는 차원을 넘어서 각 개인이 공동체에서 필요한 존재임을 확인시켜 주고, 상호의존적인 관계를 형성하게 한다. 특히 은퇴한 노인들에게는 그들의 풍부한 경험과 지혜를 활용할 수 있는 멘토링, 상담, 교육 등의 역할을 부여하여 세대 간 지식 전수와 동시에 자존감 회복을 도모할 수 있다.

주중 마을 프로그램 개방: 교회가 보유한 시설과 자원을 지역사회에 개방하여 노래교실, 미술교실, 건강체조, 언어교육 등의 프로그램을 운영하는 것은 지역주민들과의 접촉점을 확대하는 중요한 방법이다. 이러한 프로그램은 교인과 비교인이 자연스럽게 어울릴 수 있는 기회를 제공하며, 장기적으로는 전도의 기회로도 발전할 수 있다. 특히 다문화 지역에서는 언어 교환 프로그램이나 문화 교실 등을 통해 이민자들의 사회적 통합을 도울 수 있으며, 이는 지역사회의 사회적 결속력 강화에도 기여한다.

독거노인-청년 연결 자원봉사: 세대 간 연결 프로그램은 양방향적 이익을 제공하는 혁신적인 사회적 돌봄 모델이다. 청년들이 독거노인을 정기적으로 방문하여 안부를 확인하고, 필요한 도움을 제공하는 동시에, 노인들로부터는 인생의 지혜와 경험을 배울 수 있다. 이러한 프로그램은 디지털 격차 해소(노인들에게 스마트폰이나 컴퓨터 사용법 교육), 문화 교류(노인들의 전통문화 전수와 청년들의 현대문화 소개), 상호 학습(언어 교환, 취미 공유) 등 다양한 형태로 발전될 수 있다.

디지털 시대의 새로운 접근: 코로나19 팬데믹 이후 디지털 기술을 활용한 사회적 연결의 중요성이 더욱 부각되었다. 교회는 온라인 플랫폼을 활용하여 물리적으로 참석이 어려운 이들을 위한 가상 모임, 온라인 소그룹, 디지털 멘토링 프로그램 등을 운영할 수 있다.

특히 거동이 불편한 노인들을 위한 화상통화를 통한 정기적 안부 확인, 온라인 취미 클럽 운영, 디지털 사진 및 추억 공유 플랫폼 등은 기존의 대면 중심 사회적 돌봄을 보완하는 효과적인 수단이 될 수 있다.

교회의 사회적 돌봄은 현대사회의 개인주의와 사회적 고립 문제에 대한 근본적 해결책을 제시한다. 단순한 사회복지 서비스를 넘어서 관계 회복과 공동체성 강화를 통해 인간의 사회적 본성을 회복시키는 이 사역은 하나님의 창조 질서에 부합하는 거룩한 소명이다.

학술적 연구들은 신앙 공동체 기반의 사회적 돌봄이 개인의 신체적, 정신적 건강에 미치는 긍정적 효과를 일관되게 지지하고 있다. 마을잔치 참여, 공동 식사, 세대 간 자원봉사 등의 구체적 실천 방안들을 통해 교회는 지역사회의 사회적 결속력 강화에 중요한 역할을 담당할 수 있다. 특히 한국 사회의 급속한 고령화와 세대 간 단절 상황에서 교회의 사회적 돌봄은 더욱 중요한 의미를 갖는다. '1인 1역할' 사역제도, 마을 프로그램 개방, 세대 통합 프로그램 등을 통해 교회는 모든 세대가 함께 어우러지는 건강한 공동체를 만들어갈 수 있을 것이다. 이를 통해 교회는 단순한 종교 집단을 넘어서 지역사회의 사회적 자본을 형성하고 강화하는 핵심적 역할을 담당할 수 있을 것이다.

6. 환경적(Environmental) 돌봄

1) 교회의 환경적 돌봄: 안전하고 쾌적한 주거환경을 통한 전인적 케어

현대사회의 고령화 진행과 주거 빈곤 문제는 많은 사람들을 열악한 주거환경에 노출시키고 있다. 특히 경제적 어려움을 겪는 노인, 장애인, 저소득층은 안전하지 못한 주거환경으로 인해 신체적, 정신적 건강을 위협받고 있다. 이러한 상황에서 교회의 환경적 돌봄(Environmental Care)은 단순한 시설 개선을 넘어서 하나님이 창조하신 질서와 안식의 공간을 회복하는 거룩한 사명이다. 환경적 돌봄은 주거환경의 안전성과 쾌적함을 확보하여 모든 사람이 인간다운 삶을 영위할 수 있도록 돕는 포괄적 돌봄 영역으로, 교회가 지역사회에서 담당해야 할 중요한 역할이다.

2) 성서적·신학적 토대

- **창조 질서의 회복:** 창세기 1장 2절은 하나님께서 "혼돈과 공허" 속에서 질서를 만드시고 아름다운 창조 세계를 완성하셨음을 보여준다.

이는 교회의 환경적 돌봄이 단순한 건물 수리가 아닌, 하나님의 창조 질서를 회복하는 신학적 행위임을 의미한다.

> "땅이 혼돈하고 공허하며 흑암이 깊음 위에 있고 하나님의 영은 수면 위에 운행하시니라" (창 1:2)

- **청지기의 사명:** 창세기 2장 15절은 인간이 에덴동산을 "경작하고 지키라"는 청지기적 사명을 받았음을 보여준다. 이는 단순히 자연환경뿐만 아니라 인간이 거주하는 모든 공간에 대한 돌봄의 책임을 포함한다.

> 여호와 하나님이 그 사람을 이끌어 에덴동산에 두어 그것을 경작하며 지키게 하시고 (창 2:15).

신약에서도 예수님은 제자들에게 "내 아버지 집에 거할 곳이 많다"(요 14:2)고 하시며 안전하고 평안한 거처의 중요성을 강조하셨다. 이러한 성경적 가르침은 교회가 모든 사람의 주거환경 개선에 적극적으로 나서야 할 신학적 근거를 제공한다.

3) 학술적 근거와 효과성

(1) 노인 주거환경 개선의 중요성

'올바른 노화'(Aging in Place)라는 연구에 따르면, 적절한 주거환경 개선(Home Modification)은 노인들의 독립적 생활 능력을 크게 향상시킨다. 그러나 노인 관련 주거 개선 비용의 80%가 개인 부담으로 이루어져 저소득

층 노인들은 필요한 개선을 받지 못하는 경우가 많다.[13]

(2) 주거환경과 안전감

스웨덴의 연구에서는 주거환경 개선 후 노인들의 일상생활 안전감이 크게 향상되었다고 보고했다. 특히 손잡이 설치, 조명 개선, 바닥재 교체 등의 간단한 개선도 낙상 방지와 독립적 생활에 큰 도움이 되는 것으로 나타났다.[14]

이러한 학술 연구들은 교회의 환경적 돌봄이 단순한 자선사업이 아닌, 과학적으로 입증된 효과적인 건강증진 개입임을 보여준다.

4) 국제적 모델과 실천 사례

(1) 집수리사역(Home Repairs Ministries)

미국의 '집수리사역'은 1998년부터 저소득 노인, 과부, 재향군인, 한부모가정, 장애인을 대상으로 중요한 집수리 및 주거환경 개선 서비스를 제공해왔다. 이 기관의 모토인 '집과 마음을 함께 수리하기'(Repairing Homes and Hearts Together)는 물리적 환경 개선이 곧 인격적 돌봄이라는 교회 환경적 돌봄의 본질을 잘 보여준다.[15]

<주요 서비스>
- 중요한 집수리 및 개보수 ·장애인 접근성 개선· 노인 안전 시설 설치
- 입양가정 주거환경 지원

---

13) Brianna Brim, Stacy Fromhold, Shannon Blaney, "Older Adults' Self-Reported Barriers to Aging in Place," Journal of Applied Gerontology, Vol. 40, No. 12 (December 2021), 1678-1686.
14) Ingela Petersson, Margareta Lilja, Lena Borell, "To Feel Safe in Everyday Life at Home: A Study of Older Adults after Home Modifications," Ageing and Society, Vol. 32, No. 5 (2012), 791-811.
15) Home Repairs Ministries, "Repairing Homes and Hearts Together," https://homerepairs.org/ (accessed October 23, 2025).

<운영 특징>
- 공익법인 운영·자원봉사자 중심 활동·지역사회 파트너십 구축

(2) 지속가능한 후원 시스템

'인간을 위한 거주'(Habitat for Humanity)의 집보존(Home Preservation) :
이 프로그램은 이미 거주 중인 가정의 주거환경을 지속적으로 개선하여 안전하고 품위 있는 거주가 오랫동안 가능하도록 돕는다. 페인팅, 조경, 단열 개선, 소규모 수리 등을 통해 가족들이 안전한 환경에서 생활할 수 있게 지원한다.[16]

5) 한국교회의 실제 사례

- 안산 밀알교회 집수리 봉사: 안산시 밀알교회는 2023년 9월 주거환경이 열악한 독거노인 가정을 대상으로 종합적인 집수리 봉사를 실시했다. 여기에는 도배, 장판 교체, 싱크대 교체, 변기 및 세면대 교체, 방충망 교체를 시행하였다. 대상 선정은 노인정과 행정복지센터의 추천을 받아 모두 6 가정의 주거환경을 개선하였다. 이는 단순한 수리를 넘어서 어르신의 존엄성 회복에 초점을 맞춘 전인적 돌봄을 제공한 것이다. 또한 안전 개선을 위한 사역으로는 조명 시설 개선, 전기 안전점검, 방수 및 누수 보수와 함께 접근성 개선을 추구하였다.
- 여의도순복음교회 '러브하우스' 사업: 여의도순복음교회의 '재능기부 나눔센터'는 집수리 자원봉사활동인 '러브하우스' 사업을 통해 2024년까지 37개 가정을 지원했다. 건축 전문가들이 참여하여 체계적이고 전문적인 주거환경 개선 서비스를 제공하였다.

---

16) Habitat for Humanity, "Home Preservation Program," https://www.habitat.org/volunteer/near-you/home-preservation (accessed October 23, 2025).

- 한국기독공보 '좋은이웃' 집수리봉사단: 2006년부터 시작된 '좋은이웃' 집수리봉사단은 2024년 100회를 돌파했다. 건축 재능을 가진 교회 청년들이 중심이 되어 매월 한 차례씩 어려운 이웃들의 주거환경을 개선하는 지속적인 사역을 펼치고 있다.

6) 교회 실천 방안

(1) 환경 돌봄 팀 조직

전문 인력 구성을 구성한다. 이에는 건축·토목 전문가 (설계 및 구조 안전 점검)," 인테리어 전문가 (실내 환경 개선), 전기·배관 기술자 (안전 시설 점검), 자원봉사자 (일반 수리 및 청소) 등으로 구성된다.

운영 방안으로는 정기적 교육 및 훈련 (월 1회), 안전 수칙 및 품질 관리, 지역 업체와 파트너십. 자재비 지원 및 후원 체계 수립등이다.

(2) 노인 가정 주거환경 실태 조사

이를 위한 조사 항목들은 다음과 같다.
- 안전성 평가: 전기 시설 안전도, 보일러·가스 점검, 방수·누수 상태, 구조적 안전성을 평가, - 접근성 평가: 화장실 접근성, 계단 및 문턱, 손잡이 설치 필요, 조명 적절성을 파악
- 쾌적성 평가: 온습도 조절, 환기 시설, 청결 상태, 채광 조건을 점검한다.

(3) 마을 환경미화 캠페인

한국교회의 환경미화 활동을 체계화하여 지역사회 전체의 환경 개선에 기여한다.
- **정기 활동**: 주간 거리 청소 (매주 토요일), 공원 및 녹지 가꾸기, 분리수거 및 재활용 캠페인

- **특별 프로젝트**: 벽화 그리기 및 미화 작업, 공동 텃밭 및 쉼터 조성. 안전 시설 및 조명 개선 등이 있다.
- **미래 전망**: 교회의 환경적 돌봄은 하나님의 창조 질서를 회복하고 모든 사람이 안전하고 쾌적한 환경에서 인간다운 삶을 영위할 수 있도록 돕는 중요한 사역이다. 단순한 시설 개선을 넘어서 사랑과 돌봄이 담긴 전인적 케어를 통해 지역사회의 삶의 질 향상에 기여할 수 있다.

미래 발전 방향에는 기술적인 혁신을 도입하여, 스마트 홈 기술 활용, IoT 기반 안전 모니터링, 원격 건강 관리 시스템을 수립한다.

정책적 연계에는 정부 주거복지 정책과 연계하여 사회적 기업 모델을 개발하고 지속가능한 재정 구조 확립하도록 한다. 그리하여 한국 교회는 더욱 전문적이고 체계적인 환경적 돌봄 시스템을 구축하여 하나님 나라의 정의와 평화가 구현되는 공간을 만들어가는 사명을 감당해야 할 것이다.

7. 결론

본 글은 신체적, 정서적, 정신적 영적, 사회적, 환경적 돌봄이라는 다섯 가지 핵심 영역에 대한 성서적 및 신학적 배경을 탐구하고, 교회가 각 영역에서 실천할 수 있는 구체적인 방안과 사례를 제시하였다. 연구를 통해 돌봄은 단순히 인간적인 행위를 넘어, 하나님의 본성에서 비롯된 거룩한 사명이며, 교회의 본질적인 역할임을 확인할 수 있었다.

성경은 창조주 하나님께서 모든 피조물을 돌보시는 분이시며, 예수 그리스도께서 전인적인 돌봄의 모범을 보이셨음을 증언한다. 구약의 율법은 사회적 약자를 향한 돌봄의 정신을 강조하고, 신약의 초 대교회는 공동체적 돌봄을 통해 성장하고 확장되었다. 우리의 몸이 성령의 전이며(신체 돌봄), 인간의 감정이 하나님 앞에서 치유 받을 수 있는 영역이고(정서 돌봄), 인간이 영적인 존재로서 삶의 의미를 찾아야 하며(정신적 영적 돌봄), 공동체 안에서 관계를 맺고 살아가야 하고(사회적 돌봄), 피조세계를 책임감 있게 관리해야 한다(환경적 돌봄)는 성서적, 신학적 가르침은 각 돌봄 영역의 중요성을 뒷받침한다.

교회는 이러한 성서적, 신학적 토대 위에서 각 돌봄 영역의 필요성을 인식하고, 이를 구체적인 사역으로 연결해야 한다. 건강 교육 및 의료 동행, 정서적 지지 그룹 운영, 말벗 활동 및 영성 수련, 공동 식사 및 자원봉사 활동, 주거 환경 개선 및 환경 보호 캠페인 등 다양한 실천 방안들은 교회가 세상 속에서 빛과 소금의 역할을 감당하고, 하나님의 사랑을 구체적으로 실천하는 통로가 될 것이다.

결론적으로, 교회는 시대적 요청에 부응하여 전인적 돌봄 공동체로서의 사명을 재정립하고, 개인과 공동체, 그리고 피조세계 전체의 안녕을 위해 적극적으로 헌신해야 한다. 이러한 돌봄의 실천을 통해 교회는 세상에 하나님의 나라를 확장하고, 모든 이들이 하나님의 사랑 안에서 온전한 삶을 누리도록 돕는 귀한 도구가 될 것이다.

| 제11장 |

지역 맞춤형 주거 돌봄:
- 이천 더사랑교회 자립 청년 공유주택 사례를 중심으로

이요섭
(이천 더사랑교회 목사)

- 그러나 정확하게 표현되지 못한 진실은 아프다고 말하지 못하지만
정확하게 사랑받지 못하는 사람은 고통을 느낀다
신형철, 「정확한 사랑의 실험」 중에서 -

2023년 5월 5일, 세계보건기구(WHO)가 코로나19 비상사태의 종식을 선언했다. 지난 2020년 초 지구촌 팬데믹(대유행)이 시작된 지 3년 4개월 만이다. WHO 사무총장은 이날 코로나19에 대한 '국제적 공중보건 비상사태(PHEIC)'를 해제한다고 발표했다. PHEIC(Public Health Emergency of International Concern)는 국제적인 대응을 필요로 하는 대규모 질병에 대해 WHO가 발령하는 최고 수준의 조치다.

불과 2년 전 기사 이야기다. 그리고 지금, 우리는 아무렇지도 않게 코로나 바이러스와 공존하며 살고 있다. 지난주에도 교인 한 사람이 코로나에 감염되어 주일 예배에 출석하지 못했다. 일상 속 감기에 걸린 것처럼 ..... 코로나 바이러스로 인해 인류가 얼마나 밀접하게 가까이 연결되어 있는지, 얼마나 깊이 의존하고 있는지 실감하게 되었다. 나라마다 국경을 폐쇄하고 이동을 통제했다. 자유민주주의 나라나 공산주의 나라나 중립국이나 상관없이 코로나 19 비상사태로 인해 자유로운 이동을 제한당했지만

누구도 거부하지 못하는 상황을 3년 넘게 경험한 것이다. 한고비 넘겼다고 안도할 상황이 아니다 인류의 가장 큰 위협인 눈에 보이지 않는 마음의 바이러스가 인류를 뒤덮고 있기 때문이다.

우크라이나와 러시아 전쟁은 2022년 코로나 펜데믹이 한창일 때 시작되어 2년 넘게 지금도 계속되고 있다. 2023년 10월에 발발한 이스라엘-하마스 전쟁도 언제 그칠지 모른 채 심각한 상황이다. 오슬로 평화연구소 '웁살라 분쟁 데이터 프로그램'에 따르면 1990년부터 2007년까지 감소했던 전 세계 분쟁 건수가 2010년부터 증가하기 시작했다고 한다.

전쟁과 전염병, 무역분쟁과 각종 재난으로 각 나라들은 민족주의를 주창하며 자국 우선주의를 채택하고, 각자도생의 길을 찾고 있다. 지금이야말로 인류의 마음을 회복해야 할 때이다

> 그러나 공부하면 할수록 조금씩 명확해지는 것은 기독교는 고통의 원인을 이해하기 위해 믿는 종교가 아니라는 거야, 그 대신 기독교는 고통을 함께 나눠지고 고통을 멈추기 위해 공동체를 이루어 살아가는 삶의 종교라는 생각이 점점 들더라. (김혜령, 『죽을 때까지 유쾌하게』)

교회를 개척하기 전에 알았다. 교회는 공동체 위에 세워져야 한다고, 교회를 개척하고 나서 알았다. 그것은 어쩌면 불가능한 도전이라고. 이 불가능한 도전에 관한 이야기다. 더사랑 교회가 있는 이천에는 성애원이라는 보육원이 있다. 재작년에 은퇴하신 신경림 원장님은 나의 주일학교 선생님이셨다. 장신대 신학과, 장신대 신대원을 졸업하시고 파주에서 전도사로 잠깐 사역하다가 이천 성애원이랑 인연이 닿아 보육교사로 취직해서 원장으로 은퇴한 평생을 고아의 어머니로 살아오신 분이다. 정작 자신은 결혼하지 않은 미혼으로 사신다. 언젠가 선생님은 왜 결혼하지 않으셨어요? 물었을 때. '내 자식이 있으면 이 아이들이 내 자식 같겠니' 하셨다. 이

천 성애원은 88서울올림픽 때 혐오시설 지방 이전 사업으로 이천으로 이사왔다. 부모없는 아이들이 모여 사는 곳이 혐오시설이라고 하니 마음아팠다.

40년 가까이 이천에 자리 잡고 사는 성애원에 2013년 한해에만 베이비 박스에서 9명의 아이들이 왔다. 그리고 이듬해에도 베이비 박스에서 9명의 아이들이 새로왔다. 2년 사이에 무슨 일이 있었던 것일까? 무려 18명의 새로운 식구가 온 것이다. '나의 하나님, 나의 하나님, 어찌하여 나를 버리셨습니까?(마 27:46) 말을 배우지 못해서 이런 항변조차 하지 못한 아이들이 버림받고 왔다. 이 아이들이 백일잔치에, 돌잔치에 유일한 하객으로 초대받아 축복하며 기도했다. 이때 내 나이 서른여덟 살, 한 사람의 남편이자, 세 아이의 아빠였고 늦깎이 신학생이었다. 아세아연합신학대학교 신학대학원에서 공부하던 때이다.

내 삶에 찾아온 이 아이들로 인해 새로운 삶의 지평이 나도 모르는 사이에 나를 이끌고 있었다. 마르틴 부버는 질적으로 다른 두 유형의 관계, 즉 '나와 그'의 관계와 '나와 너'의 관계에 대해 말했다. 나와 그의 관계에는 인간과의 관계이든 자연과의 관계이든 대상화 경향, 조작 경향이 있다. 하지만 너와의 관계에는 너에 대한 존중이 들어 있다. 이 관계에는 조작과 착취를 배제한다. 무제약자(Unberdingtes)에 대한 존중은 있을 수 있는 모든 너와의 관계를 맺는 공간에서 절대적인 너의 지편을 파악하게 한다. 에마뉘엘 레비나스는 타인의 얼굴을 들여다볼 때 신에 대한 생각이 떠오른다고 고백한다. 벌거벗어 다치기 십상인 타인의 얼굴은 "살인해서는 안 된다"는 신의 계명을 표현한다.[1] 구원의 방주인, ark(baby box)에 실려 온 아이들이 역설적이게도 받아주는 교회가 이천이라는 도시 어디에도 없었다. 이렇게 만난 열여덟명의 아이들과 2016년 무더운 여름, 주일 오후에 함께

---

1) 안셀름 그륀, 토마시 할리크 『신이 없는 세상』 분도출판사, 2018.

하나님을 예배하기 시작했다. 이렇게 교회가 개척되었다. 끊임없이 표류할 수밖에 없는 아이들을 하나님의 집인 교회로 건져내었다.

> 그때 나는 옥좌로부터 울려 나오는 큰 음성을 들었습니다. "이제 하느님의 집은 사람들이 사는 곳에 있다. 하느님은 사람들과 함께 계시고 사람들은 하느님의 백성이 될 것이다. 하느님께서는 친히 그들과 함께 계시고 그들의 하느님이 되셔서, 그들의 눈에서 모든 눈물을 씻어주실 것이다. 이제는 죽음이 없고 슬픔도 울부짖음도 고통도 없을 것이다. 이전 것들이 다 사라져버렸기 때문이다." (공동번역, 요한의 묵시록 21:3-4)

하나님의 집이 사람들 가운데 있다고 선언하는 목소리는 난데없이 등장한 것이 아니다. 집의 이미지라는 줄기는 성경의 맨 처음까지 이어진다. 요한계시록 21장 3절의 시작으로 기독교 정경을 조망하면, 마침내 집에 돌아오시는 하나님에 대한 소망이 전체 화면을 잡아당겨 하나의 특별한 초점으로 모아 주는 렌즈 역할을 한다. 이러한 관점에서 보면, 만물의 이야기는 사람들과 함께 세상에 거하시기 위해 오시는 하나님의 이야기며, 하나님이 땅 위에 하나님의 집을 지으시고, 그 결과 마침내 그곳이 우리에게도 진정한 집이 되는 이야기다.[2] 베이비 박스로 떠밀려온 아이들 곁에서 하나님의 집을 지으며 살라는 부르심에 순종하며, 응답하기로 결심하고 2016년 그해 가을 목사로 안수받았다. 그리고 10년 후에 일어난 일에 대한 간략한 정리다.

---

2) 미로슬라브 볼프, 라이언 매커널리린츠 『하나님의 집』 IVP, 2024.

1. 교회의 새로운 사명, 통합돌합과 마을목회: 지역사회 변화와 교회의 역할 재정립: 현대 사회에서 개 교회가 직면한 도전과 기회

> 환대는 공동체가 살아 있다는 표지다. 우리와 함께하는 삶으로 다른 이들을 초청하는 것은 우리가 두려워하지 않으며, 우리에게 나누어 줄 진리와 보물이 있음을 알리는 표지다. (장 바니에, 『공동체와 성장』 중에서)

현대사회는 급변하고 있으며, 이러한 변화는 교회에 새로운 질문과 도전, 그리고 기회를 동시에 던지고 있습니다. 과거의 사역 방식만으로는 오늘날 공동체의 필요를 온전히 충족시키기 어려운 시대적 상황 속에서, 한국교회는 그 역할과 사명을 깊이 재정립해야 할 중요한 시점에 놓여 있습니다. 본 서론에서는 이러한 시대적 배경 아래 교회의 새로운 소명으로서 '통합돌봄'과 '마을목회'의 개념을 탐구하고, 이 두 가지 핵심 가치가 어떻게 지역사회 속에서 교회의 실천적 길잡이가 될 수 있는지를 제시하고자 합니다.

오늘날 한국 사회는 저출산·고령화 심화, 1인 가구 및 비혼 인구 증가, 급격한 도시화와 지역 공동체 해체, 양극화 심화 등 복합적인 사회 구조적 변화를 겪고 있습니다. 이러한 변화는 개인의 고립감을 증대시키고, 경제적 불안정을 심화시키며, 사회적 관계망을 약화시키는 결과를 낳고 있습니다. 특히 사회안전망의 취약 계층, 즉 노인, 청년, 장애인, 한부모가정 등은 주거, 건강, 고용, 심리적 지지 등 다각적인 어려움에 직면해 있습니다.

이러한 배경 속에서 교회는 전통적인 예배와 교리 교육, 선교 활동을 넘어 지역 사회의 실제적인 필요에 더욱 적극적으로 응답해야 하는 과제를 안게 되었습니다. 단순히 교인만을 위한 공간을 넘어, 지역 주민 모두에게 열린 '공공의 선'을 실천하는 기관으로서의 정체성 확립이 요구되는 것입니다. 이러한 시대적 요청은 교회에게 외적인 압박으로 작용할 수도 있지만, 동시에 세속화 시대에 교회가 지역사회와 소통하고 복음의 가치를 삶으로 증명할 수 있는 고귀한 선교적 기회를 제공하고 있습니다. 교회가 지역사회의 희망이자 공동체의 회복을 위한 거점으로서 그 역할을 재정립할 때, 진정한 의미에서의 교회 성장과 선교적 확장은 가능해질 것입니다. 현대교회가 직면한 도전과 기회를 극복하고, 새로운 사명을 감당하기 위한 핵심적인 두 가지 개념은 바로 '통합돌봄'과 '마을목회'입니다.

이천 더사랑교회의 자립청년 공유주택 사례를 통해 이 두 가지 비전이 어떻게 현실 속에서 구현되며 지역사회와 교회를 위한 실천적 길잡이가 될 수 있는지 그 가능성을 발견할 수 있으면 좋겠습니다.

앞서 논의된 통합돌봄과 마을목회는 현대교회가 감당해야 할 새로운 사명이자 복음의 실천적 증명입니다. 그러나 이러한 개념들이 현실 속에서 어떻게 구체화될 수 있는지는 많은 목회자와 리더들의 고민의 지점이기도 합니다. 이러한 치열한 고민 끝에 더사랑교회의 '자립청년 공유주택'이 세워지게 되었습니다.

이는 단순한 주거 제공을 넘어섭니다. 자립을 준비하는 청년들이 겪는 주거 불안정, 경제적 어려움, 정서적 고립 등 복합적인 문제들을 통전적으로 이해하고, 이에 대한 교회의 선교적 응답을 공유 주택이라는 물리적 공간과 그 안에서 운영되는 돌봄 프로그램을 통해 구현하고 있습니다. 이는 주거(하드웨어)와 돌봄(소프트웨어)이 유기적으로 결합된 지역 맞춤형 통합돌봄 모델로서의 가치를 갖습니다.

첫째, 자립청년들에게 필요한 것은 단순히 잠잘 곳만이 아닙니다. 안정된 주거 공간을 기반으로 경제 교육, 진로 상담, 멘토링, 공동체 활동을 통해 청년들의 신체적, 정신적, 사회적, 영적 필요를 다각도로 채워주야 합니다. 이는 통합돌봄이 지향하는 '전인적 돌봄'의 이상이 어떻게 한 교회 공동체를 통해 실현될 수 있는지를 증명합니다.

둘째, 마을목회의 실천적 로드맵을 제시합니다. 더사랑교회는 교회 울타리 안에서만 머무르지 않고, 지역 사회의 가장 취약한 계층 중 하나인 자립청년들의 필요에 주목했습니다. 이는 교회가 특정 문제에 대한 지역의 '틈새'를 발견하고, 이를 교회의 자원과 연계하여 해결하려 시도했다는 점에서 마을목회의 실천이라 할 수 있습니다. 나아가 이 과정에서 교회는 지자체, 사회복지기관 등 지역의 다양한 주체들과 협력하며 복음의 확장성을 보여주고 있습니다.

셋째, 특히 '자립청년'이라는 특정 대상에 집중하여 맞춤형 해결책을 제시했다는 점에서 그 중요성이 더욱 부각됩니다. 우리 사회의 미래 주역인 청년들이 건강하게 자립할 수 있도록 돕는 것은 교회의 중요한 사회적 책임이며, 이천 더사랑교회는 공유 주택이라는 구체적인 방안을 통해 그 책임을 효과적으로 감당하고 있습니다. 이는 다른 교회들이 각 지역의 특성과 필요에 맞춰 어떠한 대상과 문제에 집중할 것인지에 대한 통찰을 제공하며, 교회가 지역 사회의 복합적인 문제를 해결하는 데 있어 중요한 주체가 될 수 있음을 시사합니다.

따라서 이천 더사랑교회의 자립청년 공유주택 사례는 단순한 한 교회의 미담을 넘어, 통합돌봄과 마을목회라는 거대한 비전을 실질적인 '지역 맞춤형 돌봄 모델'로 전환시킨 실천적 지표로서 한국교회에 귀한 길잡이가 될 것입니다.

2. 자립청년 주거 문제의 현실과 교회의 응답

자립 청년이란 통상적으로 아동양육시설이나 위탁가정 등 보호를 종료하고 사회에 첫발을 내딛는 청년들을 지칭하지만, 더 넓게는 경제적·사회적 기반 없이 홀로 삶을 개척해야 하는 모든 청년을 포괄합니다. 이들은 사회의 미래를 짊어질 주역임에도 불구하고, 사회 구조적인 취약성으로 인해 다중적인 어려움을 겪으며 자립 과정에서 좌절을 경험하기 쉽습니다.

1) 주거 불안정

가장 현실적인 어려움은 '주거'입니다. 보증금 마련의 어려움, 월세 부담, 불안정한 직업으로 인한 주거 선택의 폭 제한 등으로 인해 이들은 안전하고 안정적인 주거 공간을 확보하기 어렵습니다. 쪽방, 고시원 등 열악한 주거환경에 노출되거나, 잦은 이사로 인해 정착의 어려움을 겪는 경우가 비일비재합니다. 이는 단순히 잠자리의 문제를 넘어, 삶의 기반 자체가 흔들리는 위협으로 다가옵니다.

2) 경제적 어려움

안정적인 일자리와 소득원이 부족하여 경제적인 어려움에 직면합니다. 사회 경험과 기술 부족, 교육 기회의 불평등 등으로 인해 저임금 일자리나 불안정한 고용 형태에 머무르는 경우가 많습니다. 재정 관리 능력 부재와 소비 유혹에 쉽게 노출되어 부채의 악순환에 빠지기도 하며, 이는 장기적인 자립을 가로막는 주요 요인이 됩니다.

3) 심리적 고립감

가족이나 친밀한 관계망의 부재로 인한 심리적 고립감은 자립 청년들에게 깊은 상처로 남습니다. 위기 상황 시 기댈 곳이 없고, 정서적 지지를 받을 대상이 부족하여 우울감, 불안감 등 정신 건강 문제를 겪는 경우가 많습니다. 이는 사회적 자신감 결여로 이어져 건강한 사회생활을 저해하는 요인이 되기도 합니다.

4) 관계 단절

보호 종료 후 기존의 지지 체계와의 단절을 경험하며 새로운 관계망 형성에도 어려움을 겪습니다. 비주류적 배경에 대한 편견이나 사회적 낙인 등으로 인해 또래 집단에 동화되기 어렵고, 건전한 멘토 관계나 친구 관계를 맺는 데 제약을 받습니다. 이는 사회성 발달 부진과 외로움을 심화시키며, 위급 상황 시 도움을 요청할 통로를 막아버리기도 합니다.

이러한 어려움들은 개별적으로 존재하는 것이 아니라 복합적으로 얽혀 있어, 한 가지 문제가 해결되어도 다른 문제로 인해 다시 어려움에 빠지는 악순환을 형성하곤 합니다. 단순한 잠자리 이상으로, 자립을 위한 기반과 공동체적 지지망의 형성이 중요합니다.

자립 청년들이 겪는 다층적인 문제들을 고려할 때, 이들에게 필요한 것은 단순히 '지붕 있는 공간'을 제공하는 것을 넘어섭니다. 주거 돌봄은 자립을 위한 핵심적인 기반이자, 개인의 전인적인 성장을 위한 공동체적 지지망을 포함해야 합니다.

5) 자립을 위한 기반

안정적인 주거 공간은 심리적 안정감을 제공하며, 이는 청년들이 학업, 직업 훈련, 구직 활동 등에 집중할 수 있는 필수적인 토대가 됩니다. 안전하고 쾌적한 주거환경은 신체적 건강은 물론 정신적 건강에도 긍정적인 영향을 미쳐, 건강한 자아 정체성을 확립하고 미래를 설계하는 데 중요한 발판을 마련해 줍니다. 주거 문제가 해결될 때 비로소 청년들은 다음 단계의 자립을 위한 에너지를 확보할 수 있게 되는 것입니다.

6) 공동체적 지지망의 중요성

자립 청년에게 가장 절실한 것은 '관계의 회복'과 '공동체의 경험'입니다. 주거 돌봄은 단순히 물리적 공간을 제공하는 것을 넘어, 함께 살아가는 공동체를 통해 사회적 관계 맺는 법을 배우고, 서로 의지하며 성장할 수 있는 기회를 제공해야 합니다. 멘토링, 집단 상담, 자치 활동 등을 통해 정서적 지지를 주고받으며 고립감을 해소하고, 건강한 사회 구성원으로서 필요한 소통과 협력 능력을 길러야 합니다. 이러한 공동체적 지지망은 청년들이 사회에 성공적으로 안착하고 어려움에 직면했을 때 좌절하지 않도록 돕는 든든한 사회적 안전망이 됩니다. 결국 주거 돌봄은 '집'을 넘어 '가정'과 같은 역할을 수행함으로써 청년들이 건강한 성인으로 자립할 수 있도록 돕는 총체적인 과정이라 할 수 있습니다.

3. 이천 더사랑교회의 비전: 왜 자립 청년 공유주택인가?

이러한 자립 청년들의 절박한 현실 속에서 이천 더사랑교회는 이들을 위한 '자립 청년 공유 주택' 모델을 통해 통합돌봄과 마을목회라는 비전을 구체적으로 실천하고 있습니다.

마을목회의 일환으로 지역사회의 약한 고리를 돌보는 시선을 가지고 더사랑교회는 교회가 마땅히 지역 사회의 빛과 소금의 역할을 감당해야 한다는 마을목회의 소명을 깊이 인식했습니다. 교회의 사명은 예배당 안에만 머무르는 것이 아니라, 고통받는 이웃의 필요 속에서 발견되어야 한다는 것입니다. 특별히 이천 지역사회에서 가장 취약한 존재이자 미래 세대인 자립 청년들이 겪는 주거 문제에 주목하고, 이들을 지역사회의 약한 고리로 인식하며, 복음의 사랑으로 이들을 돌보는 것을 교회의 중요한 책무로 삼았습니다. 이는 교회가 사회적 문제를 외면하지 않고 능동적으로 개입하며, 지역사회와 더불어 살아가는 공동체의 모습을 보여주는 증거입니다.

교회의 공간과 자원을 이웃과 나누려는 의지: 더사랑교회는 교회가 가진 물리적 공간(유휴 공간 또는 새롭게 마련된 공간)과 재정적 자원을 단순히 교회 내부의 필요만을 위해 사용하는 것이 아니라, 지역사회를 위해 기꺼이 나누겠다는 비전을 품었습니다. '소유'가 아닌 '청지기'로서의 역할에 충실하며, 교회의 자원을 활용하여 이웃에게 실질적인 도움을 제공하고자 했습니다. 이는 교회의 문턱을 낮추고, 교회를 필요로 하는 모든 이에게 열린 공간으로서의 정체성을 확립하려는 적극적인 의지의 표현입니다. 자립 청년 공유주택은 이러한 교회의 신학적, 목회적 신념이 구체적인 실천으로 옮겨진 가장 대표적인 사례이며, 교회가 세상 속에서 어떻게 하나님의 사랑을 구현할 수 있는지를 보여주는 산증인이라 할 수 있습니다.

이천 더사랑교회는 자립 청년들의 절실한 필요에 응답하기 위해 '더사랑 하우스'라는 이름의 공유주택 모델을 설계하고 운영하며 통합돌봄과 마을목회적 실천을 심도 있게 구현하고 있습니다. 이 모델은 단순히 주거 공간을 제공하는 것을 넘어, 청년들이 건강한 사회 구성원으로 자립할 수 있도록 전방위적인 지원을 아끼지 않는다는 점에서 주목할 만합니다.

4. 공유 주택 '꽃봄 하우스'의 설계

더 사랑 하우스는 자립 청년들이 안정감을 느끼고 스스로 성장할 수 있는 최적의 환경을 제공하기 위해 물리적 공간과 운영 프로그램을 세심하게 설계했습니다.

1) 물리적 환경

주거 공간 구성, 안전성, 편의성 더 사랑 하우스는 청년들의 사생활 보호와 독립성을 존중하면서도 공동체 생활을 통해 상호작용을 촉진하는 공간 구성을 지향합니다. 일반적으로 각 청년에게 1인 1실의 개인 공간을 제공하여 충분한 휴식과 자기 성찰의 시간을 가질 수 있도록 보장합니다. 물리적 안전을 위해 방범 시설, 소방 시설 등 기본적인 안전장치를 완비하며, 정기적인 점검을 통해 쾌적하고 위생적인 주거환경을 유지합니다. 대중교통 접근성, 편의시설과의 거리 등 생활 편의성 또한 고려하여 청년들이 지역사회와 단절되지 않고 활발하게 교류할 수 있도록 배려합니다.

2) 입주 청년 선발 기준

단순히 주거가 필요한 청년을 넘어, 자립 의지가 강하고 공동체 생활에 적응할 수 있는 청년들을 선발하는 데 초점을 맞춥니다. 서류 심사, 면접 등을 통해 청년의 자립 계획, 공동체 생활에 대한 이해도, 인성 등을 종합적으로 평가하여 주택의 목적과 맞는 청년들을 선별합니다.

3) 생활 규칙

공동체 생활의 질서를 유지하고 갈등을 예방하기 위한 명확한 생활 규칙을 제정합니다. 공동 식사, 청소 분담, 소음 관리 등 기본적인 규율은 물론, 서로 존중하고 배려하는 공동체 정신을 강조하여 건강한 주거 문화를 형성합니다.

4) 퇴소 후 지원

입주 기간 동안 자립을 위한 기반을 다진 청년들이 퇴소 후에도 성공적으로 사회에 정착할 수 있도록 지속적인 관심을 기울입니다. 필요시 주거 연계 정보 제공, 재정 상담, 심리 상담 등 팔로우업 지원을 통해 청년들이 완전히 자립할 때까지 든든한 조력자 역할을 수행할 예정입니다. 꽃봄하우스는 통합돌봄의 원칙에 따라 자립 청년들의 다양한 필요를 유기적으로 연결하여 지원합니다.

5) 주거 지원

안정적인 보금자리 제공 가장 기본적이고 핵심적인 지원은 안정적인 주거 공간 제공입니다. 청년들이 당면한 가장 큰 불안 요소를 제거하고, 학업 및 직업 활동에 집중할 수 있는 정신적·물리적 토대를 마련해 줍니다. 이는 삶의 질을 향상시키고 자기 효능감을 높이는 중요한 출발점이 됩니다.

6) 경제적 자립 지원

재정 교육, 취업 연계, 인턴십 기회 청년들의 경제적 자립은 단순히 일자리를 얻는 것을 넘어섭니다. 체계적인 재정 교육을 통해 건전한 소비 습관, 저축의 중요성, 재테크의 기본 등을 교육하여 청년들이 스스로 경제를 관리할 수 있는 역량을 키웁니다. 더불어 지역 사회 내의 기업, 기관 등과 협력하여 청년들의 적성에 맞는 취업 정보를 제공하고, 이력서 작성 및 면접 기술 훈련을 지원합니다. 인턴십이나 직업 체험의 기회를 연결하여 실무 경험을 쌓고 사회생활에 필요한 기초 소양을 익히도록 돕습니다.

7) 정서적·심리적 지원

멘토링, 상담 연계, 공동체 활동 자립 청년들은 보호 종료 과정에서 깊은 심리적 상처와 외로움을 경험하는 경우가 많습니다. 꽃봄 하우스는 신뢰할 수 있는 어른(멘토)과의 정기적인 멘토링을 통해 청년들이 심리적 안정감을 느끼고 삶의 지혜를 나눌 수 있는 관계를 제공합니다. 전문 상담 기관과의 연계를 통해 필요한 경우 심리 상담을 받을 수 있도록 지원하며, 주택 내 공동체 활동(예: 정기 모임, 문화 활동, 봉사 활동)을 통해 자연스럽게 소속감을 느끼고 정서적 유대감을 형성하도록 돕습니다.

8) 사회적 관계망 형성

공동체 생활, 지역사회 자원 연계 자립청년들에게 가장 취약한 부분이 건강한 사회적 관계망입니다. 꽃봄 하우스에서의 공동체 생활은 청년들이 사회적 기술을 익히고, 갈등 해결 능력을 배우며, 서로 돕고 의지하는 방법을 체득하는 살아있는 교육의 장이 됩니다. 또한 교회와 연계된 지역 사회의 다양한 자원(예: 봉사 단체, 문화 시설, 동아리)에 청년들을 연결하여 주택 외부로 관계의 지평을 넓히고, 지역사회 구성원으로서의 정체성을 확립할 수 있도록 지원합니다. 꽃봄 하우스는 이천 더사랑교회의 마을목회적 비전이 실현되는 핵심적인 장입니다.

9) 교회의 역할

단순한 재정 지원을 넘어선 영적·정서적 돌봄, 공동체 형성의 구심점 더사랑교회는 자립 청년들에게 단순한 재정적 후원자 이상의 역할을 합니다. 교회는 자립 청년들을 향한 하나님의 사랑을 대리하는 영적 부모이자 든든한 공동체가 됩니다. 주일 예배 참석을 강요하기보다는, 청년들의 자율성을 존중하면서도 영적 갈급함에 귀 기울이고 신앙적 성장을 위한 멘토링과 상담을 제공합니다. 교회는 꽃봄 하우스 공동체 형성의 구심점으로서, 청년들이 예수 그리스도 안에서 서로를 형제자매처럼 여기고 사랑으로 돌볼 수 있도록 영적 토대를 제공합니다. 이는 교회가 단순한 사회복지 기관이 아닌, 복음적 가치 위에서 이루어지는 진정한 '삶의 공동체'임을 증명합니다.

10) 지역사회 연계

주민센터, 복지관, 학교, 기업 등과의 협력 사례 더사랑교회의 마을목회는 '꽃봄 하우스'를 통해 지역사회와의 활발한 연계로 이어집니다.

5. 실천적 길잡이를 위한 제언 및 확산 방안

이천 더사랑교회의 자립청년 공유 주택 '꽃봄 하우스' 사례는 통합돌봄과 마을목회라는 거시적인 비전이 어떻게 지역사회 속에서 구체적이고 생명력 있는 사역으로 발현될 수 있는지를 명확히 보여줍니다. 이 사례를 통해 한국교회가 나아갈 방향을 제시하고, 유사한 돌봄 모델의 확산을 위한 실천적 길잡이를 제공하고자 합니다. 더사랑교회의 성공적인 자립 청년 공유주택 운영은 다음과 같은 핵심 요인들에서 비롯되었으며, 이는 다른 교회들이 유사한 사역을 기획할 때 중요한 시사점을 제공합니다.

1) 구체적인 필요 파악

더사랑교회는 단순히 막연한 도움을 넘어, '자립 청년'이라는 특정 취약 계층이 겪는 '주거 불안정'이라는 가장 시급하고 현실적인 필요에 주목했습니다. 또한 주거 문제 이면에 있는 경제적 어려움, 심리적 고립감, 관계 단절이라는 다층적인 문제를 구체적으로 진단하고 접근했습니다. 이는 교회가 추상적인 선의를 넘어, 지역사회의 데이터를 기반으로 가장 절실한 곳에 교회의 역량을 집중할 때 사역의 효과성과 지속가능성을 높일 수 있음을 보여줍니다.

2) 지속 가능한 운영 시스템

체계적인 입주 청년 선발 과정, 명확한 생활 규칙, 그리고 재정 및 인력 확보 방안에 대한 고민은 사역의 단발성을 넘어 지속가능성을 담보합니다. 단기적인 문제 해결이 아닌, 청년들의 온전한 자립을 위한 장기적인 안목을 보여주며, 교회의 돌봄이 단순히 '제공'에 그치지 않고 '성장과 변화'를 목표로 해야 함을 시사합니다.

3) 공동체 중심의 돌봄

'꽃봄 하우스'는 단순한 거주 공간이 아니라, 청년들이 서로 의지하고 함께 성장하는 '공동체'를 지향합니다. 이는 외로움과 단절 속에 살아가는 현대 청년들에게 가장 절실한 필요를 채워주며, 관계를 통해 치유되고 회복되는 복음의 핵심 가치를 실현하는 것입니다. 멘토링, 공동체 활동 등을 통해 건강한 사회적 관계망을 형성하도록 돕는 것은, 교회가 개인주의가 팽배한 사회 속에서 그리스도 안의 공동체가 어떤 희망을 줄 수 있는지를 명확히 보여주는 부분입니다.

6. 지역 맞춤형 공유주택 모델 구축을 위한 가이드라인

이천 더사랑교회 사례는 지역사회의 필요에 부응하는 공유주택 모델을 구축하고자 하는 다른 교회들에게 다음과 같은 단계별 가이드라인을 제시할 수 있습니다.

1) 1단계: 지역사회 필요 진단

자립 청년 외의 다른 취약 계층(노인, 한부모 가정 등)에게도 확장 가능성: 각 교회가 속한 지역의 인구 통계, 복지 수요, 사회적 문제 등을 면밀히 분석하여 지역 특성에 맞는 '돌봄 대상'과 '가장 시급한 문제'를 파악해야 합니다. 더사랑교회가 자립 청년에 집중했듯이, 어떤 교회는 독거노인을 위한 '실버 공유 하우스', 어떤 교회는 한부모 가정을 위한 '패밀리 공유하우스' 등 지역 맞춤형 모델을 개발할 수 있습니다. 중요한 것은 교회가 잘할 수 있는 영역과 지역의 가장 큰 필요가 만나는 지점을 찾는 것입니다.

2) 2단계: 교회 내부 역량 강화

(1) 비전 공유: 담임 목회자부터 모든 성도에 이르기까지, 통합돌봄과 마을목회 그리고 공유 주택 사역의 비전과 가치를 명확히 공유하고 합의를 이루는 과정이 필수적입니다.

(2) 전문성 확보: 단순히 주택을 제공하는 것을 넘어 통합돌봄을 실현

하기 위해서는 복지, 주거, 교육, 심리 상담 등 다양한 분야의 전문성이 요구됩니다. 교역자 및 평신도 리더들의 전문성 강화 교육을 지원하거나, 관련 분야 전문가를 자문단으로 위촉하여 역량을 강화해야 합니다.

(3) 자원 동원: 공간(유휴 부동산, 신축 계획), 재정(예산 책정, 후원 모금), 인력(자원봉사자 모집, 전문 인력 배치) 등 교회가 보유하거나 동원가능한 자원을 면밀히 파악하고 사역에 적절히 배분하는 계획이 필요합니다.

3) 3단계: 파트너십 구축:

정부, 지자체, 사회복지기관, 기업과의 협력 모델: 교회 홀로 모든 것을 감당하기에는 한계가 있습니다. 지역사회 내 공공 및 민간 기관과의 적극적인 협력은 사역의 전문성, 확장성, 지속 가능성을 높이는 핵심 요소입니다. 지자체의 자립 청년 지원 조례 활용, 복지관과의 프로그램 연계, 지역 기업의 재정 및 재능기부 유치 등을 통해 상호 협력적인 생태계를 구축해야 합니다. 이는 교회가 닫힌 공동체가 아닌 열린 네트워크의 중심이 되는 길입니다.

4) 4단계: 지속 가능한 운영 모델 구축:

재정, 인력, 프로그램 개발: 장기적인 관점에서 안정적인 재정 확보 방안(교회 예산, 후원, 기금 조성, 정부 보조금 연계 등), 전문성과 헌신을 갖춘 인력(상근자, 자원봉사자) 확보 및 교육, 그리고 입주 청년들의 필요와 변화에 유연하게 대응할 수 있는 프로그램(교육, 멘토링, 공동체 활동)을 지속적으로 개발하고 평가해야 합니다. 자립을 위한 교육 커리큘럼, 공동체 생활 규약 등을 정비하고, 정기적인 평가를 통해 개선 방안을 모색해야 합니다.

이천 더사랑교회와 같은 통합돌봄 기반의 공유주택 모델이 확산될 때, 우리 사회에는 다음과 같은 긍정적인 파급 효과를 기대할 수 있습니다.

첫째, 청년 개인에게
(1) 자립 역량 강화: 안정적인 주거와 체계적인 돌봄을 통해 청년들은 학업, 직업 탐색, 재정 관리 등 자립에 필요한 실질적인 역량을 강화하고 미래를 위한 건강한 기반을 다질 수 있습니다.
(2) 삶의 만족도 증대: 고립감을 해소하고 건강한 관계 속에서 살아가며 자아 존중감과 삶의 만족도가 향상됩니다. 건강한 사회 구성원으로 성장: 보호 종료 아동 및 취약 청년들이 사회적 낙인과 단절을 넘어, 스스로의 가능성을 발견하고 능동적인 사회 구성원으로서 당당하게 살아갈 수 있도록 돕습니다.

둘째, 교회에게
(1) 지역사회 영향력 확대: 교회가 지역사회의 필요에 실제적으로 응답함으로써 지역 주민들로부터 신뢰와 존경을 얻고, 교회의 긍정적인 사회적 영향력을 확대합니다.
(2) 선교적 사명 강화: 복음이 단순한 교리가 아닌, 삶의 변화를 이끌어내는 생생한 능력임을 증명하며, 교회의 본질적인 선교적 사명을 효과적으로 수행합니다.
(3) 다음 세대와의 소통: 청년들과의 직접적인 접점을 통해 교회가 다음세대의 고민을 이해하고 소통하는 기회를 마련하며, 미래교회의 활력을 불어넣는 중요한 통로가 됩니다.

셋째, 지역사회에게
(1) 공동체성 회복: 교회를 중심으로 한 돌봄 모델이 확산될 때, 이웃과

이웃이 서로를 돌보는 건강한 지역 공동체가 형성되고, 전반적인 사회통합에 기여할 수 있습니다.

(2) 사회 문제 해결 기여: 정부나 지자체의 노력만으로는 해결하기 어려운 사회적 약자 돌봄, 청년 문제 해결에 교회가 적극적으로 참여함으로써 사회적 비용을 줄이고 문제 해결에 실질적으로 기여합니다.

7. 희망을 심는 통합돌봄과 마을목회

이천 더사랑교회의 자립 청년 공유주택 '꽃봄 하우스' 사례를 통해 우리는 현대사회 속 교회의 새로운 사명, 즉 통합돌봄과 마을목회의 중요성과 그 실천적 가능성을 면밀히 살펴보았습니다. 빠르게 변화하고 복잡해지는 사회 속에서 교회는 이제 전통적인 틀을 넘어, 지역사회의 필요에 깊이 공감하고 능동적으로 응답하는 '희망의 플랫폼'이 되어야 한다는 것을 분명히 보여줍니다.

이천 더사랑교회는 추상적인 교회론을 넘어, '고아와 과부와 나그네'에 대한 구약성경의 사회적 돌봄의 맥락과 예수 그리스도께서 이 땅에 오셔서 소외되고 약한 자들을 돌보셨던 그 발자취를 현대적 맥락에서 충실히 따르고 있습니다. '꽃봄 하우스'는 단순히 하나의 주거 시설이 아니라, 교회와 지역사회가 함께 만들어가는 통합돌봄의 생명력 있는 모델이며 마을목회의 아름다운 결실입니다. 이와 같은 더사랑교회의 사례는 교회가 지역사회의 '빛과 소금'이 될 수 있음을 증명합니다.

1) 약한 자를 향한 교회의 시선

자립 청년이라는 사회적 약자의 주거 불안정, 경제적 어려움, 심리적 고립이라는 복합적인 문제에 교회가 눈을 돌리고, 이를 해결하기 위해 적극적으로 개입했다는 점은 교회의 존재 이유를 다시금 되새기게 합니다. 이는 교회가 마땅히 관심을 가져야 할 이웃이 누구인지를 명확히 보여주는 이정표입니다.

2) 공동체의 회복과 재생

꽃봄 하우스는 단절되고 고립된 청년들에게 안정된 주거 공간은 물론, 건강한 공동체 안에서 소속감과 사랑을 경험하게 함으로써 관계의 회복과 인격적인 성장을 이끌어냈습니다. 이는 교회가 가정과 사회의 중요한 공동체적 가치가 훼손되는 시대에, 사랑과 돌봄이 넘치는 대안적 공동체를 구현할 수 있음을 증명합니다.

3) 복음의 실천적 증명

교회가 지역사회와 연계하여 통합돌봄 시스템을 구축하고 운영하는 과정은 복음이 단순히 개인의 영적 구원에만 머무는 것이 아니라, 온전한 삶의 회복과 사회적 정의 실현으로 이어진다는 것을 실천적으로 증명합니다. 더사랑교회는 이 사역을 통해 기독교 신앙이 현실 사회 문제 해결에 기여하는 '살아있는 종교'임을 보여주며, 세상을 향한 교회의 선한 영향력을 확장했습니다.

이천 더사랑교회의 자립 청년 공유주택은 교회가 지역사회의 한 구성원으로서 그 역할을 재정립하고, 사회적 책임을 다하며, 복음의 능력을 삶으로 나타내는 실천적 모범으로서 한국교회에 깊은 울림을 주고 있습니다.

이천 더사랑교회 사례가 보여주는 가능성은 비단 한 교회의 성공에 머

묻지 않고, 한국교회가 나아가야 할 미래의 방향을 제시합니다. 통합돌봄과 마을목회 비전을 통해 더 나은 미래를 열어 가기 위한 한국교회의 제언은 다음과 같습니다.

첫째 신학적 성찰과 비전 공유의 심화: 모든 교회가 자신의 지역적 특성과 상황을 고려한 '통합돌봄'과 '마을목회'의 신학적 의미를 깊이 성찰하고, 이를 교회의 핵심 비전으로 공유해야 합니다. 이는 목회자와 신학생은 물론 모든 평신도 리더들이 동참하여 교회 공동체 전체의 사명으로 인식되어야 합니다.

둘째 지역사회 밀착형 문제 해결: 교회가 스스로의 필요를 채우는 것을 넘어, '누가 우리 이웃인가?'라는 질문을 던지며 지역사회의 가장 시급하고 간절한 필요에 귀 기울여야 합니다. 이를 위해 지역 데이터를 분석하고, 주민들과 소통하며, 구체적인 돌봄 대상을 선정하여 맞춤형 사역 모델을 개발하는 노력이 필요합니다.

셋째 초교파적 연대와 협력 강화: 개 교회만으로는 감당하기 어려운 통합돌봄과 마을목회 사역의 특성을 고려하여, 교단과 교파를 넘어선 연대와 협력을 적극적으로 모색해야 합니다. 또한 정부, 지자체, 시민사회단체 등 비종교 기관들과의 건설적인 파트너십을 통해 자원과 역량을 공유하고 시너지를 창출해야 합니다.

넷째 다음 세대를 향한 선교적 투자: 자립청년 사례가 보여주듯이, 청년들은 교회가 품어야 할 중요한 다음 세대이자 사회의 미래입니다. 주거 문제, 진로 문제 등 청년들이 직면한 현실적인 어려움에 교회가 적극적으로 개입하고, 그들이 건강한 신앙인 및 사회 구성원으로 성장할 수 있도록 선교적 투자를 아끼지 않아야 합니다.

다섯째 지속 가능한 운영 모델 개발: 열정만큼이나 중요한 것은 지속 가능한 운영 모델을 구축하는 것입니다. 이를 위해 교회의 재정적 자립도를 높이고, 전문 인력을 양성하며, 자원봉사자 시스템을 체계화하고, 사역의 효과성을 꾸준히 평가하고 개선하는 노력을 계속해야 합니다.

오늘날 한국교회가 추진하고 있는 마을목회는 단순히 교회의 사회적 역할을 확장하는 것을 넘어, 교회의 본질적 사명을 회복하고 하나님의 나라를 이 땅에 구현하는 중요한 통로입니다. 이천 더사랑교회와 같은 아름다운 실천들이 한국교회 전역으로 확산되어, 모든 교회가 지역사회에 희망을 심는 진정한 빛과 소금이 되기를 간절히 소망합니다.

| 제12장 |

청년 통합돌봄의 실제

김주선
(사람을돈우는마을사람들 대표)

전반부에서 통합돌봄에 대한 전반적인 로드맵을 간단히 살펴보고 청년 통합돌봄 정책에 대한 소개를, 중반부에서는 '사람을돈우는마을사람들'[1]의 운영 원칙을 소개하고 마지막에서는 청년 통합돌봄 실제 실례를 살펴보고자 한다.

1. 지역사회 통합돌봄, 우리 모두의 이야기: 청년 통합돌봄 로드맵 안내

'통합돌봄'은 '지역사회 통합돌봄'(community care)을 의미하는 용어로, 돌봄이 필요한 사람들이 병원이나 시설이 아닌 살던 곳에서 건강하게 생활할 수 있도록 주거, 보건의료, 요양, 돌봄 등 다양한 서비스를 통합적으로 연계하여 제공하는 지역 주도형 사회서비스 정책[2]이다.

---

1) 사람을돈우는마을사람들 홈페이지 참고 www.towmpeople.kr
2) 보건복지부 지역사회통합돌봄 로드맵

해당 정책의 목적은 남녀노소 누구를 막론하고 사회 구성원 전체는 원하는 지역에서 생활할 수 있도록 보건의료-복지-요양-주거 서비스 제공체계를 갖춘 지역단위 돌봄 안전망을 확충하고자 함이며 이에 대응하기 위해 보건복지부에서는 2018년 11월에 지역사회 통합돌봄 추진 로드맵을 발표하고, 그에 따른 구체적인 운영모델 개발을 위한 선도사업을 2019년 6월부터 추진하고[3] 있다.

1) 포괄적인 통합돌봄의 주요 내용

통합돌봄은 기존의 돌봄 패러다임을 바꾸는 중요한 의미를 담고 있다.

(1) 탈(脫)시설화: 기존의 시설 중심 돌봄에서 벗어나, 개인이 살던 집이나 지역사회내 생활 지원한다.

(2) 개인 맞춤형 서비스: 돌봄이 필요한 사람의 욕구에 따라 보건, 의료, 복지, 주거 등 여러 분야를 다층적으로 고려한다.

(3) 지역사회 연계: 지자체가 중심으로 지역의 다양한 인적·물적 자원을 연계하여 돌봄 시스템 구축 및 운영한다.

(4) 대상: 아동, 여성, 청년, 노인, 장애인, 정신질환자 등 돌봄이 필요한 모든 사람을 대상으로 개인과 그 가족에게 편중된 부담을 줄여 국민 삶의 질 향상에 이바지한다.

---

[3] 유애정, 박현경 [지역사회통합돌봄 추진 현황과 향후 과제] 2022.

2) 통합돌봄 정책의 성과와 사회적 변화

시작된 지 5년이 고작 넘었지만, 사회 곳곳에서 통합돌봄 정책에 대한 실효가 눈에 띄게 발현되고 있다고 보여진다. 예를 들어 치매의 경우 중앙 치매센터 산하 각 지역구에 치매안심센터가 세워진 후 더 이상 치매가 해당 가족이 오롯이 떠안아야 하는 그래서 누군가는 사회생활을 포기하고 집에 들어앉아야 한다는 강요된 선택에 밀리는 것이 아니라 우리 모두의 미래를 위해 미리 준비하고 분담해야 하는 분야라는 인식으로 전환되고 있음을 확인하게 된다.

그 외로도 국민연금이나 노인 요양보험 제도 등과 같은 다른 세대 간 협력 정책도 우리 사회가 원활히 작동하기 위한 광의적인 통합돌봄에 일환이라고 볼 수 있다.

국내 통합돌봄 로드맵이 구성되고 작동하기 시작한 2018년에서 2019년은 우연치 않게도 COVID-19로 전 세계가 매우 응급한 상황을 겪게 되었다. 이에 대한민국도 예외가 될 수는 없었다. 언제나 그렇듯이 응급한(Emergency) 상황을 겪게 되면 사회 테두리에 있는 대상들부터 위험한(Dangerous) 상황에 처하게 된다. 사회 테두리라 함은 [권력과 힘과 돈 그리고 안전망이 포함된 사회적 구조]를 의미한다. 즉 정치적으로 주목받지 못하거나 사회적으로 거대하지 못한 처지에 사람들로 정치적 또는 사회적인 힘을 움직일 만한 돈이 없으며 스스로를 보다 안전하게 만들 수 있는 사회적 구조에 포함되지 못한 위치에 있는 경우를 말한다.

3) 사회적 돌봄의 사각지대, 청년

현재 우리 사회의 대표적인 사회적 약자로 청년을 꼽을 수 있겠다. 우리 사회에는 0~5세를 위한 영유아 지원센터를 시작으로 아동 대상 지역아동센터 다함께 돌봄센터, 청소년 대상 청소년 상담복지센터, 청소년쉼터, 자립지원센터, 청소년수련관, 청소년문화의집 등이 있고 중장년을 대상으로 50+센터 중장년 내일 센터, 65세 이상 노령인구를 위해 노인복지관, 재가노인복지센터 시니어클럽 노인 일자리 지원센터 등이 활발히 활약하고 있다. 그 외로 건강가정지원센터 여성새로일하기센터 여성 인력개발센터의 활약도 고무적이다. 장애인 분야에서도 장애인 자립생활센터, 주간보호시설 직업재활시설과 장애인복지관 등이 사회 곳곳에 자리매김하며 해당 대상자들의 통합돌봄을 위해 역할을 하고 있다.

안타깝게도 위 단락에서 청년 지원 사회 기반 단체들을 일부러 기록하지 않은 것이 아니다. 청년 통장이나 청년주택 등이 사회적 이슈가 되면서 뭔가 엄청 많은 지원이 주어지는 것 같지만 막상 그 속내를 들여다보면 청년이기만 하다고 해서 서비스를 받기에는 어려움이 많다. 청년이라고 하는 생애주기 자체가 그렇기 때문이다. 부모님과 함께 살면, 가구 총수입 조건에 걸릴 확률이 매우 높다. 청년의 아버지는 장년일 테고, 여전히 일을 하고 있을 테니 말이다. 그렇다고 해서 독립 또는 분가를 하자니 주거비가 비싸서 아예 불가능하거나 주거 형태로 인정되기 어려운 상태에 노이기가 쉽다(예를 들면 고시원 같은). 또한 수입 면에서도 정규직을 준비하기 위해서는 초단기 일자리를 전전해야 하는 모순된 삶의 자리에 처해 있다.[4] 나이로는 성인이지만 사회적 어른으로 역할을 할 수는 없는 답.답.한. 혹은 암.울.한 세대가 [청년] 시기라고 할 수 있겠다.

4) 청년 통합돌봄의 대상과 필요성

청년 통합돌봄의 대상 범위와 자격요건으로는 광의적이긴 하지만 '돌

---

[4] 서울경제 2025.3.30. [청년이 비정규직 원한다는 거짓말] 발췌
https://www.sedaily.com/NewsView/2GQFNI8Z57

봄이 필요한 청년'이라고 할 수 있으며 연령대는 19~35세이다. 당연히 부상, 고립 등으로 일상생활에 어려움을 겪으며, 가족 등의 돌봄이 어려운 경우가 해당할 것이며 부상이나 고립에 해당하지 않더라도 기회나 정보의 접근과 노출에 한계가 있는 경우 당연히 통합돌봄의 대상이 되어야 한다고 본다.

특히 청년 가운데 가족 돌봄에 대한 책임을 지고 있는 청년의 경우에는 재정 돌봄을 넘어 청년의 정서 돌봄도 반드시 함께 이루어져야 한다. 가족 돌봄에 책임을 안고 있는 정신적 세대주인 청년이 흔들렸을 때 그 가족 전체가 무너지게 되기 때문이다.

5) 청년 통합돌봄 서비스의 구성

정책으로 청년들에게 제공되는 통합돌봄 서비스의 구성은 다음과 같다.

우선 기본서비스로 재가 돌봄 및 가사 지원이 있다. 예를 들어 식사 준비, 청소, 일상생활 도우미 역할 등이며 일부 지자체에서는 월 24~72시간 제공되기도 한다.

선택적으로 제공할 수 있는 특화 서비스로는 식사·영양 관리, 병원 동행, 심리지원, 독립생활 지원, 찾아가는 맞춤 재활, 교류 증진, 세탁 서비스, 힐링 스테이, 간병 교육 등이 있다. 지자체별로 제공 항목은 매우 다양하며, 필요에 따라 1~2가지 선택 제공된다.

6) 청년 통합돌봄 서비스 신청의 과제

서비스를 제공받기 위해서는 신청 과정을 진행해야 한다. 기본적으로 읍·면·동 행정복지센터에 방문하여 신청하고 온라인 신청이 가능한 지역도 있다. 청년들에게 공무원 근무시간에 센터에 와서 방문 접수하라는 것이 대상에 적절하지 않아 보인다. 온라인 신청이 100% 되어야 할 것이다.

또한 서비스 신청을 위해 사회보장급여 신청서, 사회서비스 이용자 준수사항 동의서, 신청자 신분증, 돌봄 필요성 증빙(진단서, 추천서 등) 및 가족 돌봄 청년의 경우 동거 증빙(주민등록등본, 재직증명서 등) 필요하다. 이런 서류들이 부득불 필요하긴 하겠으나 청년들을 스스로 낙인하게 만드는 도구가 될 수 있기에 청년들이 심리적 부담 없이 도움을 받을 수 있도록 사회적 인식을 개선하고 신청 절차를 간소화하는 노력이 필요하다.

청년 통합돌봄 서비스 진행 가운데 중요한 본인 부담 비율은 소득 수준에 따라 다음과 같다.

소득 수준	기본서비스 부담률	특화 서비스 부담률
기초수급자·차상위	면제	약 5%
중위소득 120% 이하	약 10%	약 20%
중위소득 120% 초과 ~ 160% 이하	약 20%	약 30%
중위소득 160% 초과	전액 자부담	전액 자부담

대표적인 지역별 운영현황을 살펴보면 다음과 같다.
- 경상남도의 경우 2024년부터 도내 전 시·군으로 확대 시행하고 있으며 소득 조건 없이 서비스 필요성 중심으로 대상자를 선정하여 통합돌봄을 집행하고 있다.
- 광주광역시의 경우 조손가족의 특징을 염두하여 가족 돌봄을 진행 중인 청년(13~34세)의 연령대를 넓혔으며 다양한 특화 서비스(맞춤 재활, 힐링 스테이 등) 제공하고 있다.
- 서울 용산구의 경우에도 기본서비스 월 최대 72시간, 특화 서비스 중 1~2가지를 선택할 수 있게 하였다(2025년 기준). 서울 강서구의 경우

기본서비스를 월 24~72시간 신청할 수 있고, 특화 서비스의 경우 병원 동행 및 식사 관리 서비스는 월 최대 16시간, 8회 선택할 수 있다. 온라인으로 신청이 가능하다.
- 전남 함평군의 경우 기본서비스와 특화 서비스(병원 동행 등) 중에 최대 2가지를 동시에 제공하고 있다.

2. 사람을돋우는마을사람들[5] 의 청년 돌봄의 새로운 시도
"한 사람의 100점보다 모든 사람의 80점을 꿈꿉니다."

'사람을돋우는마을사람들'(이하 마을사람들)은 이 단순하면서도 강력한 창립 이념을 바탕으로 '그럭저럭 다 같이 살아가는 사회'를 만들고자 한다. 이는 곧, 누구 하나라도 절망에 빠지지 않도록 돕겠다는 의지의 표명이다. 이들은 청년들의 삶을 지탱하는 데 필요한 최소한의 안전망을 제공함으로써, 사회 전체의 안녕을 도모한다.

이들의 철학은 지원 과정에서부터 확연히 드러난다. 공공기관의 복지 서비스는 대개 복잡한 서류 작업과 '가난 증명'을 요구한다. 그러나 마을사람들은 신청서에 첨부 서류 목록을 과감히 삭제했다. 기초생활수급자 증명서나 소득 증명서처럼 개인의 빈곤을 증명해야 하는 서류는 일절 요구하지 않는다. 이들은 청년의 가난이 99% 부모로부터 대물림된 것임을 잘 알고 있다. 자신의 빈곤이 부모의 탓이라는 인식을 갖게 되면, 이는 가족 해체와 같은 더 큰 사회적 문제로 이어질 수 있기 때문이다.

마을사람들은 신청서 한 장만으로 지원자를 선발한다. 이 신청서조차 복잡한 개인 정보보다 지원자가 어떤 사람인지, 그리고 이 서비스를 통해

---

5) 사람을돋우는마을사람들 홈페이지 참고 www.townpeople.kr

어떻게 성장하고 싶은지에 대한 마음가짐과 미래의 가능성을 묻는 데 집중한다. 청년의 과거가 아닌, 지금의 마음과 앞으로의 잠재력을 중요하게 생각하는 것이다.

서류 심사가 끝나면 면접이 이어진다. 하지만 이는 일반적인 회사의 압박 면접과는 거리가 멀다. 면접관들은 지원자가 스스로를 얼마나 잘 표현하는지, 그 안에 어떤 가능성이 숨어 있는지를 파악하고자 한다. 말을 더듬거나 감정이 북받쳐 울어도 괜찮다. 자신을 솔직하게 드러내는 용기만으로 충분한 자격이 주어진다.

이렇게 선정된 청년들에게는 맞춤형 통합돌봄이 제공된다. 월세, 등록금, 치료비 같은 기본적인 생활비 지원은 물론, 독감 예방 주사비, 핸드폰 요금, 책값, 면접 의상비까지 폭넓게 지원한다. 심지어 '잃어버린 핸드폰 찾기'나 '부모님 찾아드리기'와 같이 사적인 영역에 속하는 문제까지 돕는다. 공적 영역에서 제공하기 어려운, 때로는 해서는 안 될 일들까지도 기꺼이 맡는 것이다. 이들은 공적 돌봄과 연계할 수 있는 부분은 협력하고, 오직 사적 영역에서만 가능한 돌봄은 자체적으로 수행하며 청년들이 온전히 다시 설 수 있도록 돕는다.

3. 청년 통합돌봄 실제 사례 소개

1) 밥바라밥
2) 엄마 말씀하시길
3) 험한 세상, 다리 잇기
4) 4가 방패
5) 라면 먹고 갈래
6) 피자 먹고 어깨 피자
7) 징검다리 하나 더 놓기
8) 국밥 한 그릇
9) 칼국수 한 그릇
10) 운초장학회
11) 두 배 힘든 열 배 기쁜 合(합)
12) 집을 집답게, 방을 방답게
13) 이건 좀 그냥 씁시다~
14) 병 키우지 말자~
15) 공부. 한다는데~
16) 취업 뽀개기

1) 밥 바라본

- 배경: 코로나로 대면 수업 또는 사무실 근무가 중단(축소)되자, 학교(회사) 급식을 제공받기 어려워진 청년들이 급기야 밥을 굶게 되어 시작된 프로젝트

- 대상 : 성별, 나이, 거주 형태 등 행정적 조건 없이(당연히 가난 증명 따위 필요 없는) 그저 한 달에 몇 번씩 얇은 지갑으로 끼니를 거르거나 간편식으로 해결해야 하는 청년

- 신청서 내용 : 100자 내외로 얼마나 열심히 살고 있는지 소개하기
- 제공 : 매달에 두 개씩 1년 24개 도시락 쿠폰 MMS 전달(술 담배 등 유해 식품 구입 할수 없게 제조사와 협의)

2) 엄마 말씀하시길

- 배경 : 비타민 무기질 등 과일과 야채등으로 흡수해야 하는 천연 영양소가 면역력 유지 등 건강에 매우 필수이지만, 1인 가구의 특성상 과일 또는 야채 섭취가 어렵다는 것에 착안한 프로젝트
- 대상 : 1인 가구 청년
- 신청서 내용 : 100자 내외로 자기가 얼마나 열심히 사는지 소개하기
- 제공 : 본인 취향에 맞는 과일/야채 100% 음료 두 달 분 택배 배송

3) 험한 세상 다리 잇기

- 배경 : 장기화된 코로나로 정규직 일자리가 줄고 단기 일자리의 현황도 안 좋아지면서 소액 채무로 인해, 삶이 통째로 흔들리는 청년 또는 1인 가구 증가로 인해 잠깐의 위기를 함께 극복하고

자 무이자 무기한 상환 조건으로 소액 대출을 진행하는 프로젝트.
- 대상 : 순간의 어려움이, 보장되어 있는 삶을 무너트릴 것 같은 청년 또는 1인 가구
- 신청 : 지금껏 준비해 온, 앞으로 기대되는 삶 소개하기
- 제공 : 대상자별 맞춤 지원(무이자 무기한 조건 상환 형식)

4) 4가 방패

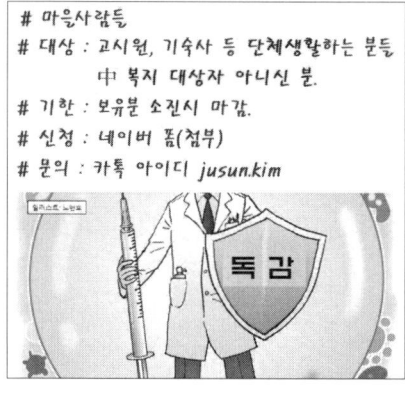

- 배경 : 의료보험공단에서 제공되는 3가 독감예방주사에 비해 자기 부담금이 있는 4가 독감 예방주사가 훨씬 효과가 좋아 단체 주거 시설에 있는 경우 더 절실하지만 자기 부담금에 대한 부담으로 4가 독감 예방 주사를 접종하지 못하는 청년들을 위한 프로젝트
- 대상 : 고시원 기숙사 등 단체 주거 시설 거주인 중 복지 대상자 아닌 청년
- 신청 : 현재 삶의 모습 설명하기
- 제공 : 독감 4가 지원(지역 병원 연계)

5) 라면 먹고 갈래

- 배경 : 주급 또는 일급으로 보수를 받는 단기 일자리 특성상 코로나 또는 기타 개인 사정으로 며칠 일하지 못하거나 일당 입금이 늦어지면 바로 끼니를 해결하지 못하는 상황이 생김에 따라, 해당 상황의 청년들을 아무 조건 없이 긴급으로 지원하는 프로젝트
- 대상 : 단기 일자리 근무 중에 당장 끼니를 해결하기 어려운 청년
- 신청 : 지금 상황 설명하기
- 제공 : 라면 번들 1개, 햇반 2개

6) 피자 먹고 어깨 피자

- 배경 : 1인 가구가 매장 피자를 주문하면 최소 4~5번에 나누어서 먹어야 하고 결국 냉동실에 가득 쌓여 있다가 버려지며, 특히 요즘 청년들에게 피자는 어린 시절 가족들이 함께 먹으며 행복했던 추억의 음식임을 고려하여 진행한 프로젝트
- 대상 : 혼자여서 피자 먹기 어려운 자취생과 1인 가구 및 기숙사생
- 신청 : 100자로 내 미래 소개하기
- 제공 : 오뚜기 제작 2인용 피자 2판씩 배송

7) 징검다리 하나 더 놓기

- 배경 : 대입 시험 결과에 맞게 과를 고르거나, 막상 대학에 입학 해 보니 전공이 나와 맞지 않아서 반수, 편입, 졸업, 취업, 이직 등에 대한 고민이 많은 청년들을 위한 '나 알기 프로젝트'로 자기소개서 작성까지 지원하는 프로젝트
- 대상 : 취업 준비생 또는 이직을 원하는 청년
- 신청 : 100자로 내가 아는 나 소개하기
- 제공 : 버크만 검사 + 진로코칭 2회, 리브릿지코칭상담센터와 연계

8) 국밥 한 그릇

- 배경 : 학업이나 투잡을 위해 야간 또는 새벽 근무를 하는 청년들이 아예 굶거나 술 한 잔으로 끼니를 때우지 않고, 몸도 마음도 외롭지 않게 뜨끈한 국물과 함께 식사했으면 하는 바람으로 진행하는 프로젝트
- 대상 : 야간 또는 새벽 근무로 끼니를 챙기기 어려운 청년 및 1인 가구
- 신청 : 100자로 이렇게 까지 열심히 사는 이유 소개하기
- 제공 : 컵(국)밥 12개 택배 배송

9) 운초장학회

- 배경 : 특정 사건으로 가정이나 개인의 상황이 급격히 안 좋아지면서 열심히 준비하던 학업이나 취업을 지속하지 못하고 포기해야 하는 상황에 처한 청년들을 격려하고자 진행하는 프로젝트
- 대상 : 가정의 어려움으로 학업을 연계하는 데 어려움이 있거나, 준비하던 취업을 포기해야 하는 상황에 처한 청년.
- 신청 : 내 꿈에 대해 소개하기
- 제공 : 일정 금액을 일괄 제공하는 것이 아니라 개인별 필요(월세, 검정고시 인강비, 등록금, 책값, 대회 참가비, 학원비, 상담비 등) 지원

10) 뜨끈~한 칼국수 한 그릇

- 배경 : 유난히 가족 생각이 더 많이 날 수 밖에 없는 명절 연휴에 혼밥을 위해 식당을 찾기에 어려워 굶거나 편의점 간편식으로 해결하는 청년들이 떡(만두) 몇 개 추가하여 같이 끓이면 나름 명절 분위기 낼 수 있겠다 라는 마음으로 진행하는 프로젝트.
- 대상 : 긴 명절 연휴에 혼자 집에 있어야 하는 청년 또는 1인 가구
- 신청 : 내 인생 버킷리스트 자랑하기
- 제공 : 칼국수 밀키트 총 6인분 제공

11) 두 배 힘든 열 배 기쁜 合(합)

- 배경 : 학업에 매진하느라 10대 20대를 보내왔기에 눈앞에 닥친 결혼과 부부생활이 막막하기만 한 청년들에게 좀 더 행복한 결혼생활을 위해 예방 주사가 필요하다는 인식에서 출발한 프로젝트.
- 대상 : 결혼을 준비하거나 신혼 청년
- 신청 : 좀 더 행복하게 살고 싶은 커플
- 제공 : 6주간 커플 맞춤 진행

12) 집을 집답게, 방을 방답게

- 배경 : 고시원 또는 단기 월세 및 기숙사에 거주하는 청년들이 세간살이를 구입한다는 것은 재정적으로도 심적으로도 큰 부담이기에 기사용품이지만 쓸만한 물건들을 대여하거나 증정하여, 기초 삶의 질을 유지할 수 있도록 돕는 프로젝트
- 대상 : 단기 주거 형태(고시원, 원룸, 기숙사, 셰어하우스 등) 를 이용하는 청년 및 1인 세대
- 신청 : 필요한 물건 신청 및 대여(하나님의 창고)
- 제공 : 책상 의자 냉장고 코펠 포트 등 개인 특성에 따른 대여 및 증정

13) 이건 좀 그냥 씁시다~

- 배경 : 학생, 단기 근로자 또는 취업 준비생 중에 생리대값이 버거운 여성 청년들이 생리 기간 외출도 줄인다는 소식에 최소한의 삶의 질을 유지 할 수 있도록 돕고자 시작한 프로젝트
- 대상 : 생리대값이 버거운 여성 청년
- 신청 : 100자로 나 격려하기
- 제공 : 생리대 4팩

14) 병 키우지 말자~

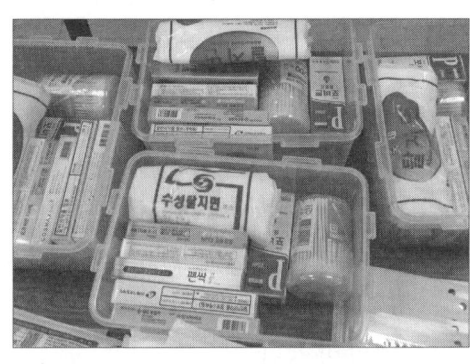

- 배경 : 근무 또는 생활 중에 크지 않게 아프거나 다치는 경우, 근로 형태가 취약할수록 약국이나 병원에 가기 힘들어 적당한 때에 적당한 방법으로 치료되지 못해 상태가 훨씬 악화하는 것을 막기 위해 가정에서 꼭 필요한 의약품을 제공한 프로젝트(소독제 지사제 종합감기약 항생제 항염제 근육이완제 파스 밴드 등)
- 대상 : 야간 근무 또는 고정 근무로 인해 약국이나 병원 가기 어려운 청년

- 신청 : 100자로 나 격려하기
- 제공 : 의약 구급함 제공

15) 공부. 한다는데~

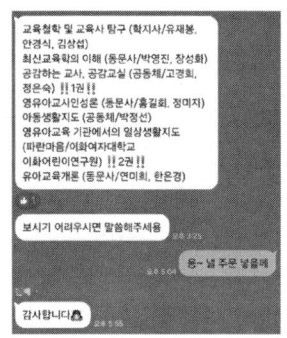

- 배경 : 등록금은 국가장학금 등으로 해결이 가능하나 교재 등 학교생활에 필요한 재정 부담이 되어 과한 아르바이트로 학업에 지장이 생기거나 휴학을 고민하는 청년들에게 힘이 되고자 진행하는 프로젝트
- 대상 : 학업 의지가 강하나 상황이 어려운 청년
- 신청 내용 : 왜 공부하고 싶은지 서술하기
- 제공 : 교재구매, 학생회비, 조별 준비비 등 지원

16) 취업 뽀개기

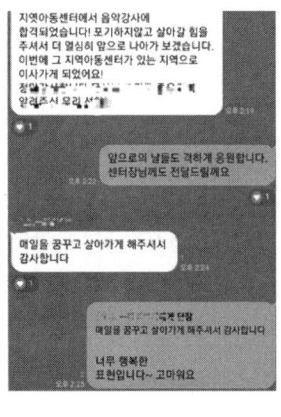

- 배경 : 학교에서 수업을 따라가듯 남들이 하는 방법으로 막연하게 취업 준비를 하는 정도가 아니라, 구체적으로 해당 분야에 취업하기 위한 사항들을 함께 준비하며 진행하는 프로젝트
- 대상 : 취업 준비 청년
- 신청 내용 : 내가 지금까지 진행했던 취업 준비 내용 서술하기
- 제공 : 현장 방문, 봉사활동 체험, 해당 분야 멘토 지원, 신청서 작성 돕기 취업을 위한 전방위적 지원

마치는 글

지역교회의 통합돌봄 사역을 위한 준비 방안

박홍래
(실천신학대학원대학교 특임교수)

1. 서론

한국은 현재 세계에서 가장 급속한 인구고령화를 경험하고 있는 국가 중 하나이다. 이러한 인구구조 변화는 사회 전반에 걸쳐 광범위하고 심층적인 영향을 미치고 있으며, 기존의 사회 시스템에 대한 근본적인 재검토를 요구하고 있다.

한국은 2023년 기준 전체 인구의 18.2%가 65세 이상 고령자로 구성된 초고령사회에 진입하였다. 통계청 보고에 따르면, 고령인구 비율은 2025년에 20%를 넘어섰고, 2050년에는 40% 수준에 달할 것으로 예측된다. 이는 세계적으로도 유례없는 고령화 속도로, 한국 사회의 구조적 변화를 가속화하고 있다.

급속한 고령화는 의료시스템에 심각한 구조적 부담을 가중시키고 있다. 특히 의료인력 부족 문제는 지역별, 전문과목별 불균형을 심화시키며 의료 접근성의 격차를 확대하고 있다. 이러한 의료시스템의 위기는 고령자의 건강권 보장에 직접적인 위협요소로 작용하고 있다.

인구구조의 변화는 국민연금을 비롯한 사회보장제도의 재정적 지속가능성에 근본적인 위협을 가하고 있다. 생산가능 인구의 감소와 수급자의 급증은 복지재정의 구조적 불균형을 심화시키며, 이에 따른 제도 개혁의 필요성이 대두되고 있다.

고령화 사회로의 전환 과정에서 나타나는 급속한 사회변화는 고령자의 사회적 고립과 정서적 문제를 증가시키고 있다. 한국기독교윤리학회의 연구에 따르면, 사회적 고립과 외로움은 우울증, 자살 충동, 고독사의 주요 위험 요인으로 작용하고 있으며, 이는 개인적 차원을 넘어 사회적 문제로 확산되고 있다.

현행 공공 돌봄 체계는 급증하는 돌봄 수요에 비해 공급이 절대적으로 부족한 상황이다. 또한 제도적 접근의 경직성과 개별화된 서비스 제공의 한계로 인해 통합적이고 지속적인 돌봄 서비스 제공에 구조적 제약을 보이고 있다.

이러한 맥락에서 개별 교회는 지역사회 내에서 독특한 위치적 장점을 보유하고 있다. 첫째, 지역사회에 깊이 뿌리내린 접근성과 신뢰 네트워크를 기반으로 한 밀접한 관계 형성이 가능하다. 둘째, 영성적 자원을 통한 전인적 돌봄 서비스의 제공 가능성을 지니고 있다. 셋째, 관계 회복과 공동체 재건을 위한 사회적 자본의 핵심 주체로 기능할 수 있는 잠재력을 보유하고 있다.

한국 사회의 초고령화는 기존 사회 시스템의 근본적 재편을 요구하는 시대적 과제이다. 공공 영역의 한계가 명확해지는 상황에서, 교회는 지역사회 기반의 통합돌봄 허브로서 새로운 사회적 역할을 모색할 필요가 있다. 이는 단순한 복지서비스 제공을 넘어서, 고령자의 전인적 삶의 질 향상과 지역공동체의 지속가능한 발전에 기여할 수 있는 중요한 사회적 자원으로 평가된다.

본 글은 앞서 분석한 사회적 맥락에서 개별 교회가 통합돌봄 사역을 체계적으로 준비하고 실행하는 데 필요한 신학적·실천적 전략을 제시하는 데 목적을 둔다. 이는 단순한 봉사활동 차원을 넘어서, 지속가능하고 전인적인 돌봄 모델을 구축함으로써 교회의 사회적 책임 이행과 사역의 효과성을 동시에 강화하는 것을 목표로 한다.

그리고 다음의 핵심 연구 문제들을 중심으로 논의를 전개한다:

첫째, 통합돌봄 사역의 신학적 근거는 무엇이며, 이것이 교회의 전통적 사명과 어떠한 연속성을 갖는가? 이는 통합돌봄 사역의 정당성과 필연성을 신학적 차원에서 규명하는 문제이다.

둘째, 개별 교회가 통합돌봄 사역을 체계적으로 준비할 때 고려해야 할 핵심 과제는 무엇인가? 이는 사역 기획 단계에서의 실천적 고려사항들을 도출하는 문제이다.

셋째, 통합돌봄 사역을 장기적으로 지속가능하게 하기 위한 제도적·조직적 조건은 무엇인가? 이는 사역의 지속성과 효과성을 보장하는 구조적 요건들을 탐색하는 문제이다.

본 아티클은 개별 교회가 지역사회의 전인적 회복과 신뢰 기반 복원을 위한 실질적 모델로 자리매김할 수 있는 구체적 방향성을 제시함으로써, 한국교회의 사회적 역할 확장과 공공성 강화에 기여할 것으로 기대된다. 또한 초고령사회의 돌봄 위기에 대응하는 교회의 새로운 사회적 기능을 학문적으로 정립하는 데 기여할 것이다.

2. 한국 지역사회 변화와 통합돌봄의 필요성

1) 인구구조 변화 및 돌봄 수요 증가

한국은 2025년 기준 전체 인구의 20.3%가 65세 이상 고령자로 구성된 초고령 사회이다. 고령화 추세는 향후 더욱 가속화될 것으로 전망되며, 통계청 장기인구추계에 따르면 2072년에는 65세 이상 인구 비율이 47.7%에 달할 것으로 예측된다. 이는 전체 인구의 절반에 근접하는 수준으로, 인구구조의 근본적 변화를 의미한다.[1] 급속한 고령화는 의료시스템에도 심각한 구조적 부담을 가중시키고 있다. 특히 의료인력 부족 문제는 지역별, 전문과목별 불균형을 심화시키며 의료 접근성의 격차를 확대하고 있다. 의료시스템의 위기는 고령자의 건강권 보장에 직접적인 위협요소로 작용하고 있다. 또한 한국의 인구구조 변화는 고령화만이 아니라 저출산의 문제라는 복합적 양상을 보인다. 2023년 기준 한국의 합계출산율은 0.72명으로 세계 최저 수준을 기록하였으며, 이는 인구 대체 수준인 2.1명을 크게 하회하는 수치이다. 이러한 초저출산 현상은 생산가능 인구의 급격한 감소와 함께 경제구조의 전면적 재편을 예고하고 있다. 초고령화와 출산율 감소라는 이중적 인구학적 압력은 사회 전반에서 돌봄의 공백을 심화시키고 있다. 돌봄이 필요한 고령자 인구는 급증하는 반면, 돌봄을 제공할 수 있는 생산가능인구는 지속적으로 감소함에 따라, 노인을 포함한 취약계층의 돌봄 수요와 공급 간의 구조적 불균형이 심각한 사회문제로 대두되고 있다.

인구구조의 변화는 국민연금을 비롯한 사회보장제도의 재정적 지속가능성에 근본적인 위협을 가하고 있다. 생산가능 인구의 감소와 수급자의

---

1) https://www.silvereco.org/en/south-korea-faces-an-unprecedented-demographic-crisis/?utm_source=chatgpt.com

급증은 복지재정의 구조적 불균형을 악화시키며, 이를 타개하기 위한 제도 개혁의 필요성이 대두되고 있다.

2) 사회심리적 문제의 복합적 양상

또한 한국 사회에서 사회적 고립과 외로움은 개인적 차원을 넘어 구조적 문제로 대두되고 있다. 전국 성인 대상 조사 결과에 따르면, 응답자의 34.4%가 '때때로 외로움을 느낀다'고 응답하였으며, 이러한 외로움은 우울증, 불안장애, 만성질환 등과 유의한 상관관계를 보이고 있다. 서울시는 'Seoul Without Loneliness' 5개년 계획을 통해 '마음 편의점(mind convenience stores)', 24시간 상담 핫라인 등의 대응책을 마련하였으나, 경쟁적 사회문화와 구조적 사회 고립이라는 근본 원인 해결에는 한계가 있다는 평가를 받고 있다. 한국의 고령층 자살률은 심각한 수준에 도달하고 있다. 최근 통계에 따르면, 한국에서는 매일 거의 10명의 노인이 자살로 사망하고 있으며, 이는 감정적 고립, 경제적 압박, 사회적 외면 등이 복합적으로 작용한 결과로 분석된다. 이러한 수치는 고령층의 사회심리적 지원 체계가 심각하게 부족함을 시사한다. 2021년 국민정신건강조사에 따르면, 남성의 32.7%, 여성의 22.9%가 평생 한 번 이상 정신질환 증상을 경험한 것으로 조사되었다. 그러나 실제 치료를 받은 비율은 이에 크게 못 미치는 것으로 나타나, 정신건강 서비스의 접근성과 활용도가 현저히 낮음을 확인할 수 있다. 특히 주목할 점은 자살자 중 90% 이상이 정신장애를 앓고 있었으나, 이 중 실제로 치료받은 경험이 있는 경우는 15%에 불과하다는 사실이다. 이는 한국 사회의 정신건강 지원체계에 심각한 구조적 허점이 존재함을 보여주는 중요한 지표로, 예방적 차원에서의 정신건강 관리와 조기 개입의 필요성을 강하게 시사한다.

3) 돌봄 공백과 사회적 비용 증가

현행 공적 돌봄 체계는 주로 복지와 의료서비스를 중심으로 구성되어 있으나, 급속한 인구 고령화와 복합적인 정신건강 문제를 충분히 감당하지 못하는 한계를 드러내고 있다. 특히 제도적 돌봄 서비스가 신체적 돌봄에 집중되어 있는 반면, 정서적·사회적 돌봄의 필요성은 갈수록 증대되고 있어 돌봄 영역 간의 불균형이 심화되고 있다. 이러한 돌봄 공백 상황에서 교회는 독특한 위치적 장점을 보유한 사회적 자원으로 주목받고 있다.

한편 교회는 다음과 같은 차별화된 요소들을 통해 전인적 돌봄을 실행할 수 있는 잠재적 공간으로 평가된다:

첫째, 지역사회에 뿌리내린 신뢰 기반(trust-based foundation)을 토대로 한 접근성과 지속성을 확보할 수 있다. 둘째, 영성적 자원(spiritual resources)을 활용한 내면적 치유와 의미 회복을 지원할 수 있다. 셋째, 지속적인 관계망(sustainable relational network)을 통해 일회적 서비스를 넘어선 장기적 동반 관계를 형성할 수 있다. 이러한 요소들은 교회가 신체적, 정서적, 정신적, 사회적, 영성적 차원을 포괄하는 전인적 돌봄(holistic care) 모델을 구현할 수 있는 구조적 기반을 제공한다고 평가된다

3. 통합돌봄 사역의 신학적 기초와 교회의 사명

1) 성경적 기초

한국의 교회가 직면한 통합돌봄의 요구에 대하여 긍정적이며 적극적으로 대비하고 체계적으로 준비해야 한다는 사실은 이론의 여지가 없다. 신약성경에서도 이미 예수의 돌봄 사역에 대한 많은 기록이 있고, 이것이

바로 한국 교회가 감당해야 할 통합돌봄의 성경적 기초이다. 예수 그리스도의 공생애는 단순한 복음 선포를 넘어서 신체적, 정서적, 사회적, 영적 차원의 회복을 통합적으로 실현하는 전인적 돌봄 사역의 전형을 제시하고 있다. 마태복음 9장 35-36절에서 예수는 모든 성과 마을을 다니시며 가르치고, 복음을 전하며, 병든 자를 고치셨다고 기록되어 있다. 이는 말씀 사역(영적 돌봄), 치유 사역(신체적 돌봄), 그리고 긍휼의 마음(정서적 돌봄)이 분리되지 않는 통합적 접근을 보여주는 대표적 사례이다. 또한 마가복음 1장 40-45절의 나병환자 치유 사건은 질병 치료를 넘어 사회적 관계 회복을 포함하는 돌봄의 본질을 드러낸다. 예수는 단순히 질병을 치료하는 것에 그치지 않고, 사회적 격리 상태에 있던 환자를 공동체로 복귀시키는 사회적 돌봄까지 실현하셨다. 한편 요한복음 4장의 사마리아 여인과의 대화는 정서적·영성적 갈증의 해소와 동시에 지역사회 내에서의 복음 증인으로의 변화를 이끄는 통합적 돌봄의 또 다른 모델을 제시한다. 신약성경의 초대교회 기록들도 돌봄 사역이 교회 공동체의 핵심 기능으로 인식되고 실천되었음을 보여준다. 사도행전 2장 44-47절은 초대교회 성도들이 모든 것을 서로 통용하며 필요에 따라 나누어 주었다고 기록한다. 이는 단순한 경제적 지원을 넘어서 공동체적 유대 강화와 상호 돌봄의 구체적 실현을 의미한다. 사도행전 6장 1-6절의 집사 제도 도입은 돌봄 사역의 구조화와 지속가능성 확보를 위한 제도적 기틀 마련의 중요성을 시사한다. 이는 돌봄 사역이 개인적 차원의 선행을 넘어 교회 공동체의 체계적 사명으로 인식되었음을 보여준다. 예루살렘교회의 감독이었던 야고보는 은 "하나님 아버지 앞에서 정결하고 더러움이 없는 경건은 곧 고아와 과부를 그 환난 중에 돌보고 자기를 지켜 세속에 물들지 아니하는 것"(야고보서 1장 27절)이라 선언함으로써, 취약계층에 대한 돌봄이 신앙의 본질적 실천임을 명확히 하였다.

2) 신학적 기초

(1) **디아코니아(διακονία) 신학:** 디아코니아는 '섬김'과 '봉사'를 의미하는 신약성경의 핵심 개념으로, 교회의 본질적 사명을 규정하는 중요한 신학적 범주이다. 세계교회협의회(WCC)는 "디아코니아는 교회 존재와 사명의 불가분의 일부이며, 돌봄 없이 교회도 존재하지 않는다"고 선언함으로써, 돌봄 사역이 교회의 부차적 기능이 아닌 본질적 정체성임을 강조한다. 디아코니아는 하나님의 선교(missio Dei)와 직결되며, 단편적 봉사활동을 넘어 복음의 핵심 영역으로 이해되어야 한다. 루터와 칼빈은 교회를 '말씀의 선포와 성례전 시행'뿐만 아니라 '사랑과 섬김의 공동체'로 정의하였으며, 현대 신학은 이를 사회적 책임과 복음 선포의 통합적 실현으로 발전시켰다. W. 슈바이처 (W. Schweizer)는 디아코니아를 "그리스도의 사역을 교회가 세상 속에서 재현하는 방식"으로 정의하였고, 데이비드 보쉬(David Bosch)는 선교를 "케리그마 (κήρυγμα, 선포), 코이노니아 (κοινωνία, 교제), 디아코니아(διακονία, 봉사)의 통합적 행위"로 설명함으로써 돌봄 사역의 선교적 본질을 명확히 하였다.

(2) **전인적 구원(Holistic Salvation):** 성경의 구원 개념(σωτηρία)은 영혼 구원에 국한되지 않고 삶 전반의 회복과 화해를 포괄하는 전인적 차원을 갖는다. 누가복음 4장 18-19절에서 예수가 선포하신 사명은 "포로된 자에게 자유를, 눈먼 자에게 다시 보게 함을, 눌린 자를 자유롭게 하고, 주의 은혜의 해를 전파하는" 것으로, 영적·사회적·신체적 회복의 통합적 성격을 보여준다. 전인적 선교(Holistic Mission) 신학은 선교가 영적 회복뿐 만 아니라 물리적, 사회적, 정서적 차원의 변화까지 포함해야 함을 강조한다. 이는 "내면적·외면적, 개인적·사회적 삶 모두에 대한 변화가 하나님 나라의 약속과 연결된다"는 신학적 전제에 기초한다.

(3) 통합선교(Integral Mission) 신학: 통합선교 신학은 전통적으로 분리되어 온 선교와 사회 참여를 동시에 추구하는 신학적 패러다임이다. 1974년 로잔 언약 이후 중요한 신학적 흐름으로 자리잡은 이 개념은 복음 전파와 사회 정의 실현을 분리된 활동이 아닌 통합된 사명으로 이해한다. 이 신학적 접근은 구약의 정의(צדק, tzedek)와 신약의 사랑(ἀγάπη, agape)이라는 전인적 변화의 메시지를 기반으로, 교회가 사회적 책임과 선교적 사명을 통합적으로 실현해야 한다고 주장한다.

(4) 통합적 돌봄의 실천신학적 근거: 그레거 E. 웨스트버그(Granger E. Westberg)가 개발한 교회간호(Parish Nursing) 모델은 교회가 지역사회의 의료와 정서적 돌봄을 통합적으로 제공할 수 있는 실천적 틀을 제시한다. 이는 신체적 건강과 영적 건강을 분리하지 않는 전인적 접근의 구체적 실현이다. 웨슬리안 전통에서 강조하는 전인적 구원(holistic salvation) 개념은 "몸과 영혼을 포함한 전체적인 구원"을 추구하며, 물리적 건강 역시 신학적 돌봄의 필수적 요소로 인정한다. 이러한 신학적 기초는 교회의 통합돌봄 사역이 성경적 정당성과 신학적 타당성을 동시에 갖춘 사명임을 확증한다.

3) 전통적인 교회의 사명에 대한 신학적 재정립

첫째 전통적 교회관을 확장하여야 한다. 전통적으로 한국 교회는 '영혼 구원'에 우선적 초점을 두어 왔으나, 성경적 구원 개념은 삶의 총체적 변화와 밀접한 연관성을 갖는다. 통합돌봄 사역은 복음 전파와 사회적 섬김이 분리될 수 없는 교회의 통합적 사명임을 보여준다.

둘째로 케리그마(κήρυγμα)와 디아코니아(διακονία)를 통합하여 실천하도록 재정립함이 필요하다. 디아코니아는 복음의 선포(κήρυγμα)를 포함하는 '세계에 대한 봉사'이며, 교회는 이를 통해 복음 전파와 실천적 사랑을 함께 수행해야 한다. 이는 돌봄 사역이 말씀 사역과 불가분의 관계에 있음을 시사하며, 교회의 이원론적 사명 이해를 극복하는 신학적 기초를 제공한다.

셋째는 예배 이후의 실천이다. "Liturgy after the Liturgy" 교회의 예배(λειτουργία)는 신자의 내적 영성 함양에만 국한되지 않고, 예배 공동체가 세상으로 파송되어 실천하는 "예배 후의 전례(liturgy after the liturgy)"로 확장되어야 한다. 이러한 신학적 관점은 예배와 돌봄 실천을 연속선상에서 이해하게 하며, 교회의 사회적 책임을 예배의 연장으로 인식하게 한다.

넷째는 선교적 교회(Missional Church)로서의 정체성을 확립하여야 한다. 레슬리 뉴비긴(Lesslie Newbigin)과 로완 윌리엄스(Rowan Williams)는 교회를 "세상을 향한 하나님의 선교에 참여하는 공동체"로 정의하였다. 이러한 선교적 교회론에서 통합돌봄은 단순한 사회봉사가 아닌, 하나님의 선교(missio Dei)에 참여하는 구체적 방식으로 이해된다.

다섯째, 지속가능한 돌봄 생태계를 구축하여야 한다. 교회 중심의 통합돌봄 모델은 "지역사회 안에 전략적으로 위치한 변화의 주체"로서 교회의 역할을 강조한다. 현장 연구에 따르면, 교회 중심의 통합돌봄 모델은 비개입주의적 개발 접근과 달리 돌봄의 확산과 지속성을 가능하게 하는 변화를 가져왔다. 이는 교회가 단발성 이벤트가 아닌, 교회 내외부의 전인적 변화로 이어지는 지속가능한 돌봄 생태계를 구성할 수 있음을 의미한다.

마지막으로 제도적 구조화의 필요성이다. 사도행전의 집사 제도 도입 사례에서 보듯이, 통합돌봄 사역은 구조적·조직적 준비를 통한 제도화가 필요하다. 이는 교회가 돌봄을 단기적 프로그램이 아닌 장기적 사명으로 인식하고, 체계적인 실행 구조를 마련해야 함을 의미한다. 이로써 통합돌봄 사역의 신학적 정당성을 확립하게 된다. 이상의 성경적·신학적 근거 분석을 통해, 통합돌봄 사역은 단순한 자선활동이 아닌 교회의 본질적 사명이며 선교적 실천의 핵심임이 확인된다.

성경과 초대교회의 증언은 돌봄을 공동체 실천의 중심에 위치시켰으며, 디아코니아 신학, 전인적 구원론, 통합선교 신학 등의 현대 신학적 모델들은 복음 전파와 사회적 사랑을 분리하지 않는 통합적 접근을 지지한다. 또한 교회간호 운동 등의 실천적 사례들은 교회의 통합적 돌봄 능력을 실증적으로 보여준다. 따라서 개별 교회는 단기적 봉사활동에 머무르지 않고, 교회의 존재론적 정체성과 신학적 사명을 기반으로 한 통합돌봄 구조를 체계적으로 설계하고 실행할 신학적 근거와 실천적 당위성을 갖는다.

4. 개 교회의 통합돌봄 사역 준비를 위한 핵심 과제

지역교회가 통합돌봄 사역을 실행하기 위해서는 다음과 같은 준비가 필요하다.

1) 목회 철학과 사역 방향의 재정립

첫째 성경적·신학적 비전을 확립하는 일이다. 개 교회가 통합돌봄 사역을 체계적으로 추진하기 위해서는 먼저 성경과 신학에 기초한 명확한 사명 선언(mission statement)이 확립되어야 한다. 이는 예수 그리스도의 전인적 돌봄 사역(마 9:35-36; 눅 4:18-19)과 초대교회의 구조적 돌봄 모델(행 6:1-6)을 현대 목회 현실에 적용하는 신학적 작업이다. 예수의 공생애 사역이 "가르치시며, 복음을 전하며, 모든 병과 약한 것을 고치시는"(마 9:35) 통합적 성격을 보인 것처럼, 현대 교회도 말씀 선포와 신체적 치유, 공동체 회복이 통합된 전인적 돌봄의 사명을 명확히 해야 한다. 세계교회협의회

(WCC)는 2018년 『Called to Transfor-mation: Ecumenical Diakonia』에서 교회의 본질적 사명으로 '케리그마(κήρυγμα, 말씀 선포), 코이노니아(κοινωνία, 교제), 디아코니아(διακονία, 섬김)'의 통합을 제시하며, 사회적 돌봄이 복음 전파와 분리될 수 없음을 천명한 바 있다. 사명 선언의 핵심 요소는 다음과 같다. 먼저 사명의 통합성으로 '영혼 구원'과 '삶의 돌봄'을 이분법적으로 분리하지 않고, 복음 선포와 사회적 섬김을 상호 보완적으로 설정하며, 이어서 목회 비전의 공식화로 주일예배, 제직회, 공동의회 등 공식적 의사결정 기구에서 통합돌봄을 교회의 핵심 사역으로 선포하여 전 교인의 인식의 전환을 유도하는 것이다.

둘째는 사역 우선순위를 재조정하는 일이다. 전통적으로 예배·교육·전도 중심으로 구성된 교회 사역 구조에서 한 걸음 나아가, 돌봄 사역을 교회의 필수 사역 축으로 병행해야 한다. 특히 한국과 같이 고령화와 돌봄 공백이 심각한 사회적 맥락에서는 다음과 같은 사역 방향 전환이 필요하다. 성과 중심에서 관계 중심으로 전환하여야 한다. 단기적 성과 지향 사역에서 장기적 관계 형성과 지속가능한 돌봄 문화 조성을 우선시하도록 한다. 그리고 교회 중심에서 지역사회 중심으로 초점을 바꾼다. 교회 내 소외계층뿐만 아니라 지역사회 취약계층을 포괄하는 사역 영역 확장하는 것이며 이벤트 중심에서 시스템 중심으로 바꾸어서 일회성 프로그램이 아닌 체계적이고 지속적인 돌봄 시스템 구축한다.

셋째는 돌봄 중심의 교회 문화 조성하는 일이다. 교회의 조직문화가 섬김, 나눔, 연대의 가치를 중심으로 재편되어야 한다. 이를 위해서는 설교와 교육에서 섬김·나눔·연대의 가치를 지속적으로 강조하고, 전 교인이 참여할 수 있는 돌봄 사역 비전을 공유하는 전략이 필요하다. 구체적으로는 설교·교육·소그룹 훈련을 통해 '돌봄 영성(caring spirituality)'을 지속적으로 함양하는 교육 프로그램이 체계적으로 운영되어야 한다. 이는 단순한 봉사활동 참여를 넘어서, 돌봄을 신앙의 본질적 실천으로 인식하는 영성적 기초를 마련하는 과정이다.

2) 교회 조직 구조 점검 및 개편

조직 구조 개편이 필요하다. 통합돌봄 사역의 효과성은 교회의 조직 구조 적합성과 밀접한 연관성을 갖는다. 초대교회가 사도행전 6장에서 집사 제도를 신설하여 과부들의 일상 돌봄을 제도화한 것처럼, 현대 교회도 돌봄 중심의 조직 개편이 필요하다. 기존의 부서 중심 사역 체계에서는 교육, 선교, 봉사 부서가 개별적으로 운영되면서 돌봄 사역에 사각지대가 발생하기 쉽다. 이러한 구조적 한계는 돌봄 서비스의 연속성과 통합성을 저해하는 주요 요인으로 작용한다. 민간 비영리기관의 운영에 관한 연구에 따르면, 조직 내 부서 간 협력 네트워크가 구축된 경우 프로그램 효과가 평균 23% 향상된다는 분석 결과가 제시된 바 있다(Andrews & Brewer, Nonprofit Management & Leadership, 2019). 교회 조직도 마찬가지로 부서 간 장벽을 해소하고 협력적 구조를 형성할 때 사역의 지속성과 확장성을 확보할 수 있다.

현행 조직 구조를 진단하여야 한다. 통합돌봄 사역을 위한 조직 개편에 앞서 다음과 같은 현행 구조에 대한 체계적 진단이 선행되어야 한다: 기능적 연계성을 분석하는데 있어서 기존 부서 사역과 돌봄 사역 간의 연계성을 진단하여 상호 보완 가능 영역과 협력 잠재력을 파악한다. 그리고 사각지대 및 중복 영역을 파악한다. 돌봄 서비스가 미치지 못하는 사각지대와 부서 간 사역이 중복되는 비효율적 영역을 식별한다. 또한 의사결정 구조를 평가해야 한다. 돌봄 사역 관련 의사결정의 신속성과 효율성을 평가하여 구조적 개선점을 도출한다.

돌봄을 중심으로 조직을 개편하는 전략으로서 통합돌봄위원회 신설하는 것이다. '통합돌봄위원회' 또는 '돌봄사역팀'을 신설하여 당회와 긴밀한 연결고리를 형성하고, 돌봄 사역의 전략적 기획과 실행을 총괄하도록 한다. 조직 개편을 통해 부서 간 협력 네트워크를 구축하여 교육·선교·봉사 부서 간의 수직적 분할을 극복하고 수평적 협력 네트워크를 구축하여 통합적 돌봄 서비스를 제공한다. 또한 수평적 의사소통의 구조를 마련한다. 교역자와 평신도 리더 간의 위계적 구조를 보완하는 수평적 의사소통 채널을 마련하여 현장의 돌봄 수요를 신속하게 파악하고 대응할 수 있도록 한다.

교회 내의 리더들의 역할과 책임을 재정의하여 돌봄 사역 리더십을 확립하는데, 전담 돌봄 사역 리더 및 코디네이터를 임명하여 사역의 전문성과 연속성을 확보한다. 또한 부서별 돌봄의 목표를 설정하여 각 부서별로 구체적인 돌봄 사역 목표를 설정하여 전체적인 통합돌봄 비전과 연계시킨다. 마지막으로 평가 및 피드백 시스템을 도입하여야 한다. 정기적인 사역 평가와 피드백 시스템을 도입하여 지속적인 개선과 발전을 도모한다.

3) 돌봄 사역 인력 발굴과 훈련

돌봄 사역을 위한 인력의 확보가 전략적으로 중요하다. 인력 확보는 통합돌봄 사역 성공의 핵심 조건이다. 고령화 사회에서 요구되는 돌봄은 의료, 상담, 재활, 행정 등 다학제적(multidisciplinary) 영역을 포괄하는 복합적 성격을 갖는다. 따라서 개별 교회는 교인들의 은사와 재능에 기반한 체계적인 인력 발굴 전략을 수립해야 한다. 구체적으로 의료인 출신 교인은 건강검진 프로그램에, 상담 전문가는 정서·심리 돌봄 영역에, 사회복지사는 복지 상담 및 연계 서비스에 각각 배치하여 전문성을 활용할 수 있다. 이러한 전문성 기반 역할 분담은 돌봄 서비스의 질적 향상과 효율성 증대에 기여한다. 이를 위한 인력을 발굴하기위한 전략으로 은사 및 재능 기반 사역자 발굴하는 일이다. 교인들의 전문 배경과 은사를 체계적으로 파악하여 의료, 상담, 요리, 행정, 재활 등 분야별 전문가 풀(pool)을 구성한다. 이 인재 풀에는 세대별·전문 분야별 인력 풀이 형성되어야 한다. 연령대별 특성과 전문 영역별 역량을 고려하여 다층적 인력 구조를 구축한다. 그리고 소그룹 리더 추천제를 도입하여 소그룹 리더들의 추천을 통해 잠재적 사역자를 발굴하고, 개인적 관계를 바탕으로 한 자연스러운 참여를 유도한다.

4) 표준화된 훈련 프로그램 개발

그레이거 E. 웨스트버그(Granger E. Westberg)가 제시한 교회 간호(Parish Nursing) 모델은 신앙과 간호 기술을 결합하여 교회가 지역사회 건강 증진에 기여할 수 있는 구체적 방안을 제시한다. 이 모델을 한국 교회 상황에 적용하면 다음과 같은 표준화된 교육과정을 개발할 수 있다. 먼저 기술적 역량 교육으로 기초 간호 및 응급처치 기법, 상담 기법 및 심리적 지원 방법, 건강 모니터링 및 기록 관리가 포함된다. 또한 영적 역량을 강화하기 위해, 말씀 나눔 및 영적 상담 기법, 기도 사역 및 영성적 돌봄, 신앙과 건강의 통합적 이해에 대한 교육이 필요하다. 마지막으로 대인관계의 역량 개발을 위하여 효과적 의사소통 기법을 배우고, 갈등 관리 및 중재 기술을 습득하고, 실제적인 적극적 경청 및 공감 훈련을 실시하여야 한다.

5) 인증 및 지속적 역량 개발 체계

사역자 인증제를 운영하여 교육 수료증과 사역 임명서를 발급하여 사역자들의 전문성을 공식적으로 인정하고 동기부여를 강화한다. 지속적 역량 개발을 위해 정기적인 재교육 프로그램과 사례 나눔 모임을 통해 사역자들의 역량을 지속적으로 유지·발전시킨다. 그리고 격려 및 재충전 프로그램으로서 정기적인 격려 모임과 재충전(retreat) 프로그램을 운영하여 사역자들의 소진(burnout)을 예방하고 지속적인 사역 동력을 제공한다. 또한 성과 인정 및 공유를 통해 우수 사례 시상과 간증 나눔을 하여 사역의 성과를 공유하고 다른 사역자들에게 동기부여를 제공한다

6) 지역사회 연계 및 협력 네트워크 구축

네트워크 구축이 필요하고 전략적으로 접근하여야 한다. 통합돌봄 사역은 교회 내부 역량만으로는 한계가 있으며, 지역의 복지·의료·행정·교육 자원과의 체계적 연계를 통한 네트워크 형성이 필수적이다. 이러한 접근은 자원의 효율적 활용과 서비스의 전문성 향상을 동시에 실현할 수 있는 전략적 방안이다. 효과적인 네트워크 구축을 위해서는 자원 매핑(Resource Mapping) 기법을 활용할 수 있다. 이는 복지기관, 보건소, 노인복지센터, 학교, NGO, 사회적기업 등 지역 내 돌봄 관련 자원을 체계적으로 조사하여, 지원 가능한 서비스 내용과 위치를 시각화한 '돌봄 지도(Care Map)'를 제작하는 과정이다. 이를 통해 대상자 맞춤형 연계 서비스가 가능해진다. 민관 협력 모델은 이미 여러 선진국에서 그 효과성이 검증된 바 있다. 영국의 Fresh Expressions 운동은 주목할 만한 사례이다. 이 운동에서 교회들은 지역 복지기관과 전략적 파트너십을 맺어 지역 맞춤형 프로그램을 실행함으로써, 교회의 사회적 신뢰도 제고와 복음 접촉점 확대를 동시에 달성하였다. 이러한 해외 사례는 한국교회에도 중요한 시사점을 제공한다. 지자체·복지관·보건소와 양해각서(MOU)를 체결하고, 인적·물적 자원을 상호 지원하는 체계를 구축할 경우, 교회 돌봄 사역의 범위와 전문성을 크게 확장할 수 있다.

지역 자원 조사 및 매핑 전략으로서 포괄적 자원 조사를 실시하는 데 있어 복지기관, 의료기관, 행정기관, 교육기관, NGO, 종교기관 등 지역 내

돌봄 관련 모든 자원을 체계적으로 조사하고, 돌봄 지도를 제작하여 취약계층 지원 자원의 목록과 위치, 제공 서비스 내용을 시각화한 '돌봄 지도'를 제작하여 효율적인 자원 활용을 도모한다. 그리고 서비스 Gap을 분석하여 기존 자원으로 커버되지 않는 돌봄 사각지대를 식별하여 교회가 우선적으로 집중해야 할 영역을 파악한다.

다층적 협력 모델을 설계하는 데 있어서 첫째 민관 협력 체계를 구축한다. 여기에는 지자체, 복지센터, 보건소 등과 양해각서(MOU) 체결, 공공서비스와 교회 사역의 연계 방안 마련, 정부 지원 사업과의 협력 가능성 탐색이 포함된다. 둘째로 교회 간 연합 네트워크를 구성한다. 동일 지역 내 교단·초교파 교회 간 네트워크 형성하여 자원과 전문성의 상호 보완을 통한 시너지 창출하며 공동 프로그램을 기획 및 운영한다. 셋째는 사회적 경제 주체와의 연계를 도모하는 데 통합돌봄의 실제적인 수행을 위해 사회적기업, 협동조합 등과의 파트너십 구축하고, 사회적 가치 창출을 위한 협력 모델을 개발하며 지속가능한 돌봄 경제 생태계 구축한다. 넷째는 지속적 관계 관리 체계를 구축하는데, 정기적 네트워크 운영한다. 정기적인 네트워크 모임과 공동 프로젝트 운영을 통해 협력 관계의 지속성을 확보한다. 그리고 상호 자원 지원 체계를 세워서 인적·물적 자원의 상호 지원 메커니즘을 구축하여 win-win 협력 구조를 형성한다. 그 결과 성과의 공유 및 확산을 통해 협력 사업의 성과를 공유하고 우수 사례를 확산하여 네트워크의 발전과 확장을 도모한다. 통합돌봄 사역 준비를 위해서는 내부 체질 개선(비전·조직·인력)과 외부 연계(네트워크·자원 활용)를 병행해야 한다. 이는 단기 사업이 아니라, 교회의 장기적 사명으로 제도화되어야 하며, 이를 위해 성경적 비전-조직적 기반-전문인력-지역사회 네트워크라는 네 가지 축을 균형 있게 세워가는 전략이 필수적이다.

결론적으로, 개 교회의 통합돌봄 사역 준비는 내부 체질 개선과 외부 연계 강화라는 두 가지 축에서 진행되어야 한다. 성경적 비전과 목회 철학의 재정립을 바탕으로, 돌봄 중심의 조직 개편, 전문인력 발굴과 훈련, 그리고 지역사회 협력 네트워크 구축이 상호 보완적으로 작동할 때, 교회는 단순한 봉사 기관을 넘어 지역사회의 전인적 회복을 이끄는 선교적 돌봄 허브로 자리매김할 수 있다. 이는 단기적 사회봉사가 아니라, 교회의 본질과 직결된 장기 사명으로 제도화되어야 하며, 그 과정에서 신학적 정당성과 실천적 전략이 동시에 확보되어야 할 것이다.